YINGKE® 盈科

盈科全国业务指导委员会系列丛书

商业特许经营法律指南

核心问题解答与文件编制

盈科律师事务所／编
李华　曾野　李晓波　路瑶　陈少军／著

法律出版社 | LAW PRESS

本书著者

李 华 曾 野 李晓波 路 瑶 陈少军

YINGKE® 盈科

序

商业特许经营原本是一种新兴的商业模式，在特许经营立法的支撑之下，该模式得到了充分的保护。商业特许经营随之发展壮大，进而演变出更多新的特许经营模式，展现出了强大的生命力。2007 年颁布的《商业特许经营管理条例》是我国商业特许经营发展的重要里程碑，其后的一系列立法将商业特许经营完全纳入了法治化的轨道中，是该模式在我国欣欣向荣的重要制度保障。商业特许经营与商业特许经营立法相互成就，在该模式得到长足发展的同时，立法亦得到了不断的完善。

对商业特许经营的探索虽然不止于法律，尚有管理、经济、文化等重要视角，但法律视角的关注无疑能够切中商业特许经营的内核，在辨别商业特许经营模式去伪存真、深挖商业特许经营资源开花结果、控制商业特许经营质量细水长流等方面具有不可替代的作用。本书既以法律的视角对商业特许经营进行剖析，同时本书的写作目标又将法律视角进一步的微观化，将焦点对准了商业特许经营的法律实践，力求由商业特许经营的法律理论应用，来解析商业特许经营在法律实践中的诸多问题，为读者了解商业特许经营、开展商业特许经营、防范商业特许经营中的法律风险提供了翔实的分析，这也是本书名为“指南”所希冀实现的目标。

本书的编者长期从事商业特许经营的理论研究和司法实践，对商业特许经营的法律问题有着全面的把握，将商业特许经营中的核心问题一一呈现。不仅如此，互联网的兴起为我们分析商业特许经营提供了新的参考，本书的编者敏锐的抓住了这一新的分析方式，运用大数据为读者呈现出商业特许经营中的焦点问题，为其后行文对商业特许经营有的放矢的分析，以及读者对商业特许经营核心问题的全面把握提供了帮助。本书在编排上充分考虑了读者的需求，从商业特许经营是什么？有什么问题？怎么解决？三个主要方面，详尽的为读者展现了商业特许经营在法律实践中的主要问题，具有极强的可读性。同时，在案例选择上编者也足够用心，不仅精心选取了近年来商业特许经营的典型案例，而且使不同的案例紧扣不同的主题，实现了理论性、实践性、趣味性的三位一体。此外，本书的分析始终立足于中立、客观，以法律为准绳，不偏不倚的为特许人和被特许人双方建言献策，是特许人、被特许人和商业特许经营潜在的特许人、被特许人共同的法律指南。

难能可贵的是，本书的编者不吝笔墨，将多年司法实践中的实务经验总结于本书之中。在本书的最后一编，编者希冀通过对商业特许经营文件制作的介绍，“手把手”的帮助读者完成商业特许经营的具体操作，从而完成商业特许经营落地的关键一步。商业特许经营虽然种类不一、权利繁多，但是最终均归于商业特许经营合同之中，因此，订立商业特许经营合同至关重要。本书在最后一个部分不仅解析了合同订立中的关键环节，更对合同条款的具体内容进行了深入分析，是全书的点睛之处。

目录

CONTENTS

第一编　商业特许经营中的基础问题

第二编　商业特许经营中的核心法律问题

第三编 商业特许经营文件的制作

第一编

商业特许经营中的基础问题

第一章　商业特许经营概述

第一节　商业特许经营的历史回顾

商业特许经营是一种商业模式的凝练，或者说是一种理念，英文称为“Franchise”。Franchise 来源于安哥拉 – 法语“Franc”一词，意为自由。目前该词的含义与自由大相径庭，但从某种程度上亦与自由相关。有关商业特许经营的定义，实际上众说纷纭，但大致可以表述为：“特许权人将其商业模式、管理方法、商标等知识产权许可给被特许人使用，从而使被特许人以特许人的名义进行商业活动的一种商业模式”。[①] 大家较为熟悉的便是在我国近代史上曾扮演过不光彩角色的“英国东印度公司”（British East India Company，BEIC），它是英国的著名企业。该公司成立后，英格兰女王伊丽莎白一世于 1600 年 12 月 31 日专门授予其英国皇家特许状，许可该公司在东印度群岛享有特许贸易权，这个英国皇家特许状实际上给予了该公司在东印度 21 年的贸易垄断权。当然，严格来讲，东印度公司的皇家许可属于国家行政特许经营的范畴，并不属于商业特许经营的范畴。公认的商业特许经营产生于美国胜家缝纫机公司（Singer Company）对其缝纫机的分销。1850 年，胜家缝纫机公司将其商标独家许可给区域经销商，将其缝纫机打折交由区域经销商进行销售。但是，此种模式最终导致经销商的权利过大，并且将销售利润中的主要部分收入囊中，从而导致胜家公司在产品销售喜人的情况下，并未通过此项成功的商业模式获得足够的利益。胜家公司随后亦开始了对经销商独家许可权的回购，以改善其营利方式。虽然胜家公司的尝试失败了，但其经营理念开启了一个全

---

① Franchise，https://www.investopedia.com/terms/f/franchise.asp.

新的商业时代，诸多后继者窥见了其中的商机，开始尝试此种模式的商业经营，其中，最为成功的当属可口可乐公司。药剂师约翰彭柏顿（John Pemberton）在1886年的时候创造了一种饮料，也就是如今闻名于世的可口可乐，他将饮料的销售权授权给一定的销售商进行装瓶和销售，即将产品进行许可，建立起分销网络。[①] 胜家公司与可口可乐公司的尝试，建立起了一种全新的商业经营模式，即商业特许经营。其后，又有麦当劳与肯德基的遍地开花。我们习惯将胜家公司与可口可乐公司的商业模式称为第一代商业特许经营模式，而将麦当劳与肯德基的商业经营模式称为第二代商业特许经营模式。

中国连锁经营协会会长裴亮在谈到目前商业特许经营发展的时候指出："胜家缝纫机和可口可乐通过产品和商标授权，建立分销网络，成为第一代特许经营的代表；麦当劳借鉴工业流水线的方法，建立了标准化的餐厅经营模式，再授权给加盟商，实现了千店一面、万店一面，以麦当劳为代表的经营模式特许开启了第二代特许经营；随着移动互联和数字化时代的到来，传统的生产方式和生活方式都在发生根本性变化。特许经营利用互联网、数据技术和移动支付，正在构建全新的特许加盟管理和运营体系，以数字化为核心特征的第三代特许经营已经到来。"[②]

我国现代特许经营发展起于20世纪80年代中期，最初是一些老字号商业企业运用品牌优势，发展联营分店。但随着国际著名的特许经营企业以直营或联营、独资或合资的方式在中国发展分店，国际特许经营模式推动了标准化、规范化、规模化的特许经营方式登上中国市场的舞台，很快出现内外资共同发展的局面。1984年8月意大利纺织金融集团以商标被特许人身份确定了在北京的首家皮尔卡丹专卖店，从肯德基1987年在北京前门、1989年在上海延安路开设分店，麦当劳1990年在深圳开设分店开始，国外企业集团以最初的合资合作方式打开国门，然后就从直营转向特许经营，由专柜转向专卖店、专业店加速店铺扩张。[③] 本土企业

① Franchising，https://en. wikipedia. org/wiki/Franchising.

② 《中国连锁经营协会会长裴亮：特许经营规则面临重构》，载 http://baijiahao. baidu. com/s? id = 1603045029361957906&wfr = spider&for = pc，最后访问日期：2018年9月6日。

③ 《我国大陆地区特许经营的发展回顾》，载 http://www. syc123. com/school/274. html，最后访问日期：2018年9月6日。

商业特许经营的快速发展大概始于1993年,亦有观点认为是1998年,根据相关报道,在1998年之时已经在全国形成了一些较大规模的连锁型企业,如上海华联、联华、农工商超市公司、北京伍富连锁公司、福建华榕连锁公司、广东美佳超市公司、深圳万佳百货有限公司等。这些连锁企业发展势头迅猛,规模效益明显,市场份额不断扩大,市场地位日益凸现。同时,连锁经营方式的内涵和运作规律以及由此产生的规模效益已日益为中国商业所认识,作为对这种方式的认同,已经开始把连锁经营的方式从超市连锁拓展和运用到其他领域和业态中,如专业、专卖店连锁,餐饮、快餐店连锁,服务业连锁等。另外一个重要的方面,是1998年之时国家已经意识到法律环境在商业特许经营中的作用,中国的连锁经营在法制建设和规模化建设上已进入实质性的起步阶段,正着手为连锁经营在中国的发展创造良好的市场法律环境。① 实际上,我国商业特许经营并未经历第一代,而是直接开启于第二代。那么,第一代商业特许经营与第二代商业特许经营有何种区别?由裴亮会长之语可知,第一代的商业特许经营是以商标许可和产品许可为特征,从而扩大产品销售的范围,实现产品在相关领域的覆盖。第一代的商业特许经营模式相对于第二代而言其形式单一,更加类似于如今的生产商与销售商之间的关系,即生产商将其品牌许可给销售商使用,以许可费的形式从销售额中获取提成。而第二代的商业特许经营模式显然超越了第一代的模式,正如裴亮会长之言,实现了千店一面、万店一面。恰如我们所熟知的麦当劳、肯德基等早期进入中国的国际连锁巨头,亦有星巴克、赛百味、沃尔玛等后期进入中国的连锁业巨擘,即使是将星巴克所开设的分店置于庄严的故宫之内,其显著的商标、外观、装潢等都能让人一目了然。纵然有些与古老的中国文化格格不入,但其始终秉承了星巴克的经营理念和经营标志。是以,第二代商业特许经营摆脱了第一代商业特许经营的单一许可模式,逐渐演化出了以许可人的全部经营资源对被许可人进行全面许可的经营模式,被许可人一方面获得了更多的权益,另一方面则受到了来自许可人的更多的限制,而前述所有许可的基础均有赖于《特许经营合同》的约定。《特许经营合同》是被许可人获取经营资源进行合法经营的法律保障,同时也是许可人约束被许可人,使其不至

① 参见顾国建:《中国连锁发展白皮书》,载《科技智囊》1998年第3期。

于“脱轨”的法律保证。因此,商业特许经营既是一种全新的经营模式,又是一种以《特许经营合同》为基础的全新的法律关系,看似千店一面、万店一面的表象下,却是一纸精心构筑的契约所连接起来的紧密纽带。换言之,商业特许经营之表属于商业领域,而其实则是法律领域,没有法律对商业特许经营的保驾护航,就没有如今商业特许经营的欣欣向荣,更不可能有第二代、第三代商业特许经营模式的出现,这亦是本书将其作为一种法律问题进行剖析的原因。

第二节　商业特许经营的概念与法律特征

以法律来对商业特许经营进行规范已成为世界诸国之共识,相关国际组织亦通过规范的制定对商业特许经营进行规制。由于商业特许经营在世界范围内的蓬勃发展,其问题已不再局限于某国内部之法,而是一个世界性的法律问题。同时,为了保障商业特许经营模式在世界范围内的传播和应用,各国家和地区在营造商业特许经营的法律环境时,都尽量保持其一致性,这也是诸多国家和地区对商业特许经营进行法律界定时会有诸多共同之处的缘由所在。

一、商业特许经营的法律概念

国际特许经营协会(International Franchise Association,IFA)所下定义为:“特许经营是一种持续的关系,在这个关系中,特许人提供需经许可的商业经营权,并在组织、训练、商品计划和管理上提供援助以作为从加盟者获得报酬的回报。”在IFA的网站对特许经营常见问题的答复中是这样描述的:“特许经营是一种销售产品或服务的模式,这一模式中至少包含两类人员(或曰主体)的参与:(1)特许人,将其商标、商号或商业体系加以出租;(2)被特许人,支付特许费(通常还需另外支付入门费),以获得使用特许人商标、商号和商业模式的授权”。①

世界知识产权组织(WIPO)在2012年发表的《特许经营指南》中将其定义为:

① 陆川:《经济法视野下商业特许经营法律制度研究》,华东政法大学2009年博士学位论文,第8页。

"特许经营是企业(特许人)为了扩张经营规模而发展出的一种特殊经营模式,该模式通过将特许人成功的经营模式许可给另一个企业(现有的或筹建中的)(被特许人)在既定时间内于另一特定地域使用,对价是能够获得被特许人支付的特许使用费。被特许人除了能够使用特许人的经营模式外,还能够使用特许人的知识产权、技术秘密以及在开业和运营中获得特许人的指导。"[①]

美国是现代商业特许经营的发源地,对特许经营有着独到的见解和阐释,在美国特许经营的立法和规范主要由商务部负责,美国商务部将特许经营定义为:"主导企业将自己开发的商品、服务和营业系统(包括商标、商号、企业形象的使用权、经营技术等),以合同的形式授予加盟店在规定的区域内经营使用,加盟店则交纳一定的营业权使用费,并承担约定的义务"。而该国的联邦贸易委员会则将特许经营定义为:特许经营是指一种持续性的商业关系或安排,无论其称谓如何,也无论是口头或者书面形式,特许人或特许合同明确承诺:(1)被特许人将有权经营带有特许人自身或指定商业标识的产品或服务;(2)特许人对被特许人的经营方式进行实质性控制或提供实质性帮助;(3)被特许人向特许人支付取得特许经营时所要求支付的特许费。[②]

欧洲特许经营联合会的定义虽然不似IFA的定义广为人知,但它更加详尽,更有助于加深我们对特许经营的理解。欧洲特许经营联合会的定义指出:特许经营是一种营销产品和(或)服务和(或)技术的体系,基于在法律和财务上分离和独立的当事人——特许人和它的单个受许人——之间紧密和持续的合作,依靠特许人授予其单个受许人权利,并附加义务,以便根据特许人的概念进行经营。此项权力——经由直接或间接财务上的交换——授权并强制单个受许人使用特许人的商号、商标、服务标记、经营诀窍、商业和技术方法、持续体系,以及其他工业和(或)知识产权,在双方一致同意而制定的书面特许合同的框架和条款之内。[③]

特许经营在我国起步较晚,因而我国通过立法对特许经营的规范同样较晚。

① WIPO,IN GOOD COMPANY Managing Intellectual Property Issues in Franchising,2012年12月9日,p.8。

② US Federal Regulation Section 436.1(h).

③ 《特许经营的定义及发展历程》,载《企业导报》2006年第11期。

从1993年开始，我国的商业特许经营活动开始进入快速发展期。与此同时，商业特许合同类纠纷、合同诈骗等违法活动随着商业特许经营模式在市场经济各行业的广泛运用而日益增多。

为了规范商业特许经营活动、稳定市场和经济环境，原国内贸易部于1997年3月27日发布了《连锁店经营管理规范意见》，对连锁经营的业态、店铺的设计标准、物流配送以及规范化管理等方面作了较为明确的规定。之后，相关部门规章和规范性文件陆续出台：1997年5月，国内贸易部和国家工商行政管理局联合发布《关于连锁店登记管理有关问题的通知》；1997年6月，国家经贸委、国内贸易部、文化部、邮电部、国家新闻出版署、国家工商行政管理局、国家烟草专卖局联合发布《关于连锁店经营专营商品有关问题的通知》；1997年9月，财政部发布《企业连锁经营有关财务管理问题的暂行规定》；1997年11月，财政部、国家税务总局联合发布《关于连锁经营企业增值纳税问题的通知》；1997年11月14日，原国内贸易部发布《商业特许经营管理办法（试行）》；1999年10月19日，国家内贸局下发《关于进一步规范特许加盟活动的通知》；2002年10月10日，国家经贸委办公厅颁布了《全国连锁经营"十五"发展规划》；2003年4月，文化部颁布了《关于加强互联网上网服务营业场所连锁经营管理的通知》；2004年12月31日，商务部颁布《商业特许经营管理办法》，于2005年2月1日正式实施。

2007年2月6日，国务院第167次常务会议通过了《商业特许经营管理条例》并于2007年5月1日正式实施。这标志着我国规范商业特许经营活动的立法正式从国务院的部门规章层面上升到国务院的行政法规层面。同时，该条例对商业特许经营的定义、特征、特许人应当具备的资格条件、被特许人享有的权利以及备案年检、信息披露等重要内容都作了较为明确的规定。

随着国务院《商业特许经营管理条例》（2007年2月6日）、商务部《商业特许经营备案管理办法》（2011年12月12日）、商务部《商业特许经营信息披露办法》（2012年2月23日）的颁布和实施，商业特许经营行业特许人逐渐认识到未满足"两店一年"和未依照规定在商务主管部门备案，会面临诸多法律风险和不利法律后果。

我国2007年实施的《商业特许经营管理条例》第3条对商业特许经营进行了

法律界定，本条例所称商业特许经营（以下简称特许经营），是指拥有注册商标、企业标志、专利、专有技术等经营资源的企业（以下简称特许人），以合同形式将其拥有的经营资源许可其他经营者（以下简称被特许人）使用，被特许人按照合同约定在统一的经营模式下开展经营，并向特许人支付特许经营费用的经营活动。企业以外的其他单位和个人不得作为特许人从事特许经营活动。

希冀准确地为商业特许经营进行法律界定并非易事，但前述法律、法规纷纷从以下特点对商业特许经营进行了界定：其一，就主体上而言，是特许权人与被特许人，并且二者均为经营者；其二，经营方式是被特许人获取特许人全方位的经营资源及指导，这其中最为关键的是特许人所拥有的各项知识产权，包括商标权、专利权、著作权以及在此之外特许人进行秘密保护的技术秘密、经营秘密等商业秘密；其三，特许人主要是通过将其经营资源许可给被特许人使用，从而实现经营资源的转移；其四，特许经营合同是特许人与被特许人之间的基础合同，是确立特许经营关系的核心。不同于普通的知识产权许可，特许经营合同是对特许人经营资源的全面许可，因此特许合同本身也与普通的知识产权许可使用合同不同。普通的知识产权许可通常是针对某项知识产权的单独授权，例如，将某项商标授权与他人使用，或是将某项专利授权与他人使用，而特许经营合同之中却会牵涉商标、专利、作品以及商业秘密等，包括门店选址、装修、形象以及员工培训、产品配送等一系列的授权与合作。可以说，商业特许经营合同与普通的知识产权许可使用合同相比，是一种综合性的合同类型，其所包含的授权内容十分广泛。

二、商业特许经营的法律特征

（一）商业特许经营的表象特征是一种契约关系

特许经营关系是通过特许人和被特许人签订特许经营合同而产生的，特许经营合同是特许经营关系赖以存在的基础。对于特许人与被特许人双方而言，实现特许经营的首要前提是双方对契约的遵守。通常来说，特许经营合同是双务有偿的。特许人除了需要将其商标、技术、经营模式等授权与被特许人使用以外，还需要对被特许人进行持续不断的培训、指导，当然特许人能够由此获得特许使用费。

就被特许人而言，在支付特许使用费后，除了能够使用特许人的各项权利，获得特许人的各种支持外，其在经营过程中务必严格遵守特许人的要求，保证其产品或服务的质量。当然，纵使有《商业特许经营管理条例》的详尽规定，但我国《合同法》并未将特许合同作为一类有名合同来规定，该合同本身的综合性亦决定了合同法难以将其纳入某一类有名合同的范畴。

（二）商业特许经营的本质特征是特许权的部分让渡

特许人许可被特许人的内容一般包括特许人的商标、专利、商业秘密、专有技术、商业形象、企业名称等的使用权，还经常包括企业经营模式的使用权。可口可乐、肯德基、沃尔玛等商业巨头的成功，使得商业特许经营模式被奉为圭臬，迅速在世界范围内传播开来，一时间大家纷纷效仿之。商业特许经营模式的优势明显，创业者尤其是初期创业者依靠此种天然的优势，能够直接复制一套成熟的商业模式，使用已经被市场所认可的商标、专利、专有技术、商业形象、企业名称权等，大大降低了投入而没有产出的情况。为避免创业初期可能带来的巨大沉没成本，中小经营者并不排斥以支付加盟费的对价来受让一种成熟经营模式构成的特许经营权。为获得加盟费的收益以及推广自身的产品和服务，特许人亦不吝将自身的经营资源让渡给被特许人。可以说，特许经营的本质特征就是特许权，即特许人经营模式和知识产权等权利的部分让渡。

由于特许权不同于一般的知识产权，是因综合授权和综合管理而生之结果，因此很难将特许权归入为某一类特殊的法律权利，这也是特许权法律性质存在争议的一大原因。关于特许权的法律性质，我国有学者将其归为无形财产权，具有专有性、地域性和时间性的特点。① 但是该项权利具体归属何种权利范畴却存在争议。国内学者将其概括为三种学说：利用垄断权说、经营权说、产权说。利用垄断权说的观点源于法国学者，他们“依标的的不同将无形财产权从总体上分为两大类，即利用垄断权和顾客权利”。而特许经营权显然属于利用垄断权。经营权说是我国学者从市场营销角度对特许权归类提出的观点，这种观点认为特许权是“特许经营

① 参见吴汉东、胡开忠：《无形财产制度研究》，法律出版社2001年版，第53～64页。

人(被特许人)对特许权人授予其经营管理的商标、服务标志、商业名称或整体经营模式等无形财产所享有的,在授权范围内进行经营性占有、使用和收益的权利。”产权说是美国学者提出的一种观点,认为“特许经营权是产权主体对客体,包括有形物和无形物以及其他一切客体的权利;这种权利并不是某种单一的权利,而是一个权利束。”①

(三)商业特许经营的组织特征是相互独立但外观统一

除直营店特许经营模式外,在典型的特许经营模式中,特许人和众多被特许人分属于不同的实体,二者之间的财产所有权是相互独立的。特许人一般只通过特许经营合同中约定的加盟费和销售分成获得收益,不发生和被特许人之间的资本收益联系。以公司法的视角,特许人与被特许人之间通常都是各自独立的法人,其财产独立、人事独立,二者之间没有母子公司的关系,甚至也谈不上是关联公司。但是,产权的独立无法割裂开特许人和被特许人之间的紧密联系。由于得到了特许人对特许权的部分让渡,从外观上来看,被特许人与特许人似乎是没有区别的。以星巴克为例,自 1971 年创立到 2015 年,全球一共有 22,519 家店面,②每家店面的经营者并不相同,但在顾客的眼中,所有的店面都共用星巴克的商标、提供味道统一的咖啡及其他饮料、制作相仿的甜点、拥有装潢相似的殿堂和穿戴整齐的员工,甚至连某些折扣都是一致的。对于消费者而言,他没有办法也无须去区分此星巴克与彼星巴克,所有的星巴克都像是一个模子刻出来的,是高度标准化的商业体。它们就像是“复制 + 粘贴”而来,从外观上到经营细节上没有明显的差别,特许人与被特许人之间结成了紧密的纽带。从此一方面观之,特许人与被特许人之间的紧密关系更胜于母公司与子公司以及关联公司之间的关系。当然,由另一方面审视之,此种纽带全凭借一纸合同,这也是特许经营关系被认为不若母子公司关系和关联公司关系更加牢靠的一大原因。

---

① 陆川:《经济法视野下商业特许经营法律制度研究》,华东政法大学 2009 年博士学位论文,第 10 ~ 11 页。

② Starbucks Company Timeline,载 https://www.starbucks.com/about-us/company-information/starbucks-company-timeline,最后访问日期:2018 年 9 月 6 日。

（四）特许经营的要件特征是支付特许权对价

特许经营法律制度在大多数国家都由专门的法律规范调整，属于一门特别法。这些法律规范对特许经营合同的当事人规定许多强制性的义务，同时提供额外的保护。因此，在类似的经营合同发生争议时，该经营合同是否属于特许经营合同、当事人之间是否存在特许经营关系将实质性地影响协议当事人享受权利、承担义务。判断特许经营关系是否成立的一个重要要件便是被特许人是否为取得特许经营权支付一定的费用。一般来说，被特许人在签订特许经营合同时，要一次性交纳一笔入门费（initial fee），或称为加盟金。该笔费用必须是作为取得特许经营权的对价存在，而非作为购买特许人产品或服务的对价存在，如没有这样的对价，那么特许经营关系不成立，只能按照普通的契约关系来认定。

欧洲特许经营集体豁免法规（EEC4087/88）就规定，享受特许经营限制竞争行为集体豁免的条件之一是"被特许人向特许人支付直接或间接的经济对价"。被特许人在交纳入门费之外每年还需交纳特许维持费是特许经营区别于其他某些经营方式的重要特征。欧盟集体豁免法规还指出："间接"对价通常是指年费包含在被特许人购买产品或服务的总价款里，而不另外收取。如果这样操作，应当在特许经营合同中将年费在总价款中所占比例规定清楚，以免日后产生争议。至于为何将支付特许权对价作为特许经营的成立要件，其缘由与特许人愿意出让其经营模式这一目的密不可分。当一个潜在被特许人提出加盟申请时，特许人为了慎重起见，通常会对申请人的资信、店铺进行严格、周密的评估，如对申请人拟加盟的店铺地理位置、财务状况、市场表现与合作历史等进行评估。在综合权衡上述因素后，特许人才确定是否接受其加盟的申请。特许人如此谨慎的原因正是因为他深知其特许权的价值所在，将如此宝贵的特许权让渡，特许人最直接的目标就是为了获取对价，实现盈利。特许经营要获得成功，依赖于特许人和被特许人双方的密切合作，特许人和被特许人只有建立起良性互动的关系，特许体系才能保持可持续发展。一个成功的特许人一定会十分关注每一个被特许人的经营状况，因为特许人的利益与被特许人的利益密切相连，被特许人业绩良好，特许人才有利可图。在特许经营合同签订后，被特许人有权使用特许人的商标、服务标志、专有技术和商业秘密，使用特许人所开发的生产、加工、销售、服务及其经营方面的技术。同时，特许人在协议有效期内还会持续提供各种指导和帮助，使被特许人尽快取得经济效益。被特许人在取得特许权、获得特许人支持、实现经济收益时要向特许人支付一定对价，即向特许人交纳一定的费用。对于特许人提供的指导、服务、统一开展的广告宣传，被特许人要按照协议向特许人支付特许权使用费（royalty）和广告费，这些费用将根据被特许人加盟的先后、加盟人数的多寡、特许人服务内容的不同而不同，有的是按销售额来提成，有的则是约定一个定额。特许经营这种一次性加盟费和长期维持费相结合的对价获取方式使得特许经营区别于普通产品或服务的销售方式。

第三节　商业特许经营的优势

商业特许经营能够在世界范围内被广泛接受必定有其天然的优势，而此种天然的优势不仅是能够被众多商家所利用，更是使得运用者所获得的收益高于其需要付出的成本。在商业竞争中有一条不成文的规则：决定项目生死的关键，在商业模式而非成本，商业特许经营恰恰是将已经成功的商业模式进行复制，从而使得更多的人能够借此获得成功，这或许很好地解释了商业特许经营欣欣向荣并且经久不衰的缘由。

一、特许人可利用特许经营实行大规模的低成本扩张

对于特许人来说，借助特许经营的形式，可以获得如下优势：

第一，特许人能够在实行集中控制的同时保持较小的规模，既可赚取合理利润，又不涉及高资本风险，更不必兼顾加盟商的日常琐事。虽然，特许双方具有共同的利益，但实际上双方是相互独立的主体，彼此之间人格、财产、经营均是独立的，换句话说就是在遇有风险时各自独立承担责任，不会为对方添麻烦。

第二，依靠加盟店对所属地区有较深入的了解，往往能够更加容易地发掘出特许人尚未发现的新的领域。加盟商的合作能够为特许人的经营带来新的视角。

第三，经营效率的提高。特许人不需要参与加盟商的员工管理工作，因此特许人不必要落入对员工问题的处理中，而是更专注于对特许经营事业的开拓当中。实践中，不少的特许商专设特许连锁部门，该部门仅保留10人左右的核心员工。

第四，特许人不拥有加盟商的资产，通常也不对加盟商进行投资，这样避免了特许人的资金风险，同时可以在资金不足的时候依靠核心经营资源获得更多的收益。

第五，从事制造业或批发业的特许人可以借助特许经营建立分销网络，确保产品的市场开拓。有人讲，有人的地方就有可口可乐，有色彩的地方就有柯达。为什么这些品牌能够无处不在？原因就在于它们利用了特许经营方式进行了大规模的低成本扩张。

二、加盟商借助特许经营"扩印底版"

有人形象地把加盟特许经营比喻成"扩印底版"，即借助特许商的商标、特殊技能、经营模式来反复利用，并借此扩大规模。特许人一旦拥有自己成熟的经营模式，就能够将这种经营模式进行复制，为他人所用，为自己赚取经济利益，实际上双方能够获得双赢，对加盟商而言可以获得如下好处：

第一，可以享受现成的商誉和品牌。加盟商可以承袭特许人的商誉，在开业、创业阶段就拥有了良好的形象，并且能够获得特许人的指导，使许多工作得以顺利开展。否则，如果自创品牌，利用强大广告攻势来树立形象就需要一大笔的资金，对于初期创业者而言，做加盟商无疑能够快速地回本，发展自己的事业。其中的关键在于选择一个好的特许品牌。

第二，避免市场风险。对于缺乏市场经营的投资者来说，面对激烈的市场竞争环境，往往处于劣势。投资一家业绩良好且有实力的特许人，借助其品牌形象、管理模式以及其他支持系统，其风险大大降低。

第三，享受规模效益。加入特许连锁企业后，可以利用的规模效益包括广告规模效益、技术开发规模效益、采购规模效益、经营规模效益、融资规模效益等。

第四，持续的指导和支持。《商业特许经营管理条例》将特许人对被特许人的持续指导和监督作为特许人的义务进行规定，一旦进入特许体系，加盟商可从特许人处获得多方面的支持，如开业培训，帮助选址、建店，帮助市场分析，定期的员工培训，开业后的质量管理和督导等。

三、特许经营因其管理优势而受到消费者欢迎

特许经营成功发展的另一个原因就是准确定位。由于能准确定位，使企业目标市场选择准确，能围绕目标市场进行营销策略组合，并能及时了解目标市场的变化，使企业的产品和服务走在时代前列。目前市场上广受欢迎的品牌，大多数都是采用了特许经营模式。例如，广为熟知的全球品牌——麦当劳、肯德基、星巴克，以及在国内颇为知名的全聚德、福奈特洗衣、锦江之星旅馆等品牌均采用了特许经营的模式进行推广。

第四节　商业特许经营的类型

一、按特许经营权的内容划分

（一）产品品牌特许经营

较早出现的特许方式被称为“产品品牌特许经营”，又称“产品分销特许”，是指特许人向被特许人转让某一特定品牌产品的制造权和经销权。特许人向被特许人提供技术、专利和商标等知识产权以及在规定范围内的使用权，对被特许人所从事的生产经营活动并不作严格的规定。这类特许经营形式的典型例子有汽车经销商、加油站以及饮料罐装和销售等。目前在国际上这种模式逐渐向经营模式特许经营演化。

（二）经营模式特许经营

“经营模式特许经营”被称为第二代特许经营，目前人们通常所说的特许经营就是这种类型。它不仅要求加盟店经营总店的产品和服务，质量标准、经营方针等都要按照特许人规定的方式进行。被特许人缴纳加盟费和后继不断的权利金（特

许权使用费),这些经费使特许人能够为被特许人提供培训、广告、研究开发和后续支持,此种模式目前正在国内外快速发展。

二、按特许双方的构成划分

(一)制造商和批发商

饮料制造商建立的装瓶厂特许体系属于这种类型。具体方式是,制造商授权被特许人在指定地区使用特许人所提供的糖浆并装瓶出售,装瓶厂的工作就是使用制造商的糖浆生产饮料并装瓶,再按照制造商的要求分销产品。可口可乐是最典型的例子。

(二)制造商和零售商

汽车行业首先采用这种特许方式建立了特许经销网。在石油公司和加油站之间有同样的特许加盟关系。它的许多特征同经营模式特许经营有相似之处,并且越来越接近这种方式,汽车制造商指定“分销商”的方式已经成为经营模式特许的一种类型。

(三)批发商与零售商

这种类型的业务主要包括计算机商店、药店、超级市场和汽车维修业务。

(四)零售商与零售商

这种类型是典型的经营模式特许,代表企业是快餐店。

三、按授予特许权的方式划分

(一)单体特许

单体特许是指特许人赋予被特许人在某个地点开设一家加盟店的权利。特许人与加盟者直接签订特许合同,被特许人亲自参与店铺的运营,加盟者的经济实力普遍较弱。目前,在该类被特许人中,有相当一部分是在自己原有网点的基础上加盟。单体特许适用于在较小的空间区域内发展特许网点。

优点:特许人直接控制加盟者;对加盟者的投资能力没有限制;没有区域独占;

不会给特许人构成威胁。

缺点:网点发展速度慢;总部支持管理加盟者的投入较大;限制了有实力的被特许人的加盟。

(二)区域开发特许

特许人赋予被特许人在规定区域、规定时间开设规定数量的加盟网点的权利由区域加盟商投资、建立、拥有和经营加盟网点;该加盟者不得再行转让特许权;通常加盟商要为获得区域开发权交纳一笔费用,该笔费用比一般的单体特许费用要更高;加盟商必须要遵守与特许人所约定的开发计划,即在一定年限内对该加盟区域的拓展。此种方式在特许加盟领域运用十分普遍,适用于在一定的区域(如一个地区、一个省乃至一个国家)发展特许网络。特许人与区域加盟商首先签署开发合同,赋予加盟商在规定区域、时间的开发权,当然这同样也是一种义务,即加盟商必须在相应时间内完成开发任务;当每个加盟网点达到特许人要求时,由特许人与加盟商分别就每个网点签订特许合同。

优点:有助于特许人尽快实现规模效益,充分发挥加盟商的投资开发能力,并保证特许人资金的充足。

缺点:在开发合同规定的时间和区域内,特许人无法发展新的加盟者;对开发商的控制力较小。加盟商容易形成于特许人之外的独立利益团体,从而在一定程度上与特许人开展区域竞争,影响特许人的收益甚至特许品牌的声誉。

(三)二级特许

特许人赋予被特许人在指定区域销售特许权的权利。二级特许人扮演着特许人的角色;对特许人有相当的影响力;要支付数目可观的特许费;它是开展跨国特许的主要方式之一。特许人与二级特许人签订授权合同;二级特许人与加盟者签订特许合同。

优点:扩张速度快;特许人没有管理每个加盟者的任务和相应的经济负担;二级特许人可根据当地市场特点改进特许体系。

缺点:把管理权和特许费的支配权交给了二级特许人;过分依赖二级特许人,特许合同的执行没有保证;特许收入分流。

（四）代理特许

特许代理商经特许人授权为特许人招募加盟者。特许代理商作为特许人的一个服务机构，代表特许人招募加盟者，为加盟者提供指导、培训、咨询、监督和支持。它是开展跨国特许的主要方式之一。特许人与特许代理商签订的是跨国合同，必须了解和遵守所在国法律；代理商不构成特许合同的主体。

优点：扩张速度快；减少了特许人开发特许网络的费用支出；对特许权的销售有较强的控制力；能够对被特许人实施有效控制而不会过分依赖代理商；能够方便地中止特许合同；可以直接收取特许费。

缺点：特许人要对代理商的行为负责；要承担被加盟者起诉的风险；要承担汇率等其他风险。

第二编

商业特许经营中的核心法律问题

第二章　商业特许经营合同纠纷的大数据分析

商业特许经营中的法律问题，在司法实践中主要表现为，商业特许经营合同纠纷。因此，本书首先对商业特许经营合同纠纷进行实证分析，以数据统计来找到商业特许经营中最为核心的法律问题。本书通过最简单的逻辑链条来向大家呈现问题，即按照纠纷数量的多少对商业特许经营中的问题进行排序，排名靠前的即为核心法律问题，此种方法也较之于简单的条文分析更为可靠。

第一节　商业特许经营合同纠纷的司法大数据

在快节奏的商业特许经营活动中，新的商业特许经营模式、新的商业特许经营资源、新的品牌以及网红爆款产品时刻不断推陈出新。在这种商业氛围和商业环境下，特许人很难就此耐得住寂寞等待“两店一年”条件的满足并按照规定依法完成商业特许经营的备案和年检；相反，特许人会很快就新的品牌打造网红产品，以最快速度推向市场并展开大规模的招商加盟活动。另外，诸多的个人尤其是缺乏理性的个人正在多处寻找可以快速创业并致富的路子。于是乎，在商业特许经营合同签订和履行过程中，由于加盟商的投资行为缺乏理性、商业经营活动缺乏经验、对项目的投资预期过高以及由于特许人快速扩张导致后续服务跟不上等诸多原因，双方之间的纠纷就不可避免地会发生。

本书通过在“裁判文书网”“元典”“无讼”中搜集整理与商业特许经营合同纠

纷有关的司法判例,形成商业特许经营合同纠纷的司法大数据。为保证数据的真实性,本书搜集整理的司法裁判文书为2008年1月1日至2018年12月31日已审结并上网公布的案件,但是并不意味着全部法律文书中的案例纠纷均发生在该十年中。案例纠纷有可能发生在2007年甚至更早,2008年甚至是2007年或更早的纠纷案件尚未在2018年12月31日前作出判决。

本书统计的全国法院纠纷案件数不代表全国范围内的商业特许经营行业纠纷的数量。实践中,更多的商业特许经营合同中约定的纠纷管辖机构为各地的仲裁委员会。基于仲裁委员会案件审理的不公开原则,相当数量的商业特许经营合同纠纷仲裁案件无公开查询途径,不在此份数据报告的统计之列。

本书针对已经审结的司法案件的搜集、分类、整理、分析尤其是就某个具体案件裁判文书的整理、分析意见和观点,不代表以后不同的人民法院就相同或类似的纠纷案件也会采取相同的裁判观点,具体原因我们在上面内容中已经作了说明,不再赘述。

此外,我们欢迎从事商业特许经营行业的从业者以及律师同行进行合作交流,共同推进商业特许经营行业法律风险管理工作迈入新高度、新水平。

一、纠纷数量增值情况统计

国务院《商业特许经营管理条例》于2007年2月6日公布,自2007年5月1日起施行。在这份司法大数据报告中,本书搜集整理的全部司法裁判文书皆为《商业特许经营管理条例》施行之后上网公布。裁判文书作出的时间段为2008年1月1日至2018年12月31日的十年。

如图1所示:我国商业特许经营合同纠纷涉诉案件呈逐年攀升的趋势;其中2013年至2017年的案件数量成倍增长,2013年至2014年的增幅超过100%;2017年的纠纷案件数量达到十年中的峰值,2018年的纠纷案件数量稍有回落,但生效的裁判文书仍然超过1000件。

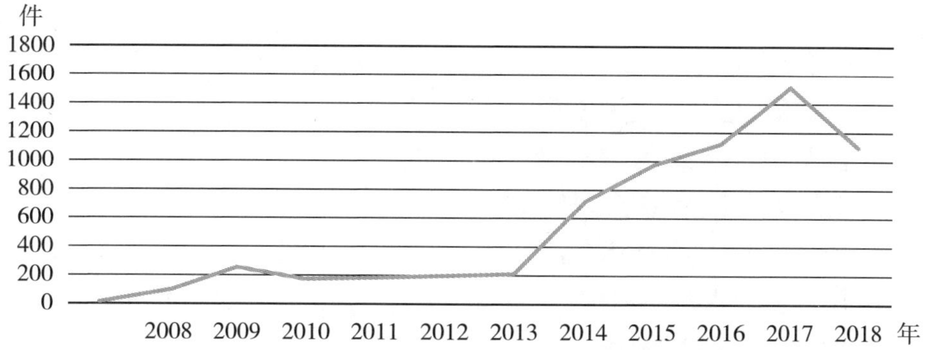

图 1　商业特许经营合同纠纷涉诉案件数量统计

通过以上统计图表及数据可知：我国商业特许经营行业的整体规模仍然在迅速扩张，商业特许经营模式仍然是一个相对受欢迎的经营模式；另外，特许人和被特许人关于从事商业特许经营活动面临的潜在的法律风险仍然缺乏理性、专业、正确的认知，法律风险管理意识和能力与该行业的增长速度不相匹配。

二、纠纷案件地域分布情况统计

如图 2 所示：在目前发生的全部商业特许经营合同纠纷案件中，北京、上海、浙江、广东、江苏、山东、福建、重庆、湖北和陕西的纠纷案件数量为全国各省级行政区纠纷案件数量的前十位。

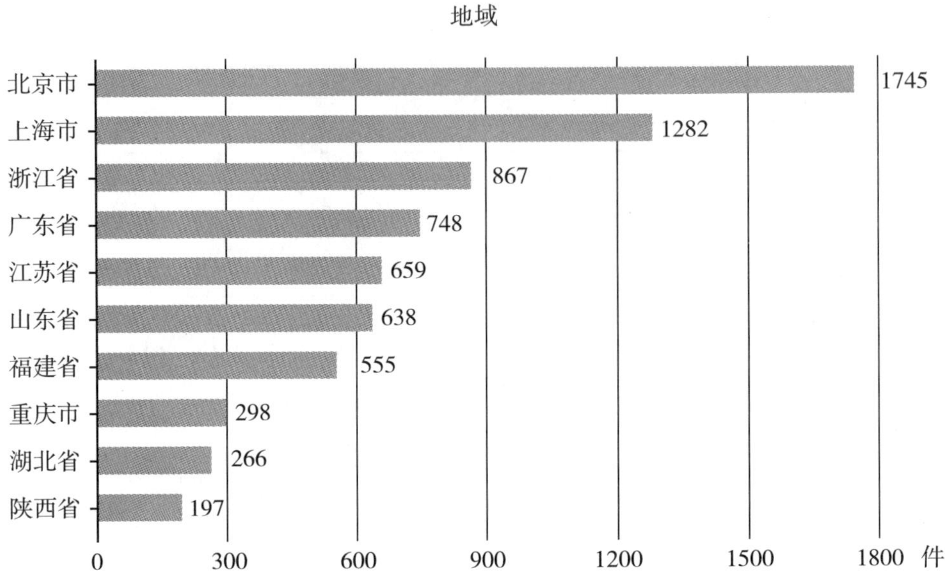

图 2 纠纷案件数量地域分布统计(前十位)

通过上述统计数据以及图表的直观展示,我们可以了解到:商业特许经营合同纠纷案件主要分布在以“北上广”为代表的华东、华南等经济较为发达、商业氛围较为活跃的地区;同时,特定地区该类经济纠纷较多的状况也从侧面反映出该地区的产业中采用商业特许经营模式较多。

三、纠纷案件法院审级情况统计

如图 3 所示,目前我国商业特许经营合同纠纷案件不服一审判决的上诉率为 25.17%,而二审终审后启动再审程序的案件数量较少,占比为 1.84%。

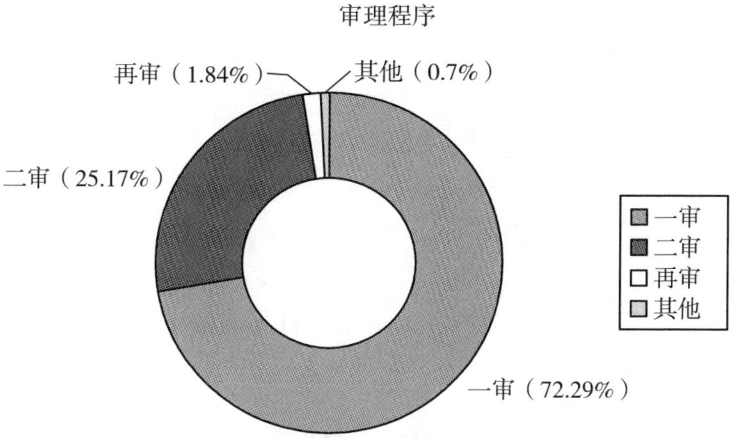

图 3 纠纷案件法院审级情况统计

通过上述统计数据以及图表的直观展示，我们可以了解到：商业特许经营合同纠纷案件一审判决后，会有近 1/3 的案件上诉至二审法院，不服一审裁判结果的上诉率高于普通民事案件。根据我们团队近年来分别代理特许人和被特许人诉讼案件的情况和上述司法裁判大数据，我们认为这个现象出现的主要原因可以概括为两个方面：

一是我国目前有关商业特许经营纠纷解决的立法不够完善。在国家法律法规层面，目前只有行政法规《商业特许经营管理条例》；在国务院部门规章层面，只有商务部的《商业特许经营备案管理办法》和《商业特许经营信息披露办法》。

二是系统指导商业特许经营纠纷司法审判实践的司法解释尚无。关于司法审判中如何适用《商业特许经营管理条例》第 7 条第 2 款关于“两店一年”的条款，最高人民法院于 2010 年在《关于不具备“拥有至少 2 个直营店并且经营时间超过 1 年”的特许人所签订的特许经营合同是否有效的复函》(2010 民三他字第 18 号）中其明确了“两店一年”的条款属于行政法规的管理性强制性规定，特许人不具备上述条件，并不当然导致其与他人签订的特许经营合同无效。除此之外，就商业特许经营纠纷案件中如何适用法律和行政法规，最高人民法院尚未出具较为系统和详细的司法解释。但是需要特别说明的是，就人民法院审理商业特许经营合同纠纷案件如何适用法律和行政法规，北京和上海两地的高级人民法院已经发布了较为系统和详细的指导意见，如北京市高级人民法院发布了《关于审理商业特许经营合同纠纷案件适用法律若干问题的指导意见》，上海市高级人民法院发布了《关于审理特许经营合同纠纷案件若干问题的解答》。

上述两个方面的原因，客观上会导致不同地区不同层级的法院甚至不同的主审法院以及诉讼双方当事人和诉讼代理人对于同一个纠纷问题如何适用法律法规存在不同的理解，无法形成统一的认知或裁判标准。在这种情况下，一审法院作出裁判后，诉讼一方当事人或双方当事人基于各自不同的理解不服一审判决的概率当然会高于其他普通民商事案件。

四、涉诉案件高频适用法律条文统计

根据我们统计，在 2008 年 1 月 1 日至 2018 年 12 月 31 日审理结案的商业特许经营合同纠纷案件的裁判文书中，以下 10 个法律条文适用频率最高（以下按照适用频率从高到低列举）：

1.《合同法》第 97 条

合同解除后，尚未履行的，终止履行；已经履行的，根据履行情况和合同性质，当事人可以要求恢复原状、采取其他补救措施、并有权要求赔偿损失。

2.《商业特许经营管理条例》第 3 条

本条例所称商业特许经营（以下称特许经营），是指拥有注册商标、企业标志、专利、专有技术等经营资源的企业（以下称特许人），以合同形式将其拥有的经营资源许可其他经营者（以下称被特许人）使用，被特许人按照合同约定在统一的经营模式下开展经营，并向特许人支付特许经营费用的经营活动。

企业以外的其他单位和个人不得作为特许人从事特许经营活动。

3.《合同法》第 94 条

有下列情形之一的，当事人可以解除合同：

（一）因不可抗力致使不能实现合同目的；

（二）在履行期限届满之前，当事人一方明确表示或者以自己的行为表明不履行主要债务；

(三)当事人一方迟延履行主要债务,经催告后在合理期限内仍未履行;

(四)当事人一方迟延履行债务或者有其他违约行为致使不能实现合同目的;

(五)法律规定的其他情形。

4.《合同法》第 56 条

无效的合同或者被撤销的合同自始没有法律约束力。合同部分无效,不影响其他部分效力的,其他部分仍然有效。

5.《商业特许经营管理条例》第 12 条

特许人和被特许人应当在特许经营合同中约定,被特许人在特许经营合同订立后一定期限内,可以单方解除合同。

6.《商业特许经营管理条例》第 23 条

特许人向被特许人提供的信息应当真实、准确、完整,不得隐瞒有关信息,或者提供虚假信息。

特许人向被特许人提供的信息发生重大变更的,应当及时通知被特许人。

特许人隐瞒有关信息或者提供虚假信息的,被特许人可以解除特许经营合同。

7.《合同法》第 93 条

当事人协商一致,可以解除合同。

当事人可以约定一方解除合同的条件。解除合同的条件成就时,解除权人可以解除合同。

8.《商业特许经营管理条例》第 7 条

特许人从事特许经营活动应当拥有成熟的经营模式,并具备为被特许人持续提供经营指导、技术支持和业务培训等服务的能力。

特许人从事特许经营活动应当拥有至少 2 个直营店,并且经营时间超过 1 年。

9.《合同法》第 54 条

下列合同,当事人一方有权请求人民法院或者仲裁机构变更或者撤销:

(一)因重大误解订立的;

(二)在订立合同时显失公平的。

一方以欺诈、胁迫的手段或者乘人之危,使对方在违背真实意思的情况下订立的合同,受损害方有权请求人民法院或者仲裁机构变更或者撤销。

当事人请求变更的，人民法院或者仲裁机构不得撤销。

10.《合同法》第 52 条

有下列情形之一的，合同无效：

（一）一方以欺诈、胁迫的手段订立合同，损害国家利益；

（二）恶意串通，损害国家、集体或者第三人利益；

（三）以合法形式掩盖非法目的；

（四）损害社会公共利益；

（五）违反法律、行政法规的强制性规定。

第二节　商业特许经营合同纠纷争议焦点

根据本书统计，在以“特许经营合同纠纷”为案由审理裁判的诉讼案件中，具体纠纷的争议焦点主要集中于以下六种：一是涉诉商业特许经营合同性质的认定；二是涉诉商业特许经营主体资格（包含特许人和被特许人）的认定；三是涉诉商业特许经营合同是否无效的认定；四是涉诉商业特许经营合同是否得以解除的认定；五是涉诉商业特许经营合同是否可撤销的认定；六是涉诉商业特许经营合同被认定为无效或被撤销或解除的后果。

一、关于商业特许经营合同性质认定的有关问题

根据本书搜集整理的司法判例统计大数据显示：司法实务中围绕《商业特许经营管理条例》第 3 条第 1 款的规定，诉讼双方当事人对签署的书面合同是否属于商业特许经营合同的这个争议焦点在纠纷案例中出现的频次非常高，司法裁判结果主要有三种情况：

1. 合同双方在合同中未作其他特别约定，因为合同内容符合《商业特许经营管理条例》第 3 条第 1 款关于“商业特许经营”三个基本特征的，被法院认定为商业特许经营合同。

2. 合同双方订立名为“合作”“联营”“托管经营”“代理”等形式的书面合同，

因为合同内容符合《商业特许经营管理条例》第 3 条第 1 款关于“商业特许经营”三个基本特征的，被法院认定为商业特许经营合同。

3. 合同双方在合同中明确约定不受《商业特许经营管理条例》的约束，或明确约定双方签署的合同不属于商业特许经营合同，因为合同内容符合《商业特许经营管理条例》第 3 条第 1 款关于“商业特许经营”三个基本特征的，被法院认定为商业特许经营合同。

根据《商业特许经营管理条例》第 3 条第 1 款的规定，我们可以总结出据以认定“商业特许经营”（以下简称特许经营）的三个基本特征：（1）特许人拥有注册商标、企业标志、专利、专有技术等经营资源的企业；（2）特许人以合同形式将其拥有的经营资源许可其他经营者（被特许人）使用；（3）被特许人按照合同约定在统一的经营模式下开展经营，并向特许人支付特许经营费用。根据裁判大数据统计结果，我们认为法院管辖纠纷案件中无论合同双方如何约定，只要合同内容符合《商业特许经营管理条例》第 3 条第 1 款规定的“商业特许经营”三个特征，法院都会依法认定其合同性质。

二、关于商业特许经营主体资格认定的有关问题

《商业特许经营管理条例》第 3 条第 2 款规定：企业以外的其他单位和个人不得作为特许人从事特许经营活动。该条文内容简短但非常明确，且该条文属于“效力性强制性规定”，它从法律层面明确排除了企业以外的其他单位和个人作为特许人从事特许经营活动的可能性。尽管有上述明确的规定，商业特许经营活动中不乏个体工商户或自然人作为特许人从事特许经营活动的情形。根据我们搜集整理的司法判例统计大数据显示：若特许人不满足《商业特许经营管理条例》第 3 条第 2 款规定的主体资格的要求，被特许人以此为由请求法院确认案涉商业特许经营合同无效的，通常都会得到法院的支持。

另外，《商业特许经营管理条例》第 7 条第 2 款规定：特许人从事特许经营活动应当拥有至少 2 个直营店，并且经营时间超过 1 年；《商业特许经营管理条例》第 8 条第 1 款规定：特许人应当自首次订立特许经营合同之日起 15 日内，依照本条例的规定向商务主管部门备案。在省、自治区、直辖市范围内从事特许经营活动的，

应当向所在地省、自治区、直辖市人民政府商务主管部门备案；跨省、自治区、直辖市范围从事特许经营活动的，应当向国务院商务主管部门备案。以上两个条文在司法实务中常被称为“两店一年条款”和“特许备案条款”。司法实践中，部分被特许人常常会以特许人不满足“两店一年”的要求或者没有按照“特许备案”的要求为由认为特许人不符合商业特许经营的主体资格，从而请求法院解除双方签署的商业特许经营合同。由于上述两个条款属于“管理性强制性规定”，违反了上述规定不会导致合同无效的法律后果，根据我们搜集整理的裁判大数据统计结果显示，上述诉讼请求基本上都不会得到法院的支持。

三、关于商业特许经营合同效力认定的有关问题

关于已经成立的合同是否有效的认定问题，我国《合同法》第52条有明确的规定：有下列情形之一的，合同无效：(1)一方以欺诈、胁迫的手段订立合同，损害国家利益；(2)恶意串通，损害国家、集体或者第三人利益；(3)以合法形式掩盖非法目的；(4)损害社会公共利益；(5)违反法律、行政法规的强制性规定。

根据本书搜集整理的裁判大数据统计结果显示：上述五种法定情形中的第五种“兜底性规定”的情形，在商业特许经营纠纷中适用最为频繁。下面我们举两个例子来作简单说明：

1. 关于被特许人未经允许向他人转让特许经营权的行为是否有效的问题。

司法实践中，人民法院通常会结合《商业特许经营管理条例》第18条第1款和《合同法》第52条第5种情形的规定依法认定被特许人转让特许经营权的行为无效。

2. 关于从事商业特许经营活动是否需要事先取得行政许可的问题。

司法实践中，对于某些特定的行业，如果特许人在事先未能取得行政许可的情况下直接进行商业特许经营活动的，人民法院通常会结合《商业特许经营管理条例》第8条第3款和《合同法》第52条第5种情形的规定依法认定被特许人的商业特许经营行为无效，即特许人和被特许人签署的商业特许经营合同会被司法确认无效。其中，最典型的是物流行业，如快递业务的特许经营应当取得特别行政许可，否则特许经营合同因违反法律、行政法规的强制性规定而无效。

四、关于商业特许经营合同解除的有关问题

根据我国的《合同法》和《商业特许经营管理条例》的规定，商业特许经营合同的解除有三种情形：法定解除、约定解除和任意解除。

商业特许经营合同的"法定解除"，是指特许人和被特许人在签署和履行商业特许经营合同中，任何一方合同主体符合有我国《合同法》第 94 条规定的情形之一的，合同相对方都有权要求人民法院解除合同。

商业特许经营合同的"约定解除"，顾名思义，是指特许人和被特许人在签署和履行商业特许经营合同中，双方协商一致同意解除双方之间达成的商业特许经营合同法律关系并就合同解除后相关问题的解决也达成一致意见；或者在之前合同中约定的合同解除条件成就后，合同任何一方当事人有权依据合同约定要求解除合同。

商业特许经营合同的"任意解除"，是一个针对商业特许经营的比较特殊的合同解除情形，具体是指被特许人签署商业特许经营合同后，有权依据《商业特许经营管理条例》第 12 条关于"冷静期条款"的规定，在一定合理期限内要求解除合同。

上述三种合同解除情形，在商业特许经营纠纷司法审判中都比较常见。对于第一种情形和第二种情形的法律适用，双方诉讼当事人以及人民法院的观点基本是一致的；而大量的司法裁判案例显示，不少诉讼当事人对于人民法院就该问题的事实认定和法律适用会有不同的意见，由此产生不少不符一审裁判结果而提出上诉的情况。

五、关于商业特许经营合同撤销的有关问题

根据我们搜集整理的裁判大数据统计结果显示：在提起诉讼的纠纷案件中，被特许人主张合同撤销提出的理由最多的就是认为特许人在合同签订过程中存在欺

诈的情形。①

通常我们常见的所谓的欺诈，是指故意告知对方虚假情况，或者故意隐瞒真实情况，诱使对方基于错误判断作出意思表示。商业特许经营活动中的欺诈，实践中也称为“加盟陷阱”“加盟诈骗”，属于合同欺诈的一种类型，是指特许人故意告知虚假情况或者进行虚假广告宣传，误导被特许人基于错误的认识签订商业特许经营合同的行为。

为了平衡特许双方信息不对称的状况，防止欺诈的发生，《商业特许经营管理条例》特别规定了特许人应当全面、准确、完整地向被特许人披露特许经营活动基本情况、特许经营资源情况、品牌加盟情况、技术指导服务等相关信息；若特许人故意不向被特许人告知上述信息，该消极的不作为也可能被认定为欺诈，从而使合同构成合同可撤销情形。

但是，需要特许说明和提示的是，司法实践中关于“欺诈”“商业欺诈”“商业欺诈与虚假宣传”“特许人存在虚假宣传或欺诈是否会达到合同撤销的程度”等问题的认知和界定，人民法院与被特许人往往存在较大的差异，人民法院一般不太会支持以此为由要求撤销合同的诉讼请求。

六、关于商业特许经营合同无效、撤销和解除的法律后果的有关问题

关于商业特许经营合同被依法认定为无效、被撤销或依法解除的法律后果，我们团队也进行了大量司法裁判案例的搜集整理活动。根据我们搜集整理的裁判大数据统计结果显示：商业特许经营合同被依法认定为无效、被撤销或依法解除后，人民法院会根据个案中商业特许经营合同期限、合同履行时间长短、特许双方的过错程度、特许经营资源的使用情况等综合因素进行自由裁量，判决特许人需要退还具体金额的特许经营费用（加盟费、保证金等）以及装修费、设备采购费用、前期广告宣传费用的双方承担比例。

① 《合同法》第54条规定：“下列合同，当事人一方有权请求人民法院或者仲裁机构变更或者撤销：（一）因重大误解订立的；（二）在订立合同时显失公平的。一方以欺诈、胁迫的手段或者乘人之危，使对方在违背真实意思的情况下订立的合同，受损害方有权请求人民法院或者仲裁机构变更或者撤销。当事人请求变更的，人民法院或者仲裁机构不得撤销。”

学习和总结人民法院对商业特许经营合同纠纷争议较大的争议焦点问题的裁判思路和裁判观点、找出其中的规律，有利于指导商业特许经营行业的从业者、提供专业法律服务的律师同行们快速、高效地识别商业特许经营过程中的法律风险，防范和管理尚未引起纠纷的法律风险，尽可能降低已经发生的法律纠纷给特许人或被特许人可能带来的法律责任。

第三章　商业特许经营合同的签订

第一节　特许经营主体资格

经营行业通常都有一个入门的门槛，有的是对主体进行限制，有的是对资金进行限制，有的则是对人才储备进行限制。上述门槛有的是由市场的自由选择来决定的，有的则是通过法律、法规来规范的。由法律、法规来规范的门槛，称为市场准入制度，由于商业特许经营的特殊性，其进入市场亦受到法律、法规的限制。在商业特许经营的市场准入当中，对经营主体即存在限制。

一、特许人必须是企业

《商业特许经营管理条例》（以下简称条例）第 3 条第 2 款规定，企业以外的其他单位和个人不得作为特许人从事特许经营活动。该条款划定了特许人的主体范围，即企业，那么我们就需要了解我国企业的基本分类。由组织形式的简单到复杂，我国的企业主要分为个人独资企业、合伙企业、有限责任公司、股份有限公司。当然，这是企业的一种基本分类，是根据《个人独资企业法》《合伙企业法》《公司法》而来，实际上在这其中尚有许多更加细化的分类。由于条例规定，自然人是不能作为特许人从事特许经营活动的，因此自然人显然并不属于企业的范畴。此外，企业是一种营利组织，非营利的诸如国家机关、事业单位当然也不能作为特许人开展经营活动。

自然人和企业之间的模糊地带来自个体工商户，个人独资企业和个体工商户都具有出资主体单一性、组织的非法人性特征，均属于商个人之范畴。[①] 由于个体工商户与个人独资企业所具有的相似性，致使在实践中容易将二者混淆。个人独资企业属于企业的一种类型，当然能够作为特许人，但个体工商户是否可以作为特许人？2016 年《个体工商户条例》第 2 条规定：有经营能力的公民，依照本条例规定经工商行政管理部门登记，从事工商业经营的，为个体工商户。个体工商户可以是个人经营，也可以是家庭经营。《个体工商户条例》实际上明确了个体工商户的主体就是公民即自然人，因此，个体工商户当然不能作为特许人。

二、自然人作为特许人的法律风险

根据《商业特许经营管理条例》第 24 条第 2 款的规定，企业以外的其他单位和个人作为特许人从事特许经营活动的，由商务主管部门责令停止非法经营活动，没收违法所得，并处 10 万元以上 50 万元以下的罚款。实践中，自然人以特许人自居从事商业特许经营活动的现象十分普遍，但条例对此进行了严格限制，并严厉处罚。同时，自然人一旦以特许人自居开展特许经营活动，其所签订的特许合同将被法院以违反法律、行政法规的强制性规定为由，宣告无效。[②] 此时，特许人将因过错而被要求向被特许人赔偿损失，另外该合同将被认定为无效合同。换言之，自然人以特许人的身份签订合同的行为违反了效力性强制性规定，直接导致合同无效。

三、自然人可以作为被特许人

根据条例的规定，特许人的资格是受到限制的，但是被特许人并不受限。因此，被特许人可以是企业亦可以是自然人。当然，其中一个问题是，被特许人能否是外国人？答案是肯定的，根据条例第 2 条的规定，在中华人民共和国境内从事商业特许经营活动，应当遵守本条例。外国的企业和自然人同样能在中国开展特许经营活动，前提是在中华人民共和国境内，并受中国法律的管辖。

---

① 参见李建伟：《个人独资企业法律制度的完善与商个人体系的重构》，载《政法论坛》2012 年第 5 期。

② 参见《合同法》第 52 条第 5 项。

案例1：自然人可以作为被特许人开展特许经营活动

基本案情：友好速递公司系取得快递业务经营许可证的企业，经营范围为国内快递，经营地域为江苏省常州市。郭某某未取得快递业务经营许可证。2014年5月9日，友好速递公司与中通快递股份有限公司（以下简称中通快递）签订快递行业特许经营（加盟）合同一份，中通快递为特许人，友好速递公司为被特许人，双方均为依法设立，取得快递业务经营许可证，从事快递业务的企业法人；在本合同有效期内，在中通网络区域常州地域范围内，特许人将拥有的特许人注册商标"中通"和"ZTO"、企业标记中通快递"ZTOEXPRESS"及相应图形在内的特许经营权许可被特许人使用，许可类型为普通使用许可，被特许人可以在快件揽收与派送时，在员工制服、经营场所装潢装饰、广告宣传及推广等方面使用特许人许可其使用的商标及企业标志；合同有效期限为2014年5月9日至2017年5月8日；被特许人应当向特许人一次性支付特许经营费1万元，并向特许人交纳履约保证金2万元。同年11月15日，郭某某与友好速递公司签订《承包协议》一份，约定甲方为中通快递常州代理（常州友好速递公司有限公司），乙方为郭某某，甲方为乙方提供中通快递网络及运输便利，乙方按时交纳各项费用，乙方所取快件必须是中通网络能到达城市，必须按公司规定时间交到常州公司，由甲方中转到中转部，乙方交到中通快递的快件如果发生破损、遗失等问题，所发生的中通内部赔偿费用以总部仲裁书为准，乙方客户和中通快递及常州代理所发生的一切经济纠纷由乙方负责解决；乙方在其负责的业务承包范围内自负盈亏，依据相关的法规进行合法经营；乙方必须无条件地负责其业务范围内派送件的派送，并在公司规定的时间内安全、准确地送达客户，如果在派送快件时造成的延误、破损、遗失均以总公司的仲裁赔偿通知书上的金额赔偿，常州公司有权追加罚款。

其后，郭某某与友好速递公司因《承包协议》履行尤其是派件遗失、延误标准以及押金退还等发生争议，郭某某要求友好速递公司解除《承包协议》退还押金及网建费合计40,000元，而友好速递公司则认为其与郭某某之间的《承包协议》性质为特许经营合同，双方是特许人与被特许人之间的关系，押金根据约定不予退还，并提出了反诉。①

诉求：郭某某要求：(1)解除郭某某与友好速递公司签订的《承包协议》。(2)友好速递公司退还郭某某押金30,000元及网建费10,000元，合计40,000元。(3)友好速递公司支付郭某某派送费1万余元。(4)友好速递公司返还郭某某个人账户内余额1000多元。本案诉讼费用由友好速递公司负担。

友好速递公司则要求：(1)判令郭某某支付友好速递公司因派送丢失延误而由友好速递公司为其垫付的赔偿金和罚款合计18,693.31元；(2)郭某某支付友好速递公司因郭某某违约而处理善后工作产生的费用26,200元。反诉费用由郭某某负担。

法院观点：针对《承包协议》的性质，一审法院在作出判决的时候专门对特许经营这一问题进行了认定。一审法院认为："根据《商业特许经营管理条例》第三条第二款之规定，企业以外的其他单位和个人不得作为特许人从事特许经营活动，现郭某某作为自然人与友好速递公司签订涉案承包合同并从事特许经营活动的行为明显违反我国行政法规的强制性规定。"综上所述，郭某某与友好速递公司签订的《承包协议》违反了我国法律、行政法规强制性规定，应为无效。

案件评析：一审法院因为郭某某的自然人身份，从而认定《承包协议》无效的这一观点实际上是错误的，因为《商业特许经营管理条例》仅仅限制了特许人必须是企业，自然人不能作为特许人参加商业特许经营活动，并不限制自然人作为被特许人参加特许经营活动。本案中，郭某某为被特许人，其当然可以以自然人的身份进入到特许经营活动当中。因此，本案一审法院对特许经营的认识适用法律存在错误。当然二审法院在判决中则将该错误进行了纠正，友好速递公司与中通快递之间系特许经营关系，而友好速递公司与郭某某之间，名为加盟，实为内部承包经营或企业与其设立的分支机构的关系，如此认定当属严格依据了《商业特许经营管理条例》对特许人主体资格的要求。

---

① 江苏省常州市中级人民法院：《郭某某与常州友好速递公司快递业务承包经营合同纠纷案》，(2015)常商终字第591号。

四、国外企业以特许人身份开展特许经营活动的限制

自然人不能以特许人身份开展特许经营活动，一旦开展，其合同将归于无效。国外的自然人或者是企业可以以被特许人的身份从事特许经营活动，那么国外的企业是否能够以特许人的身份开展特许经营活动？当然，在条例颁行之前至迟在2002年2月《指导外商投资方向规定》和《外商投资产业指导目录》颁布施行后，中国法律、行政法规以及根据上位法制定的行政规章《外商投资商业领域管理办法》（已失效），明确规定在2004年12月11日前，外国公司、企业和其他经济组织或者个人不得在中国内地直接从事特许经营活动。2004年12月11日以后，外国公司、企业和其他经济组织或者个人必须通过在中国境内设立的外商投资企业从事特许经营。[①] 这一规定的初衷就是为了避免未在中国实际经营的国际特许人，通过国际特许经营而造成我国市场的混乱。但需要指出的是，《商业特许经营管理条例》对国外企业特许人身份的限制与对自然人以特许人身份从事特许经营的限制截然不同，对自然人以特许人身份从事特许经营的限制属于效力性强制规定，而对国外企业特许人身份的限制仅属于管理性强制规定，不影响特许合同的效力。

案例2：国外公司不能在中国直接从事特许经营业务

基本案情：天瑞公司是一家依据萨摩亚群岛法律成立的公司。2004年10月20日，天瑞公司与易居公司签订了一份SUPER 8 HOTELS（速8酒店）系统的《单位系统协议》，根据《单位系统协议》的约定，天瑞公司许可易居公司使用“速8酒店”商标标识及其他记号；天瑞公司授予易居公司在指定地点提供酒店服务的许可；天瑞公司同意向易居公司提供其他多项与酒店经营有关的服务，特别是提供预订系统服务；易居公司同意支付各项款项，包括咨询费、特许费年费、预订系统使用费及其他相关收费；易居公司还同意为有关酒店投保合适的保险。《单位系统协

① 参见林晓：《特许经营商务法律解决方案——〈商业特许经营管理条例〉适用指南》，法律出版社2007年版，第23页。

议》还对酒店的运营标准和其他细节以及关于违约和终止等作出了详细规定。《单位系统协议》第14.7条约定:“若发生任何因本协议双方关系或本协议所引起的或与之有关的我方和你方之间的争议或主张,应将该争议或主张提交根据伦敦国际仲裁法院的仲裁规则进行仲裁,该仲裁规则被视为本款之一部分。仲裁员为一名。”协议签订后,易居公司开始经营速8酒店。后双方为费用支付等发生争议,天瑞公司于2007年9月18日向易居公司发出一封终止函,提出终止《单位系统协议》。

2007年11月21日,天瑞公司向伦敦国际仲裁院提出仲裁申请,请求易居公司支付欠付款项、损害赔偿金及相应利息和费用。伦敦国际仲裁院指定独任仲裁员,在伦敦进行了书面审理,易居公司通过信函偶尔参与仲裁程序,并对管辖权和协议的有效性提出了异议。伦敦国际仲裁院于2008年12月5日作出仲裁案号为7983的《终局裁决书》,认为:(1)仲裁庭对本案有管辖权;(2)《单位系统协议》不违反中国法律,不会导致无效;(3)易居公司存在违约,天瑞公司有权终止《单位系统协议》,易居公司应支付天瑞公司各项费用合计828,505.8元人民币、法律费用53,657.55美元,并承担相关仲裁费用。

诉求:天瑞公司认为伦敦国际仲裁院已于2008年12月5日作出仲裁案号为7983的《终局裁决书》,根据我国《民事诉讼法》第267条的规定,申请杭州市中级人民法院承认伦敦国际仲裁院的上述仲裁裁决。

法院观点:杭州市中级人民法院认为:(1)天瑞公司与易居公司签署的《单位系统协议》是一份特许经营协议,而特许经营行为在我国是属于国家限制经营的领域。《外商投资商业领域管理办法》第3条规定:“外商投资商业企业是指从事以下经营活动的外商投资企业:……(四)特许经营:为获取报酬或特许经营费通过签订合同授予他人使用其商标、商号、经营模式等。外国公司、企业和其他经济组织或者个人必须通过在中国境内设立的外商投资企业从事前款第(一)、(二)、(三)、(四)项所规定的经营活动。”《商业特许经营管理办法》第33条规定,外商投资企业以特许经营方式从事商业活动的,应向原审批部门提出申请增加“以特许经营方式从事商业活动”的经营范围。特许经营在外商投资产业指导目录上均被列为限制类产业,属于国家限制经营的行业。天瑞公司作为一家依据萨摩亚群岛法律成立并存续的公司,依据中国有关特许经营的行政规章,不能在中国直接从事特许经营业务。按照《最高人民法院关于适用〈中华人民共和国合同法〉若干问题的解释(一)》第10条的规定,"当事人超越经营范围订立合同,人民法院不因此认定合同无效。但违反国家限制经营、特许经营以及法律、行政法规禁止经营规定的除外。"由此可见,天瑞公司与易居公司通过签署《单位系统协议》开展特许经营活动违反了我国法律的强制性规定。①

案件评析:这起案件的焦点就在于国外企业能否直接在中国从事特许经营活动,杭州市中级人民法院严格依据《商业特许经营管理条例》的规定,正确判定了天瑞公司作为一家外国企业,不能直接在中国境内从事特许经营活动,必须要以在中国设立外商投资企业的形式方能够开展。根据《商业特许经营管理条例》第2条规定,在中华人民共和国境内从事商业特许经营活动,应当遵守本条例。所谓遵守条例的意思即遵守中国法律、法规的规定,要求该企业在中国注册登记。对于外国企业而言,途径就是在中国投资设立外商投资企业。

另外,本案中天瑞公司的外国身份是否会影响到特许经营合同的效力以及特许经营关系的存在呢?答案是否定的。最高人民法院在随后对浙江省高级人民法院就此案所作的批复中明确指出:天瑞酒店投资有限公司与杭州易居酒店管理有限公司于2004年10月28日签订的《单位系统协议》,性质为商业特许经营合同。根据我国当时实行的商业特许经营管理制度,外国公司在我国境内从事商业特许经营业务必须通过设立外商投资企业的方式进行,且需经过行政主管机关的审批。但是2007年5月1日施行的国务院《商业特许经营管理条例》仅规定商业特许经营合同事后应向行政主管机关备案,而无审批要求。上述备案制度属于行政法规之强制性规范中的管理性规定,不影响当事人之间民事合同的效力。②

此外,个体工商户作为被特许人在实践中大量存在,在某些法律风险上甚至小

① 浙江省高级人民法院:《浙江省高级人民法院关于申请人天瑞酒店投资有限公司与被申请人杭州易居酒店管理有限公司申请承认仲裁裁决一案的请示报告》,〔2010〕浙商外他字第3号。

② 最高人民法院:《关于申请人天瑞酒店投资有限公司与被申请人杭州易居酒店管理有限公司申请承认仲裁裁决一案的请示报告的复函》,〔2010〕民四他字第18号。

于企业。需要特别注意的是，在分商业特许经营模式中，二级特许人的主体往往是自然人，在形式上以某某品牌在某个区域的独家代理人的身份出现，这同样不符合《商业特许经营管理条例》的规定。[①] 也即，被特许人如果是某一地区的总经销商，就必须以企业的形式参与商业特许经营。

第二节　“两店一年”的法律规定

《商业特许经营管理条例》第7条第2款规定：“特许人从事特许经营活动应当拥有至少2个直营店，并且经营时间超过1年。”该项规定即是所谓的“两店一年”的要求。由该项规定可见，两店所指为两家直营店，并且该两家直营店必须经营超过一年。换言之，企业要成为特许人，至少要持续经营满1年，而不是说一个企业从注册登记开始就可以成为特许人。这一规定与特许经营的特征相符，特许经营需要特许人能够将自己的经营资源许可给被特许人使用，被特许人要使用的这种资源，一定是经过市场检验的，而非空穴来风，这样才能保证特许经营的稳定性，否则大量不具备能力和条件的企业即可以通过此商业模式，在市场上空手套白狼。此外，在2007年5月1日《商业特许经营管理条例》正式施行以前，《商业特许经营管理办法》（商务部令〔2004〕第25号）第7条第2款同样规定了特许人须具备：在中国境内拥有至少两家经营一年以上的直营店或者由其子公司、控股公司建立的直营店。

一、留存相关证据资料

“两店一年”是特许人开展特许经营必须具备的基本资质条件，但同时，特许人需要能够提供相应证据予以证明，通常情况下有直营门店的照片、直营店的营业执照、经营账目等。若特许人未将“两店一年”的基本资质条件证据加以保存，则

---

① 参见崔师振编著：《商业特许经营全程法律风险防范——案例解析45个常见法律风险》，中国法制出版社2016年版，第27页。

特许人开展特许经营活动就会因为无法证明满足“两店一年”而被视为不具备基本条件。因此，商业特许经营的特许人在开展特许经营活动前，应对其是否具备“两店一年”的情况进行自查并留存相关证据材料以备查实。

二、不具备“两店一年”的行政处罚

根据《商业特许经营管理条例》第24条的规定，特许人不具备本条例第7条第2款规定的条件，从事特许经营活动的，由商务主管部门责令改正，没收违法所得，处10万元以上50万元以下的罚款，并予以公告。也即不满足“两店一年”条件的法律后果是行政处罚，并且该行政处罚较为严厉。因此，作为特许人而言，在开展特许经营前，务必达到“两店一年”的条件。

行政处罚决定书文号	宁商罚字(2017)第4号
案件名称	违规开展商业特许经营案
处罚类别	罚款
处罚事由	违反“两店一年”规定条件开展商业特许经营
处罚依据	《商业特许经营管理条例》第24条规定
处罚结果	罚款100,000元
行政相对人名称	南京凯之美餐饮管理有限公司
统一社会信用代码	91320115MA1MQKWN7T
组织机构代码	
法定代表人姓名	
法定代表人身份证号	
处罚决定日期	2017-08-25
处罚机关	南京市商务局
地方编码	320100
数据更新时间	2017-08-31
备注	

资料来源：威科法律信息库。

三、不具备"两店一年"不会导致特许合同无效

另一个问题是若特许人无法达到"两店一年"的基本要求，那么特许人与被特许人所签订的特许经营合同效力如何？为此，最高人民法院与北京市高级人民法院、上海市高级人民法院作了一致的解答。

在广西壮族自治区高级人民法院请示案[(2010)民三他字第18号]中，最高人民法院知识产权审判庭批复认为，2007年5月1日起施行的《商业特许经营管理条例》第7条第2款关于"特许人从事特许经营活动应当拥有至少2个直营店，并且经营时间超过1年"的规定，属于行政法规的管理性强制性规定；特许人不具备上述条件，并不当然导致其与他人签订的特许经营合同无效。[①]

上海市高级人民法院也作了类似的回答，认为《商业特许经营管理条例》(以下简称条例)第7条第2款"特许人从事特许经营活动应当拥有至少2个直营店，并且经营时间超过1年"、第8条"特许人应当自首次订立特许经营合同之日起15日内，依照本条例的规定向商务主管部门备案"的规定，均属于管理性的强制性法律规范。特许人不具备"两店一年"及备案条件的不必然导致合同无效。[②]

北京市高级人民法院指出，特许人从事特许经营活动应当拥有至少2个直营店，并且经营时间均超过1年。特许经营合同不因特许人不具备前述条件而无效。特许人拥有的直营店是指特许人利用其经营资源直接从事特许经营业务的直营机构。[③]

由上述法院的答复可见，特许人如若不具备"两店一年"这一基本条件，所带来的后果是严厉的行政处罚，而不会影响到特许合同的效力。换言之，特许人可以继续经营，但必须承担不利的法律后果。

---

① 《最高人民法院办公厅关于印发〈最高人民法院知识产权案件年度报告(2010)〉的通知》，法办〔2011〕81号。

② 上海市高级人民法院：《关于审理特许经营合同纠纷案件若干问题的解答》，2010年9月19日。

③ 《北京市高级人民法院关于审理商业特许经营合同纠纷案件适用法律若干问题的指导意见》(京高法发〔2011〕49号)，第8条。

案例3：不满足“两店一年”条件不影响特许经营关系的成立

基本案情：杭州小拇指汽车维修科技股份有限公司(以下简称杭州小拇指公司)成立于2004年10月22日，法定代表人为兰某某，主要从事汽车维修及零配件服务。2011年1月14日，杭州小拇指公司取得第6573882号“小拇指”文字注册商标，核定服务项目(第35类)：连锁店的经营管理(工商管理辅助)；特许经营的商业管理；商业管理咨询；广告(截止)。该商标现在有效期内。2011年4月14日，兰某某将其拥有的第6573881号“小拇指”文字注册商标以独占使用许可的方式，许可给杭州小拇指公司使用。天津市小拇指汽车维修服务有限公司(以下简称天津小拇指公司)成立于2008年10月16日，主要从事汽车维修服务，法定代表人田某某。天津市华商汽车进口配件公司(以下简称天津华商公司)成立于1992年11月23日，法定代表人与天津小拇指公司系同一人，即田某某，经营范围与天津小拇指公司基本相同。天津小拇指公司、天津华商公司在从事汽车维修及通过网站进行招商加盟过程中，多处使用了“小拇指图”标识，且存在单独或突出使用“小拇指”的情形。

2008年6月30日，天津华商公司与杭州小拇指公司签订了《特许连锁经营合同》，许可天津华商公司在天津经营“小拇指”品牌汽车维修连锁中心，合同期限为2008年6月30日至2011年6月29日。该合同第三条第(4)项约定：“乙方(天津华商公司)设立加盟店，应以甲方(杭州小拇指公司)书面批准的名称开展经营活动。商号的限制使用(以下选择使用)：(√)未经甲方书面同意，乙方不得在任何场合和时间，以任何形式使用或对‘小拇指’或‘小拇指微修’等相关标志进行企业名称登记注册；未经甲方书面同意，不得将‘小拇指’或‘小拇指微修’名称加上任何前缀、后缀进行修改或补充；乙方不得注册含有‘小拇指’或‘小拇指微修’或与其相关或相近似字样的域名等，该限制包含对乙方的分支机构的限制”。

诉求：原告兰某某、杭州小拇指公司诉称，其依法享有“小拇指”注册商标专用权，而天津小拇指公司、天津华商公司在从事汽车维修及通过网站进行招商加盟过程中，多处使用了“小拇指图”标识，且存在单独或突出使用“小拇指”的情形，侵害了其注册商标专用权；同时，天津小拇指公司擅自使用杭州小拇指公司在先的企业名称，构成对杭州小拇指公司的不正当竞争。故诉请判令天津小拇指公司立即停止使用“小拇指”字号进行经营、天津小拇指公司及天津华商公司停止商标侵权及不正当竞争行为、公开赔礼道歉、连带赔偿经济损失 630,000 元及合理开支 24,379.4 元，并承担案件诉讼费用。

被告天津小拇指公司、天津华商公司辩称：(1)杭州小拇指公司的经营范围并不含许可经营项目及汽车维修类，也未取得机动车维修的许可，且不具备“两店一年”的特许经营条件，属于超越经营范围的非法经营，故其权利不应得到保护。(2)天津小拇指公司、天津华商公司使用“小拇指”标识有合法来源，不构成商标侵权。(3)杭州小拇指公司并不从事汽车维修行业，双方不构成商业竞争关系，且不能证明其为知名企业，其主张企业名称权缺乏法律依据，天津小拇指公司、天津华商公司亦不构成不正当竞争，故请求驳回原告诉讼请求。

法院观点：杭州小拇指公司于 2008 年 4 月 8 日取得商务部商业特许经营备案。天津华商公司曾向商务部行政主管部门反映杭州小拇指公司违规从事特许经营活动应予撤销备案的问题。对此，《浙江省商务厅关于上报杭州小拇指汽车维修科技股份有限公司特许经营有关情况的函》记载：(1)杭州小拇指公司特许经营备案时已具备“两店一年”条件，符合《商业特许经营管理条例》第 7 条的规定，可以予以备案；(2)杭州小拇指公司主要负责“小拇指”品牌管理，不直接从事机动车维修业务，并且拥有自己的商标、专利、经营模式等经营资源，可以开展特许经营业务；(3)经向浙江省道路运输管理局有关负责人了解，杭州小拇指公司下属直营店拥有《道路运输经营许可证》，经营范围包含“三类机动车维修”或“二类机动车维修”，具备从事机动车维修的资质；(4)杭州小拇指公司授权许可，以及机动车维修经营不在特许经营许可范围内。①

案件评析：在该案件中，法院对杭州小拇指公司是否具备“两店一年”的条件进行了详细的说明和调查，使用众多笔墨讨论杭州小拇指公司是否具备特许经营

① 天津市高级人民法院：《兰某某、杭州小拇指汽车维修科技股份有限公司诉天津市小拇指汽车维修服务有限公司等侵害商标权及不正当竞争纠纷案》，(2012)津高民三终字第 0046 号、(2012)二中民三知初字第 47 号。

资格的问题以对被告所提出质疑进行回应。但实际上该案件中,“两店一年”条件是否能够得到满足,仅仅是企业取得商业特许经营资格的一个基础条件,法院同时指出,杭州小拇指公司拥有自己的商标、专利、经营模式等经营资源是可以开展特许经营业务的重要或称核心条件。恰如前文所分析的,不具备“两店一年”条件引起的是行政处罚,并不必然引起特许经营资格的丧失。

另外,特许经营的核心是商标、专利、经营模式等经营资源,本案所涉法律问题为商标侵权,并非特许经营,但由于商标与特许经营之间的密切联系,使该案的争论焦点被转移到了杭州小拇指公司是否具备特许经营权资格,而这并不应该成为本案的争议焦点。

第三节 特许经营合同的主要内容

《商业特许经营管理条例》第11条规定,从事特许经营活动,特许人和被特许人应当采用书面形式订立特许经营合同。特许经营合同应当包括下列主要内容:(1)特许人、被特许人的基本情况;(2)特许经营的内容、期限;(3)特许经营费用的种类、金额及其支付方式;(4)经营指导、技术支持以及业务培训等服务的具体内容和提供方式;(5)产品或者服务的质量、标准要求和保证措施;(6)产品或者服务的促销与广告宣传;(7)特许经营中的消费者权益保护和赔偿责任的承担;(8)特许经营合同的变更、解除和终止;(9)违约责任;(10)争议的解决方式;(11)特许人与被特许人约定的其他事项。

特许经营合同与普通的许可合同相比具有其特殊性,除了具备普通合同所应当具备的合同要素外,特许经营合同之中还应当就《商业特许经营管理条例》所要求的问题,尤其是强制性的规定作出回应,在特许经营合同中予以体现。当然,《商业特许经营管理条例》中的强制性规定亦可分为行政性强制性规定和效力性强制性规定,违反行政性强制性规定的后果是特许人将受到行政处罚,而违反效力性强制性规定的后果不仅是会导致行政处罚,更会致使合同无效,在订立特许经营合同时，需要充分考虑上述问题。因此，在特许经营合同中，将包含以下主要内容：

一、披露特许人特许经营资质，约定依法完成备案

我国《商业特许经营管理条例》第7条规定："特许人从事特许经营活动应当拥有至少两个直营店，并且经营时间超过1年。"第8条规定："特许人应当自首次订立特许经营合同之日起15日内，向商务部主管部门备案。"在特许合同中，需要对该资质进行明示，并且约定备案时间。对特许人而言，不具备"两店一年"要求而签订特许合同将受到处罚。对被特许人而言，需要弄清特许人是否具备最为基本的经营资质，这同时也是了解特许人是否具备经营实力的一个重要方面，以免落入上当受骗的陷阱。

二、合同主体

特许人应当为企业，此为最基本的主体要求。前文论及，若特许人非为企业而是自然人或者其他组织，则特许经营合同将被认定为无效合同，并会遭受相应的行政处罚。同时，作为企业而存在的特许人，需要在合同中明确其住所地或主要营业地，以免产生纠纷。自然人可以作为被特许人，但自然人以自己名义作为被特许人签订特许经营权合同的，如拟成立项目公司实际运营，则应当约定合同权利义务的承继条款。实践中，具备实力的特许人往往对选择合作对象非常谨慎，要求被特许人具备法人资格，但不排除在与自然人就合作项目谈判的过程中认可该自然人。为了在满足其公司硬性要求的同时又抓住优质合作伙伴，特许人往往采取变通的做法，即先与自然人签订特许经营合同，随后待自然人成立项目公司后，将被特许人转为项目公司。此时，需要在特许合同中约定合同权利义务的承继条款，以免日后发生纠纷。

三、详尽清晰地罗列所具有的特许经营资源

根据实际情况，列明特许人拥有的经营资源，以此作为双方权利义务的基础，具体包括：(1)知识产权资源：品牌、商标、专利、专有技术、标志、商号、企业标志及VI视觉系统，经营管理模式、方案等；(2)经营技术资源：①品牌字号；②营运和促

销方案;③形象识别;企业标志;CIS 系统;④企业文化和荣誉;⑤统一的广告资源和广告效应;⑥营运手册和教育培训;⑦店堂装修、商品陈列方案等。特许经营资源的授权使用是整个特许经营的核心问题,因此,上述内容必须要详细罗列,否则会影响特许合同双方的权利义务。

四、保证特许人权利来源清晰

1. 特许权涉及的商标、专利等各项特许权人权利不存在权属争议;

2. 陈述特许人权利来源系本身所有或者来自第三人授权,如系第三人授权,则应明确该授权第三人的基本信息,同时应当明确其授权有效范围、本次协议转授权是否得到原权利人的许可,以及在原授权中止或终止的情况下,如何处理本次特许授权;

3. 商标/专利申请注册的进展及权利证书号码,特许经营期限能够被涵括在商标/专利有效期之内;

4. 运营管理、VI\CI\培训指导、装修装饰手册等经营手册的著作权明确归属编写方或其他著作权人,被特许人具有合法的使用权;

5. 对于涉及特定商标等的许可的,应当约定将商标使用许可合同报商标局备案,发生公示效力。此一内容实际是对经营资源的明确,特许人不仅要列明其经营资源,同时还要让被特许人放心地使用这些经营资源,向被特许人告知,特许合同中的经营资源是没有瑕疵的。

北京市高级人民法院认为,特许人拥有注册商标、企业标志、专利等经营资源是特许经营的基本特征。[①] 那如果不具备该基本特征将面临怎样的后果呢?在原告孙某某与被告张某某、陈某某确认合同无效纠纷一案中,浙江省绍兴市越城区人民法院认为“本案中,被告张某某的美智妍按摩店系个体经营户,不属于《商业特许经营管理条例》中所规定的企业范畴,两被告亦非向原告所供按摩器械的专利权人或商标权人,故本院认为,原、被告签订的特许经营合同,违反行政法规的强制性

① 《北京市高级人民法院关于审理商业特许经营合同纠纷案件适用法律若干问题的指导意见》,京高法发〔2011〕49 号。

规定，应为无效。”[1]由此可见，特许人对其经营资源不享有完整的权利将会导致特许合同无效。

五、具体明确的特许权授予条款

特许人必须将自己的经营资源许可给被特许人使用，这也是特许经营的基本特征之一。但特许人不可能将自己所有的经营资源授权给一个被特许人，也不可能允许其在任何地域范围、任何时间进行使用。因此，特许人应当明确以下内容：

1. 特许经营权的内容、范围、期限、方式、地域；

2. 如果系商品特许经营，则应当明确商品的具体规格、型号、品质、产地等参数；

3. 经营许可方式是独占、排他还是一般许可、分许可；

4. 被特许人相应的商圈保护措施等。

六、特许经营期限的约定

特许人需要明确特许经营期限，并且要符合《商业特许经营管理条例》的要求即不得低于3年。

1. 除非被特许人同意或者续约情形，否则一般应有不低于3年的特许经营期限。

2. 合理的续约条件。例如根据每年对被特许人的考核等次，确定续约的条件。

3. 经营期限与店面租期相匹配。这通常也是大型餐饮连锁企业比较关注的，因为成本的收回有周期，因此过短的店面租期将会为今后特许人与被特许人双方的合作埋下隐患。

4. 期满后合同终止时给被特许人合理的清货期(回收过渡期)。该期限一般不宜过长，根据不同的行业进行约定。当然清货期不仅是对货品的清理，还要求被特许人将特许人的经营资源清理交还。

---

① (2018)浙0602民初1671号。

七、明确特许经营费用性质和各项费用内容

特许经营费用实际上是特许中各项费用的总称，特许人在将经营资源进行许可时，通常是以“打包”的方式进行，也即“一揽子”许可，如此真实的特许费用因为类似于批发就会比单独获取任何一项许可要低。尽管如此，被特许人仍然可能会认为特许费用过高，或者在特许人与被特许人发生纠纷时因为特许费用规定得过于笼统，而导致损失无法准确计算。因此，为了特许人与被特许人更好的合作，特许经营合同中应当明确各项费用，主要包括：

1. 特许人收取的加盟费、特许权使用费计算方式、计算基数合理；

2. 除特许加盟费之外的产品供应或者服务费用、广告费、培训费、专项指导费等单独收费的项目单独列明收费标准、价格优惠、支付方式、期限清晰；

3. 推广、宣传费用的结算、支付及使用情况披露形式；

4. 第三人收取的费用，例如对某种必要设备的定制；

5. 保证金的收取、保证内容、返还条件、返还时间详尽合理。每一项费用均有其特殊的意义，在后文将详细说明。

八、保障特许人权益的不竞争条款

由于特许经营涉及商业秘密，因此保密条款十分重要，尤其是在特许经营合同终止以后。因此，特许人有必要在特许合同中明确在特许经营期间及期满后一定时间内：

1. 被特许人不得在特定区域从事与特许人及其他受许人相竞争的商业活动；

2. 被特许人不得制造、出售和使用特许产品（不包括产品零部件和附属品）；

3. 被特许人不得直接或间接地雇佣任何属于特许人或其他受许人的雇员等；

4. 未经特许人许可，被特许人不得开设分支机构或招募下级加盟商；

5. 被特许人不得继续使用与特许人相似或相近的商标、商号等其他标志来从事与特许人相竞争的商业活动。

九、明确清晰的技术秘密、商业秘密保护条款

由于被特许人在合同签署后一定期限内有权享有反悔权，同时《商业特许经营管理条例》要求特许人对重要信息进行披露，为了防止特许人披露核心技术、商业秘密后因被特许人的反悔造成其核心机密泄露，在特许经营合同中有必要就以下内容予以明确：

1. 相关秘密的范围、内容、保护措施；

2. 相关秘密被特许使用、公布的区域及方式；

3. 未经特许人事先同意，受许人或申请人不得复制、翻录或以其他方式将商业秘密泄露给他人；

4. 特许经营期满或合同终止后一定时期内，受许人仍应保守相关商业秘密。

十、对特许经营加盟店转让明确安排

通常情况下，特许人不允许特许经营加盟店将店面进行转让，更换经营者，但为了明确法律后果及责任，在特许合同中，有必要对该条款进行明示。主要包括以下方面：

1. 转让时特许人的知情权、同意权；

2. 转让时对知识产权、技术、商业秘密的保护安排；

3. 转让时本合同权利义务的承继安排；

4. 转让费的分配；

5. 优先承购权及优先承购权行使时承购价格的评估规则；

6. 明确擅自单方转让的责任。

十一、加盟店的接管权及具体安排

加盟店遇有突发事件导致不能经营，或者是加盟者因为经营不善、经营中出现质量问题严重影响特许连锁企业整体形象的情况出现时，特许总部有必要对加盟店行使接管权。但实践中，真正进行接管的企业不多，此条款主要是为了应对加盟店的突发事件，以备不时之需。

1. 特殊情况时特许人接管权及接管定价规则；

2. 介入加盟店的门店承租协议，对门店有后续租赁使用权；

3. 加盟者疾病、死亡时加盟店及协议的承接安排权利人。

十二、被特许人无条件单方解除权的安排

《商业特许经营管理条例》对被特许人在一定期限内的单方解除权进行了规定，此为所谓的“冷静期”制度。“冷静期”制度未将一定期限进行强制性的规定，而是交由特许人与被特许人双方自由约定，为此，在进行约定时要注意以下内容的安排：

1. 特许人和被特许人应当在特许经营合同中约定，被特许人在特许经营合同订立后一定期限内，可以单方解除合同，但被特许人已经实际利用经营资源的除外；

2. 中途单方解除时，双方合作期间享有的价格优惠政策的效力以及相关物资、特许经营资源等返还安排。

十三、经营责任的明确分配

对于消费者而言，特许人与被特许人是一个共同体，无论二者是否真正拥有相同的主体资格，是否在财产上有所区分。同时，二者的商誉是紧密捆绑在一起的。此外，特许人除了将商誉与被特许人进行捆绑外，在特许产品上特许人往往也会进行控制，例如烤鸭店的鸭子均由总部或总部指定的企业进行提供。此时，在发生纠纷时，有必要分清楚双方的责任，如果损失是由被特许人造成的，那么特许人当然不应当承担因此而引发的纠纷、诉讼，如果是特许人提供的产品导致的，则责任应当由特许人承担。

1. 由于被特许人经营不善等原因导致遭到消费者投诉或媒体曝光或被工商、税务和城管等行政机关查处，应当独立承担责任；

2. 由于被特许人的行为或其他原因导致对第三人承担法律责任的问题，应当独立承担责任；

3. 如果最终可能发生应由特许人承担法律责任的情况或者造成特许人损失的

情况，特许人与受许人双方也应在合同中约定确定内部责任的归属及具体的赔偿责任。

十四、明确具体的合同终止后物资钱款安排的条款

"天下没有不散的筵席"，特许人与被特许人的合作总会有尽头。因此，特许人与被特许人双方不仅应当做好合作的准备，也应当做好分手的准备。实践中在合同终止后，由于相关条款约定不清，经常会出现双方认识不一致的情形。例如，特许人认为合同已经终止，而被特许人认为没有，继续以特许人的标识进行经营。为了避免纠纷，需要对合同终止后物资、欠款包括未出售的产品的安排予以明确。例如约定：合同期限自 2008 年 7 月 25 日至 2010 年 10 月 24 日，供货期两年，最后三个月为市场净化期，净化期内要拆除门牌、标识、注销商号、退还各种手续并不得从事同类产品的经营活动。

1. 以加盟商付清所有款项、拆除所有专业标识以及妥善处理剩余产品等作为保证金返还条件；

2. 合同到期或解除后，受许人应立即停止使用特许人品牌，拆除、返还店铺招牌商业、技术秘密等。

十五、明确的违约情形和违约责任

特许人与被特许人之间难免发生争议，一旦发生争议双方能够心平气和地协商解决固然好，但是，实践中双方不可避免地会有对簿公堂之时。若双方能够在订立特许经营合同之时就事先约定好违约情形和违约责任，那么争议发生之时就会减少很多不必要的麻烦和损失。

1. 单方解约权及解约后的安排；

2. 对中途解约时各方合理损失预见，并落实在条款中，以进行责任分配。

十六、必要的附件

对于特定的定作物，产品质量参数、规格、设计图纸、生产方案、安装清单等均有相应的附件。除此之外，特许人向被特许人供货的，应当将所提供产品的规格、

型号、参数、标准等作为附件，置于特许经营合同之后。

十七、联系及送达条款，以及联系人变更和地址变更条款

首先，要有明确的送达地址和联系人信息，以及通知送达方式。其次，还需要注意的是，法律文书的送达和普通文件的送达是不同的，在条件允许的情况下，双方还可以就法律文书的送达地址进行明确的约定。此外，合同当中还需要约定，如果联系人或是送达地址发生变更，此时应当提前多少天进行书面通知，否则视为没有变更，由此造成的不利后果由发生变更的联系人自己承担。

十八、明确的管辖条款

通常我们要求管辖条款符合实际要求，但由于特许经营合同的特殊性，在订立该条款时，除了符合实际要求外，还应当便于查明案件实情。同时，特许经营合同的审理通常被认为是知识产权案件的审理，会由中级人民法院进行。因此，在约定时还需要注意级别管辖的规定。另外，实践中有不少特许经营合同约定了仲裁，需要注意的是，仲裁条款必须要写明具体的仲裁机构名称，否则视为没有约定仲裁，而由人民法院进行管辖。

十九、其他重要事项

除以上事项外，特许合同中还应当包括以下重要事项：

1. 特许人以附件或其他有效形式依法披露的事项，后文将详述；
2. 清晰、明确的店铺标准；
3. 向被特许人提供产品、服务、设备的安排，例如指定供货商；
4. 明确的经营支持，以及该支持是否需要支付对价，或者在对价的基础上提供一定折扣；
5. 明确、具有可操作性的监督与质量控制条款；
6. 明确的特许经营权的回收条款；
7. 保障特许人权益的不竞争条款。

第四节 特许经营中的“反悔权”

《商业特许经营管理条例》第12条规定,特许人和被特许人应当在特许经营合同中约定,被特许人在特许经营合同订立后一定期限内,可以单方解除合同。也就是说,即便与特许人签订了特许经营合同,但是被特许人仍然能够在一定期限内反悔,解除已经签订的特许经营合同。该条被称为被特许人的任意解除权条款或者单方解除权条款,理论上一般称为冷静期制度。[①] 就立法目的而言,该条规定实际上是要解决特许人与被特许人在地位上的非平等性问题,从而以牺牲表面上的交易公平为代价,以追求制度的平衡性。该条款之规定并非我国所独有,我国亦是在参见他国之先例的情况下,借鉴他国之制度而解决我国之问题。特许人与被特许人的悬殊经济地位,使立法不得不考虑用相应条款加以纠正。根据美国受许人协会(AFA)介绍:“因特许人和受许人之间在经济实力和法律地位上存在巨大差距,已经导致特许经营合同权利义务越发不平衡,并造成了二者之间的许多问题。”[②] 正是考虑到这一问题,特许经营的立法即通过冷静期制度和信息披露制度(下文将详述)等来对特许人与被特许人二者间的地位重新调整。

一、反悔的权利即解除权系法定权利

关于该解除权的法律性质存在诸多争议,例如有人认为:“本条是有关被特许人在特许经营合同订立后一定期限内拥有任意解除权的规定。……因为,以上四类合同当事人一方或双方的任意解除权是法定的,而特许经营合同的被特许人任意解除权,需要双方另行在特许经营合同中进行约定,即被特许人的任意解除权是

① 参见崔师振编著:《商业特许经营全程法律风险防范——案例解析45个常见法律风险》,中国法制出版社2016年版,第269页。

② 肖永添等编著:《国际特许经营》,中国人民大学出版社2014年版,第179页。

附期限条件的。”[①]这一认识存在一定的误区，因为法定解除权与任意解除权的区别并非由期限来决定。

案例4：被特许人行使单方解除权的合理期间为法定期间

基本案情：2017年4月29日，原告郭某（乙方）与被告奇异鸟公司（甲方）签订“特许经营合同”一份，约定奇异鸟公司将其所有的“茶桔便”品牌的区域特许经营权授予郭某并达成以下条款。第一条特许经营区域：浙江省杭州市××区（米市巷街道、湖墅街道、小河街道、和睦街道、拱宸桥街道、大关街道、半山街道、康桥街道、上塘街道、祥符街道）。第二条合同期限和相关费用：2.1特许经营费680,000元；2.2保证金10,000元；2.3合同期限：叁年，自2017年4月29日起至2020年4月28日止；2.4乙方应将上述款项在本合同订立之日起壹日内支付给甲方，否则本合同自动解除。同日，双方又签订《补充协议》一份，其中约定，甲方有权在约定区域内开设2家直营店门店，乙方不得有任何异议；乙方全款到账后，杭州市××区××号茶桔便加盟店归乙方名下，享受后续返利政策。当日，原告向被告支付代理费680,000元、保证金10,000元。2017年7月27日，郭某通过快递方式向奇异鸟公司发出解除案涉合同的通知，奇异鸟公司于次日收到该通知。郭某向法院诉请要求确认特许经营合同已告解除。

诉求：原告郭某认为其单方解除尚处于“冷静期”的特许经营合同合法有效，要求法院确认该特许经营合同已经解除。

被告奇异鸟公司则认为，原告诉称《特许经营合同》中未约定被特许人在合理期限单方解除合同的条款是不符合事实的。合同2.4条款明确约定“乙方应将上述款项在本合同订立之日起1日内支付给甲方，否则本合同自动解除。”该条款明确赋予被特许人也即原告1日的冷静期，当原告未在1日内拒绝支付合同款项的，双方之间签订的《特许经营合同》自动解除。因此双方已经就冷静期达成一致意

① 林晓：《特许经营商务法律解决方案——〈商业特许经营管理条例〉适用指南》，法律出版社2007年版，第101页。

见为1日。原告于合同签订之后3个月才主张解除,已远超双方约定的合理期限,并且该期限过长,此时行使单方解除权势必损害到特许人也即被告公司的合法权益。

法院观点:杭州市余杭区人民法院认为,本案系特许经营合同纠纷。《商业特许经营管理条例》第12条规定"特许人和被特许人应当在特许经营合同中约定,被特许人在特许经营合同订立后一定期限内,可以单方解除合同"。上述对于被特许人单方解除权的规定,是考虑到被特许人在信息获取、风险判断、谈判地位等方面相对于特许人处于弱势地位而对被特许人予以特别保护,赋予其单方解除合同的权利。本案中,原、被告双方于2017年4月29日签订案涉合同,郭某于2017年7月27日通知奇异鸟公司解除合同,其间仅相隔2月余,尚在行使单方解除权的合理期限内,且郭某亦未实际利用奇异鸟公司的特许经营资源。故根据《商业特许经营管理条例》第12条的规定,郭某亦有权解除涉案《特许经营合同》。①

案件评析:在本案的判决中,杭州市余杭区人民法院指出,虽然原、被告双方所签订的特许经营合同当中并没有约定被特许人的单方解除权,但是单方解除权系《商业特许经营管理条例》所规定的,不因双方未作出约定而告失效。很显然,法院的此种认识,肯定了该解除权的法定性,即在双方没有约定的情况下,被特许人仍然享有该解除权。因此,被特许人能够在合理期间内反悔,那么另一个问题就是何为合理期间?实际上合理期间又被称为冷静期,下文将详述当事人在签订特许经营合同后能够留有多长的时间进行冷静。

二、单方解除权行使的合理期间

前述判例指出,原告在2个月内行使单方解除权尚在合理期间内,那么何为合理期间?条例所示的冷静期制度实际并不包含期间,仅仅说在合同订立后的一定期限内,将该期间的决定权交由当事人双方协商确定。因此,在订立特许经营合同时,特许人与被特许人宜将该期限予以明确,以免日后产生纠纷。然而,并非所有

---

① 浙江省杭州市余杭区人民法院:《郭某与杭州奇异鸟饮品科技连锁有限公司特许经营合同纠纷一审民事判决书》,(2017)浙0110民初13657号。

国家均将解除权行使期间交由当事人自由行使,比如:"《澳大利亚商业特许经营行为准则》第13条规定:被特许人有权在签订商业特许经营合同的7天之内解除合同。《马来西亚商业特许经营法》第18条第(4)项规定,商业特许经营合同应包括冷静期,期限长度应由合同双方决定且不少于7个工作日,在此期间内受许人有权终止商业特许经营合同。"[①]美国的规定主要来自 Federal Trade Commission (FTC),在其特许经营规则中明确,被特许人在签订特许经营合同后的14天均属于冷静期(cooling off period),被特许人可以考虑是否解除合同。当然,在之前的规则中,冷静期的时间是10天,新规则将其进行了延长。[②] 我国目前法律当中并没有规定冷静期的具体期限,如果特许人与被特许人双方亦未就此进行约定,那么被特许人应当在多长时间内行使该解除权呢?

案例5: "冷静期"自被特许人实际使用特许人经营资源起结束

基本案情:甲方(洁冰公司)是下雪的村庄饮(甜)品、知识产权及相关的经营模式的合法所有者。鉴于乙方(杨某某)认同甲方创设的特许加盟经营制度,愿意在本合同约定的条件下作为区域代理人接受甲方授予的地区特许代理权,并承担相应义务;双方本着自愿、平等、公平、诚实信用的原则,经过充分友好协商,签订本协议,并由双方共同遵守。甲方授权乙方担任甲方在福建省厦门市、福州市下属管辖区域的特许加盟体系代理商,乙方可依据本协议,于该地区进行"下雪的村庄"饮(甜)品店的经营及发展特许加盟店、直营店,并归属甲方统一管理。但乙方不得代表甲方或以甲方名义行使权利或承担义务。双方在特许合同中对相关条款进行了详细约定,但未就冷静期进行约定。其后,双方发生争议,杨某某提出解除特许经营合同。

诉求:原告杨某某要求:(1)判令解除双方签订的《区域代理合同书》;(2)判令洁冰公司返还代理费人民币(以下币种相同)880,000元和保证金20,000元;

---

① 崔师振编著:《商业特许经营全程法律风险防范——案例解析45个常见法律风险》,中国法制出版社2016年版,第269~270页。

② FTC,16 *CFR Parts* 436 *and* 437 *Disclosure Requirements and Prohibitions Concerning Franchising and Business Opportunities*; *Final Rule*, Friday, March 30, 2007, p. 15469.

(3)判令洁冰公司赔偿杨某某损失4584.50元(其中交通费3405.50元、住宿费1179元)。在一审期间,杨某某明确,若洁冰公司认可杨某某在2016年8月已口头向洁冰公司提出解除合同,即请求法院确认以该日为《区域代理合同书》的解除日;若洁冰公司不认可杨某某已于该日提出过解除合同,那么诉讼请求1为请求法院确认双方签订的《区域代理合同》于洁冰公司收到起诉状副本之日解除。

法院观点:上海知识产权法院在判决中对“冷静期”作了详细的阐释。特许经营合同未约定“冷静期”条款,特许人应承担缔约过失责任。《商业特许经营管理条例》第12条规定,特许人和被特许人应当在特许经营合同中约定,被特许人在特许经营合同订立后一定期限内,可以单方解除合同。这在法理上称为“冷静期”,属强制性行政法律规范,当事人必须遵守,特许人和被特许人应当在特许经营合同中约定被特许人单方解除合同的合理期间,期限的长短应结合所在行业的特点、商业惯例以及特许人履行披露信息义务情况由双方协商确定。在双方当事人没有明确约定的情况下,当事人承担缔约过失的法律责任,冷静期的长短由人民法院酌情确定,通常掌握在被特许人实际掌握特许人的经营资源之前为宜。洁冰公司认为,《商业特许经营管理条例》为国务院“行政法规”,不是全国人大或者全国人大常委会通过的“法律”,原审法院不应作为杨某某单方面解除合同的法律依据。本院不予采纳。就本案而言,杨某某尚未完成连锁店选址,尚未掌握且并无实际使用洁冰公司的经营资源,虽然距离双方建立特许经营合同关系已1年多,但洁冰公司在明知法律有明确规定的情况下,在涉案合同中不载明冷静期条款,具有缔约过失责任,一审认定涉案合同仍处在冷静期内,并无明显不妥。洁冰公司认为,杨某某提出解除合同时间距离签约长达1年3个月,明显超过了条例第12条规定的“一定期限”,本院不予采纳。洁冰公司认为,由于涉案合同约定福州、厦门地区只有杨某某可以经营,杨某某实际已占用了洁冰公司的经营资源。本院认为,所谓经营资源是指特许人所拥有的商标、企业标志(字号)、专利、专有技术、具有独特风格的整体营业形象等,属于特许人的智力成果和无形资产,合同约定的“独家经营权”并非属于经营资源的范畴。特许人与被特许人在特许经营合同中约定的被特许人在一定区域及一定期限内的独家经营权,不属于特许人的智力成果和无形资产,不属于特许人的经营资源。洁冰公司认为杨某某占用了洁冰公司的经营资源,本院不予采纳。一审认为杨某某贻误了洁冰公司在该地域发展特许经营的商机，本院予以认可。①

案件评述：上海知识产权法院针对“冷静期”制度进行了全面的梳理和说明，不仅涵盖了“冷静期”制度的合理期间的确定，还包括了特许人不披露“冷静期”的法律后果，可以说十分详尽。针对冷静期的时限问题，实际上法院在认定冷静期过程中并不关心实际的期限长短，无论是 1 年也好，2 个月也罢，还是 2 日也好，只要被特许人实际使用了特许人的经营资源，就意味着冷静期已过，如果被特许人一直没有使用特许人的经营资源，那么意味着被特许人一直处于“冷静期”之中，即享有任意解除权。因此，特许人与被特许人之间可以约定冷静期的长短，但是如果没有进行约定，则冷静期的长短就视被特许人是否实际使用特许人的经营资源作为其结束的时间点。

由此可知，冷静期是一个合理的期间，而该合理的期间取决于两方面：一是双方当事人均认为合适的期间，即通过合同约定所达成的一致的意思表示。这是法律在严格规定该制度时，所赋予双方当事人的民事权利，换言之，其既是一项法定权利，又是一项私权，可径由双方当事人自由约定之。二是在当事人自由约定之外，法律又对该期间的经过规定了明确的评判标准。实际上，被特许人使用特许人的经营资源就是一种履行特许经营合同的明示行为，表示其愿意接受该合同的束缚，同时也实际上享受了合同所带来的利益，此时若仍然允许其反悔将使得特许权人的利益受到损害。

第五节　特许经营合同的备案

《商业特许经营管理条例》第 8 条第 1 款规定，特许人应当自首次订立特许经营合同之日起 15 日内，依照本条例的规定向商务主管部门备案。在省、自治区、直辖市范围内从事特许经营活动的，应当向所在地省、自治区、直辖市人民政府商务主管部门备案；跨省、自治区、直辖市范围从事特许经营活动的，应当向国务院商务主管部门备

① 上海知识产权法院：《上海洁冰餐饮管理有限公司与杨某某特许经营合同纠纷二审民事判决书》，(2018)沪 73 民终 49 号。

案。也就是说，订立特许经营合同后，合同双方需要在15日内进行备案。关于如何备案，该条第2款进行了规定，特许人向商务主管部门备案，应当提交下列文件、资料：(1)营业执照复印件或者企业登记(注册)证书复印件；(2)特许经营合同样本；(3)特许经营操作手册；(4)市场计划书；(5)表明其符合本条例第7条规定的书面承诺及相关证明材料；(6)国务院商务主管部门规定的其他文件、资料。此外，关于具体的备案程序和要求则主要规定在《商业特许经营备案管理办法》(商务部令2011年第5号)中。

截至2018年9月，目前根据商务部业务系统统一平台——商业特许经营信息管理平台公布的备案数据，我国目前备案企业总数为4115家，其中跨省企业2800家占备案企业比例的68.04%，省内企业1315家占备案企业比例的31.96%。目前跨省企业的数量远超省内企业，商业特许经营企业的规模效应逐渐体现，这也意味着商业特许经营企业兼并、整合将是大的趋势。从企业拥有的经营资源来看，商标是最为主要的特许经营资源，拥有注册商标的企业为3655家，占备案企业比例的88.82%，除此之外商标已申报未获准注册的有577家，占备案企业比例的14.02%，加上企业标志未申请商标注册的有397家，占备案企业比例的9.65%，足见商标在特许经营资源中的重要性。具体如图4所示：

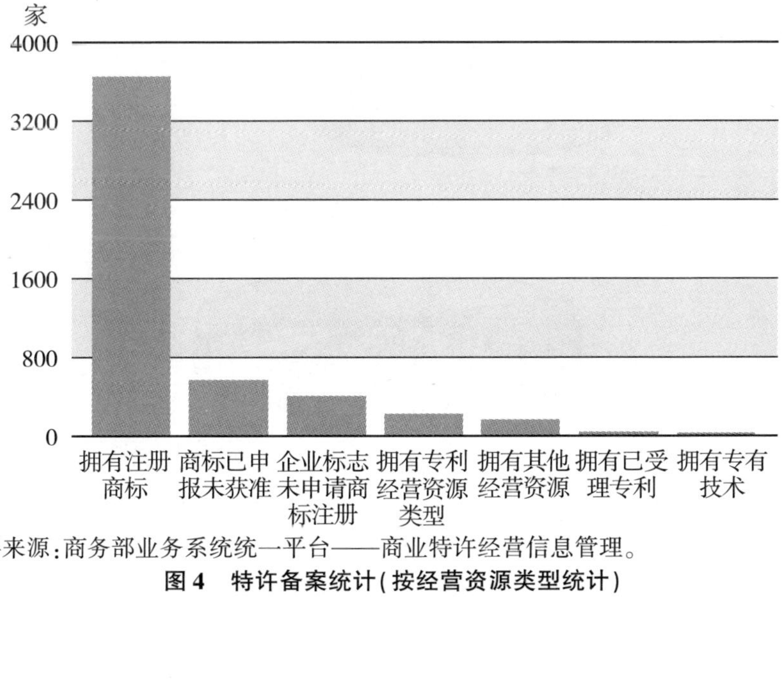

资料来源：商务部业务系统统一平台——商业特许经营信息管理。

图4　特许备案统计(按经营资源类型统计)

从企业加盟数量来看,加盟店少于 10 家的企业占比较高共计 2496 家,达到了备案企业比例的 60.66%,加盟超过 500 家的企业数量有 101 家,占备案企业比例的 2.45%。这表明特许经营企业的集中度较高,呈两极分化的趋势。

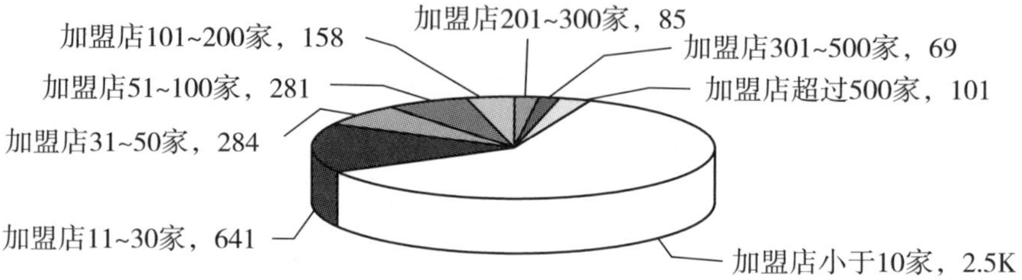

资料来源:商务部业务系统统一平台——商业特许经营信息管理。

图 5　特许备案统计(按加盟店数量统计)

此外,餐饮业和零售业是特许经营中的主力军,分别为 1395 家和 1383 家,占备案企业比例的 33.94% 和 33.65%。在备案数量上,北京市以 876 家遥遥领先,上海市以 495 家排在第二,广东省以 355 家位列第三。值得一提的是,西部的重庆市以 250 家备案企业排名第四,其连锁餐饮行业发展迅速。

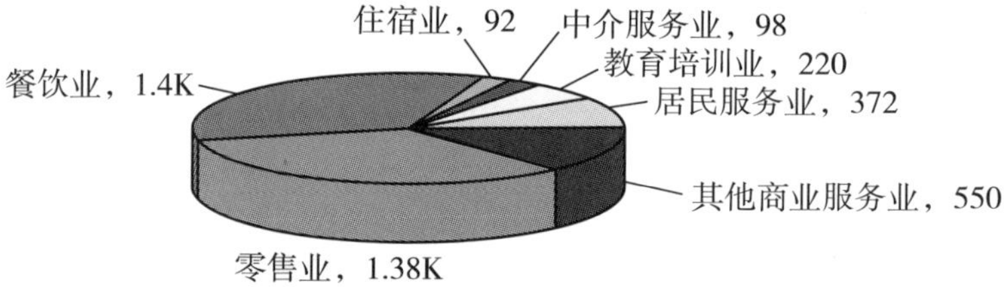

图 6　特许备案统计(按行业统计)

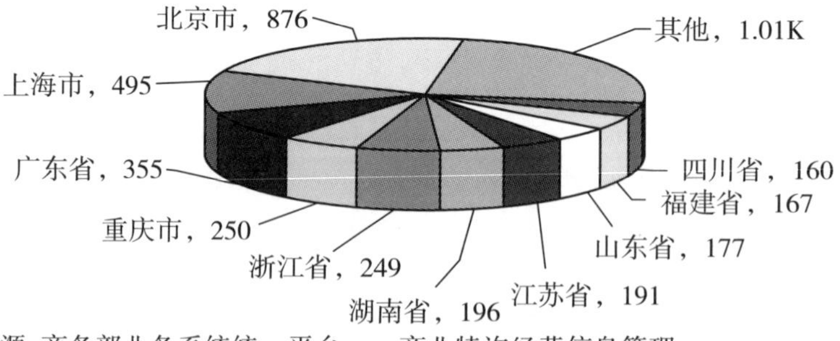

资料来源:商务部业务系统统一平台——商业特许经营信息管理。

图 7　特许备案统计(按所属区域统计)

一、如何进行特许经营备案？

根据商务部商业特许经营备案系统公布的备案流程，特许经营备案应当按如下流程进行：第一步是特许人网上注册。第二步是特许人在网上进行填报，填报时需严格按照《商业特许经营备案管理办法》的要求提交相应材料。[①] 按照商务部备案系统的提示，应当将备案材料分为主体资格证明材料、经营资源证明材料和其他材料予以提交。尤其要注意境外机构必须以外商投资企业的形式开展特许经营，且须取得《外商投资企业批准证书》并提交，境外的证明手续或文件须经所在国公证机关公证（附中文译本），并经中国驻所在国使领馆认证。第三步是由主管机关审核。第四步是企业在通过审核后打印并提交。第五步是由主管机关在网上进行公告。根据《商业特许经营备案管理办法》第 11 条的要求，备案机关应当自收到特许人提交的符合本办法第 6 条规定的文件、资料之日起 10 日内予以备案，并在商业特许经营信息管理系统予以公告。

---

① 《商业特许经营备案管理办法》第 6 条规定："申请备案的特许人应当向备案机关提交以下材料：（一）商业特许经营基本情况。（二）中国境内全部被特许人的店铺分布情况。（三）特许人的市场计划书。（四）企业法人营业执照或其他主体资格证明。（五）与特许经营活动相关的商标权、专利权及其他经营资源的注册证书。（六）符合《条例》第七条第二款规定的证明文件。在 2007 年 5 月 1 日前已经从事特许经营活动的特许人在提交申请商业特许经营备案材料时不适用于上款的规定。（七）与中国境内的被特许人订立的第一份特许经营合同。（八）特许经营合同样本。（九）特许经营操作手册的目录（须注明每一章节的页数和手册的总页数，对于在特许系统内部网络上提供此类手册的，须提供估计的打印页数）。（十）国家法律法规规定经批准方可开展特许经营的产品和服务，须提交相关主管部门的批准文件。外商投资企业应当提交《外商投资企业批准证书》，《外商投资企业批准证书》经营范围中应当包括'以特许经营方式从事商业活动'项目。（十一）经法定代表人签字盖章的特许人承诺。（十二）备案机关认为应当提交的其他资料。以上文件在中华人民共和国境外形成的，需经所在国公证机关公证（附中文译本），并经中华人民共和国驻所在国使领馆认证，或者履行中华人民共和国与所在国订立的有关条约中规定的证明手续。在香港、澳门、台湾地区形成的，应当履行相关的证明手续。"

资料来源：商务部业务系统统一平台——商业特许经营信息管理。

图8　商业特许经营备案流程

根据规定，在省、自治区、直辖市范围内从事特许经营活动的，应当向所在地省、自治区、直辖市人民政府商务主管部门备案，而跨省、自治区、直辖市范围从事特许经营活动的，才应当向国务院商务主管部门备案。因此，在申请备案的过程中，应当注意备案部门，尤其是各省市的主管机关并不相同。（详见图9）

备案机关名录			
• 北京商务委	• 天津商务委	• 河北商务厅	• 山西商务厅
• 内蒙古商务厅	• 辽宁服务业委	• 吉林商务厅	• 黑龙江商务厅
• 上海商务委	• 江苏商务厅	• 浙江商务厅	• 安徽商务厅
• 福建经贸委	• 江西商务厅	• 山东商务厅	• 河南商务厅
• 湖北商务厅	• 湖南商务厅	• 广东经信委	• 广西商务厅
• 海南商务厅	• 重庆商委	• 四川商务厅	• 贵州商务厅
• 云南商务厅	• 西藏商务厅	• 陕西商务厅	• 甘肃商务厅
• 青海商务厅	• 宁夏商务厅	• 新疆商务厅	

资料来源：商务部业务系统统一平台——商业特许经营信息管理。

图9　各省市备案主管机关名录

二、不进行备案的法律后果

《商业特许经营管理条例》第25条规定，特许人未依照本条例第8条的规定向商务主管部门备案的，由商务主管部门责令限期备案，处1万元以上5万元以下的罚款；逾期仍不备案的，处5万元以上10万元以下的罚款，并予以公告。也即如果特许人不在合同签订之日起的15天内予以备案，那么后果是由商务主管部门责令限期备案，并处罚1万～5万元的罚款。在商务主管部门的限期经过以后仍然不备案的，处罚幅度将提高到5万～10万元，且对特许人的该行为进行公告，可谓相当严厉的处罚措施。

行政处罚决定书文号	宁商罚字(2017)第2号
案件名称	违规开展商业**特许经营**案
处罚类别	罚款
处罚事由	开展商业**特许经营**活动未按期**备案**
处罚依据	《**商业特许经营管理条例**》**第25条**规定
处罚结果	罚款10,000元
行政相对人名称	南京龙鱼品牌策划有限公司
统一社会信用代码	913201000579529777
组织机构代码	
法定代表人姓名	智亮军
法定代表人身份证号	32××××××××××××××11
处罚决定日期	2017－05－12
处罚机关	南京市商务局
地方编码	320100
数据更新时间	2017－05－15
备注	

资料来源：威科法律信息库。

即便如此，市场中仍然有不少企业心存侥幸心理，抑或是本身不满足特许经营所应当具备的各项条件，从而在不备案的情况下开展特许经营。2012 年的一份统计显示，“全国范围内的加盟授权方有两万多家，但真正获得加盟资质的企业仅有 1845 家，不到 10%。很多运行多年的特许经营加盟企业均为‘无照驾驶’，即便在特许经营连锁 120 强这些行业翘楚中，也有 13 家没有在商务部备案。”[①]一旦产生纠纷，被特许人往往主张因为特许经营合同未能备案从而要求解除合同，或是认定合同无效。那么究竟不备案是否会影响特许经营合同的效力呢？答案是否定的。在一起案件中原告施某某向杭州铁路运输法院提出诉讼请求，要求解除原、被告签订的《授权协议书》即特许经营合同，理由之一是被告未进行特许经营备案，违反《商业特许经营管理条例》第 22 条第 5 项、第 7 ~ 10 项、第 23 条规定及《合同法》第 94 条第 4 项、第 5 项的规定。杭州铁路运输法院在判决中认为，原告主张炙热公司未就涉案协议向商务主管部门备案，但炙热公司是否备案并不影响涉案协议的效力。[②] 北京市高级人民法院同样认为，特许人未及时向商务主管部门备案的，一般不影响特许经营合同的效力。[③]《上海市高级人民法院关于审理特许经营合同纠纷案件若干问题的解答》也作出了相同的回答认为，不备案不必然导致合同无效。

案例 6：开展商业特许经营合同未备案是欺诈行为，被特许人可以依法撤销合同

基本案情：2011 年 4 月 13 日，铂洛德公司（作为甲方）与付某某（作为乙方）签订了《万千诱惑产品专卖店合同》。该合同主要约定了以下内容：一、总则：1. 双方同意，在合同范围内，乙方确定为甲方品牌及产品的专卖店，双方属合作销售合作关系。2. 甲方通过授权乙方在合同约定区域内开设“万千诱惑”洗发护发美发产品专卖店，由乙方在该区域开拓市场。行使专卖店渠道的市场监管、守约考核、帮

---

① 陈涤：《加盟违章潜行》，载《中国连锁》2012 年第 8 期。

② 《施某某与杭州炙热餐饮管理有限公司特许经营合同纠纷一审民事判决书》，(2018) 浙 8601 民初 53 号。

③ 《北京市高级人民法院关于审理商业特许经营合同纠纷案件适用法律若干问题的指导意见》第 7 条第 2 款。

扶指导、信息反馈、协调关系等职能。3. 乙方只能在合同指定区域拓展市场，不能向任何其他区域的批发市场、个人或专卖店供货。二、合同区域和期限：1. 根据乙方自愿申请，甲方许可乙方在河北省邢台市开办精品店，依法享有开设专卖店的权益，销售甲方提供的"万千诱惑"洗发护发美发产品。2. 销售许可期与合同期限一致，自 2011 年 4 月 14 日起至 2014 年 4 月 13 日止。3. 双方约定合同标的共计 65,800 元。乙方须于签订本协议之日向甲方付清合同保证金 8000 元及首批货款 55,800 元。品牌使用金 2000 元。支付方式为已交定金 20,000 元，余款 3 日内补齐并享受优惠。全款到后甲方将向乙方提供市值 104,800 元的产品。三、甲方的权利和义务：1. 甲方拥有"万千诱惑"品牌的相关产品、商标标识、价格的制定、修改和发布产品包装设计的所有权，为满足销售体系及市场竞争的需要，甲方有权对其拥有的"万千诱惑"品牌的产品配方、香型、颜色、包装、容量、价格等做相应调整（但不限于商标名称的改进或变更）。2. 甲方有权对乙方的经营状况、产品销售、产品库存、服务质量等进行检查监督，对不符合要求，不规范使用"万千诱惑"品牌的行为，有权要求乙方限期整改，甲方提出整改意见十天后，乙方不加以整改或整改后仍不达标，甲方将取消对乙方的授权。3. 甲方向乙方提供有利于经营的销售授权书、证牌、店柜装修方案及相关系列形象标识，作为乙方经营之参考资料，甲方对"万千诱惑"的产品有建议性调配权。4. 甲方首批无偿提供一定配额的市场宣传资料、物品辅料等，长期提供公司网站的推广服务。四、乙方的权利和义务：1. 乙方有权在合同约定的区域及时间内进行零售甲方提供的商品的销售权利。2. 乙方免费获得甲方的长期销售咨询、指导及行业信息咨询，享受甲方后续的技术升级、产品换代等服务。3. 乙方在合同期内拥有"万千诱惑"商标的使用权，没有所有权。在使用"万千诱惑"商标时，只能用于"万千诱惑"洗发护发美发产品销售的相关业务，不得挪作他用。4. 乙方需对自己开设的专卖店的形象、卫生、产品的存放、产品的展示、销售指导、客户服务、员工培训等各方面按照甲方的要求履行，以确保开店成功。……

在合同履行过程中原告发现，铂洛德公司从事特许经营但并不拥有 2 个直营店，也未向国务院商务主管部门备案，遂起诉到法院。

诉求：(1) 撤销原告与被告铂洛德公司于 2011 年 4 月 13 日签订的《万千诱惑

产品专卖店合同》;(2)被告铂洛德公司返还原告交纳的合同保证金8000元、品牌使用金4000元及剩余货款27,467元,原告将库存货物退还给被告铂洛德公司;(3)被告铂洛德公司赔偿原告经济损失48,110元。

法院观点:根据《最高人民法院关于贯彻执行〈中华人民共和国民法通则〉若干问题的意见(试行)》第68条的规定,一方当事人故意告知对方虚假情况或者故意隐瞒真实情况,诱使对方当事人作出错误意思表示的,可以认定为欺诈行为。同时,我国《商业特许经营管理条例》规定,特许人从事特许经营活动应当拥有成熟的经营模式,并具备为被特许人持续提供经营指导、技术支持和业务培训等服务的能力,应当拥有至少两个经营时间超过一年的直营店。在特许经营合同中,被特许人与特许人签约的目的也在于借鉴特许人成熟的经营模式并使用其经营资源,而"两个经营时间超过一年的直营店"则是"成熟经营模式"的量化体现,特许经营企业到国务院主管部门备案则是对保证特许企业拥有成熟经营模式的一种行政管理手段。因此,特许人是否拥有两个经营时间超过一年的直营店、是否在商务部主管部门进行备案、是否拥有宣传的注册商标等经营资源将会直接影响到被特许人对特许人的资质、经营实力和加盟项目前景的判断和认知,并影响到被特许人决定是否订立特许经营合同。并且,《商业特许经营管理条例》也规定,特许人应当在订立特许经营合同之日前至少30日,以书面形式向被特许人披露其从事特许经营活动、注册商标或企业标志的基本情况等方面的信息。因此,在签约前如实向被特许人告知与特许经营有关的重要信息,既是特许人基于诚实信用原则应履行的义务,也是行政法规赋予特许人的信息披露义务。根据本案查明的事实,铂洛德公司自认其没有直营店以及没有在商务部进行备案,并且该公司亦未在签约前向付某某披露上述信息。因此,可以认定铂洛德公司在签订涉案合同过程中存在足以影响付某某作出错误意思表示的欺诈行为,故付某某有权要求撤销涉案合同。①

案件评析:虽然特许人在从事商业特许经营的过程中是否备案表面上看似乎只是对其是否履行行政管理义务的考核,但其实质是对于特许经营人的经营能力

① 北京市朝阳区人民法院:《付某某与北京铂洛德国际化妆品有限公司特许经营合同纠纷案》,(2012)朝民初字第33371号。

的量化考评,是借此向广大被特许人宣示特许人符合特许经营基本条件的措施。因此,特许人务必要严格遵守。本案从另一个方面对该能力进行了评价,即若不具有该能力而宣称自己具有该能力时,属于虚假宣传,其典型特征就是不满足“两店一年”条件或未在管理机构备案而从事商业特许经营的行为,构成欺诈,会影响合同的效力,最终导致合同被撤销。

三、备案后的管理

特许人对特许经营合同等进行备案后并非一劳永逸,在相关情况发生变化时,需要向商务主管部门持续披露,商务主管部门需要确认特许人是否仍然具备备案条件。因此,特许人对于备案条件的保持是备案后的一项重要工作任务。当特许人不具备备案条件时,任何人可以向商务部门举报,申请撤销特许人的备案。同时,备案机关亦可以根据相关情况,撤销特许人的备案。根据《商业特许经营备案管理办法》第 12 条的规定,已完成备案的特许人有下列行为之一的,备案机关可以撤销备案,并在商业特许经营信息管理系统予以公告:(1)特许人注销工商登记,或因特许人违法经营,被主管登记机关吊销营业执照的。(2)备案机关收到司法机关因为特许人违法经营而作出的关于撤销备案的司法建议书。(3)特许人隐瞒有关信息或者提供虚假信息,造成重大影响的。(4)特许人申请撤销备案并经备案机关同意的。(5)其他需要撤销备案的情形。也即,出现以上四种情况时,备案机关、特许人以及其他经营者均可向备案机关要求撤销备案。但实践中撤销备案的理由远比规定要复杂。截至 2018 年 9 月,中国商业特许经营网上公布的被撤销备案的企业共计 105 家,其中主要原因有特许人自己申请撤销、特许人申请撤销经备案机关同意、资料不实、不具备特许资格、企业注销或者被吊销、企业主体发生变更等情况。

另外,商务部门还通过特许人的持续报告来审查特许人的特许情况,从而更加准确地判断特许人是否仍具备备案条件。《商业特许经营备案管理办法》第 8 条规定,特许人的以下备案信息有变化的,应当自变化之日起 30 日内向备案机关申请变更:(1)特许人的工商登记信息。(2)经营资源信息。(3)中国境内全部被特许人的店铺分布情况。第 9 条规定,特许人应当在每年 3 月 31 日前将其上一年度订立、撤销、终止、续签的特许经营合同情况向备案机关报告。

特许人撤销备案信息

密山市刘一锅餐饮服务有限公司

● 特许人基本信息3

备案时间	2011-04-28	备 案 号	0230301011100001

● 特许人授权内容

特许品牌	授权类型	权利号	权利性质	权利有效期
刘一锅	注册商标	5708340	所有权	2020-01-13

● 撤销备案时间	2017-11-14
● 撤销备案原因	企业已注销

我要投诉

资料来源：商务部业务系统统一平台——商业特许经营信息管理。

图 10　特许人撤销备案信息举例

第六节　特许人对被特许人的选择

虽然，在特许经营关系中，特许人往往因其自身的经济、资源、规模优势而处于强势地位，是特许经营关系中的主导力量，但是选择一个好的合作伙伴对于特许人而言也是必不可少的。尤其是，商业特许经营中，特许人要将自己最为核心的经营资源交由被特许人使用，同时特许人还要"手把手"地教会被特许人使用这些经营资源，这无异于特许人将自己的"饭碗"交给了被特许人。被特许人在获知这些经营资源后，难免会有其他想法，例如随处可见的"德庄火锅"就是一例。在未获特许人书面同意的情况下，被特许人很可能利用自己在当地的优势，如法炮制，从事与特许人相竞争的行业，并且会让人误认为就是特许人的加盟店。

案例 7：特许经营合同无法完全约束被特许人的违约行为

基本案情：2011 年 1 月 6 日，蒙自源公司作为甲方，谭某某作为乙方，双方签订

《蒙自源过桥米线特色餐饮特许经营合同》(以下简称《特许经营合同》),并约定甲方特许乙方依本合同的约定使用其商标、商号、服务标志及甲方所拥有的经营技术资产、如餐厅装饰风格、培训体系、营运体系、财务体系、信息网络体系、产品技术系统、广告宣传及促销、商品生产或进货渠道、配送等经营管理体系,成为甲方的一个被特许人,开设特许经营餐厅;甲方特许乙方加盟餐厅地点位于东莞市麻涌××时代广场××楼,经营期限为六年,即2011年3月25日至2017年3月24日。该合同第九条"竞业禁止及商业秘密的保护"9.1约定,在本合同有效期及本合同终止或解除后一年内,乙方(包括其关联企业、受其控制的实体等)及乙方特许经营餐厅内的主任级以上管理干部未经甲方书面同意,不得经营、投资、受聘或以任何方式参与或指导他人经营与甲方相同或相似的中式快餐业务。《特许经营合同》到期后,谭某某违反合同中竞业禁止的规定仍在继续经营"东莞市麻涌蒙自源饮食店"。蒙自源公司提供了蒙自源公司于2017年3月30日在该店经营场所内拍摄的照片和视频为证。谭某某承认其在《特许经营合同》到期后,为了清理库存物品存在短期对外营业行为,但主张其已将店铺招牌"蒙自源过桥米线"中的"蒙自源"三个字进行了遮挡,店铺内的装潢、招牌及菜牌上没有显示"蒙自源"的图片或字样。蒙自源公司对此事实予以确认,但认为特许经营门店的装修风格和菜式特点具有显著性,即使谭某某遮挡了招牌,也会与蒙自源公司的店铺造成混淆。

诉求:蒙自源公司向一审法院提起诉讼,请求判令:(1)谭某某停止经营与蒙自源公司相同或者相似的中式快餐业务;(2)谭某某向蒙自源公司支付违约金100,000元;(3)谭某某承担本案诉讼费用、保全费用。

法院观点:一审法院认为,本案中,案涉《特许经营合同》第九条"竞业禁止及商业秘密的保护"9.1条中约定"乙方违反前述约定的,甲方有权单方面解除本合同,乙方自行承担由此造成的损失。此外,乙方应另行向甲方支付人民币500,000元作为赔偿金。"虽然蒙自源公司将其诉请的违约金数额调低至100,000元,但考虑到谭某某在《特许经营合同》有效期限内均能如约履行合同义务,合同到期后的违约经营时间很短,且谭某某也采取了一定措施减轻给蒙自源公司造成损失,主观过错程度较低,结合《特许经营合同》中约定的谭某某支付给蒙自源公司的管理费标准为每月8000元,以及蒙自源公司为本案诉讼支出的律师费等合理开支,故一审法院以谭某某的违约行为给蒙自源公司造成的实际损失为参考,谭某某主张蒙自源公司诉请的100,000元违约金过高,一审法院予以采信,并予以适当调整。根据公平原则和诚实信用原则并结合上述事实,一审法院认定谭某某应向蒙自源公司支付违约金30,000元,超出的部分,一审法院不予支持。①

案件评析:特许人对被特许人的约束实际上主要求诸于《特许经营合同》,然而合同在很大程度上是防君子不防小人的。该起案件就充分说明了这个问题,虽然东莞市中级人民法院最终支持了特许人蒙自源公司的请求,确认了被特许人谭某某违反竞业禁止条款从而要承当赔偿责任,但是对于特许人而言,选择了错误的合作伙伴,导致最终不得不通过诉讼来解决这一问题,浪费了许多资源。因此,选择一个良好的合作伙伴是摆在特许人面前的第一个难题。那么究竟应当如何去选择一个良好的合作伙伴,以下方面可资参考。

一、相关核心要素的把握

实践中大型的国有企业作为特许人时,往往对被特许人的要求相对严苛,这也促使了其能够有更大的机会选择到优质的合作者。其中,有几个关键要素是需要把握的。

(一)被特许人是否具备法人资格

虽然在新《公司法》出台以后,设立公司已经不是什么难事,认缴制给了任何人设立公司的机会,但是股东仍然要承担与认缴金额相应的责任。仅从这一点判断,公司与合伙企业和个人独资企业以及个体工商户、自然人等主体相比较,其具有更强的抗风险能力和经济实力是无可厚非的。有限责任不仅给予了公司强大的融资能力,更赋予了公司相应的责任能力,所谓能力越大责任越大。另外,通过注册资本的展示,使具有法人资格的公司在交易初期更加一目了然,给予交易对手信任的基础。国有大型连锁企业在选择被特许人时,往往要求被特许人必须具备法人资格,这就在一定程度上筛选出了较为优质的客户资源。

---

① 广东省东莞市中级人民法院:《谭某某、东莞市蒙自源饮食有限公司特许经营合同纠纷二审民事判决书》,(2017)粤19民终10344号。

(二)被特许人的现金流

被特许人的银行存款亦是重要考察标准。主体担保也好、信誉担保也罢,任何形式的担保都不如以现金流担保来得直接。在选择被特许人时,除了主体资格的审查以外,对其银行存款的审查也是十分必要的。例如,某国有大型连锁企业就要求其被特许人必须在某某银行存款达到100万元人民币,否则合作无法进行下去。

(三)被特许人经营场所

如果被特许人能够拥有自己的经营场所是最佳的,当然大部分都不具备,那么此时就要求被特许人能够有一个稳定的租赁场所。通常,餐饮行业即要求租赁期不短于5年。

(四)认同特许人的经营理念和企业文化

实际上在所有要素中,这一要素是最为关键的。但是,这一要素又是最难判断的,需要通过一定的交流方能进行判断。通常情况下,特许人内部会有数名具有丰富经验的销售人员,他们不仅仅熟知特许经营的各个方面,更对企业文化有着自身的敏锐嗅觉,能够清晰地洞察被特许人的态度。因此,利用销售人员的丰富经验,在前期通过走访、座谈、电话沟通等形式,可以更好地了解被特许人是否认同特许人的经营理念和企业文化。在销售人员根据经验的主观判断外,相关企业还据此形成了自身的一套客观评价体系,通过调查问卷对潜在被特许人打分,从而确定双方之间理念的契合度。

除上述4点外,特许人对于被特许人的口碑、对行业的熟悉度、经营情况等均需要认真把握,相关问题又根据不同的行业、领域以及特许人自身的实际情况而有所不同。

二、被特许人相关信息获取方式的选择

了解被特许人的情况可通过以下方式:

第一,最为直接的是通过座谈。座谈是一种最为直接的方式,但同时又是最难把握的 种方式。作为特许人而言, 定要委派具有丰富经验的人员参与,从而获取更多可靠的信息。座谈中应当主要关注被特许人对拟进入行业的熟悉度、人才

储备、对特许人企业文化的认同感以及被特许人自身的可靠度等方面。座谈可以多次,循序渐进,而不急于一次将所有的问题都了解清楚,这也符合人与人之间相互认知的规律。

第二,走访被特许人企业,重点观察被特许人的经济实力、企业运营状况以及人才储备。

第三,查找工商档案、法律风险等可能影响被特许人声誉的文档,以确定被特许人是否值得信赖。当然,目前有诸多方式可供选择,包括由聘请的法律顾问团队来做一些基础的调查工作。

第四,形成客观的书面调查文件,如座谈笔录、摸底问卷或者是数据分析等。

当然,在经过以上程序和了解相关情况后,并不代表被特许人就能如特许人所愿精诚合作,但能够有效地降低合作风险。双方的合作是一个不断发展和变化的过程,特许人仍然要做好充分的准备,以应对特许人与被特许人之间随时可能出现的冲突,并且要有应对多个被特许人问题的能力。

当然,上述步骤和流程完成后,特许人并不能就此高枕无忧,特许经营合同中的相关限制条款的订立亦是特许人降低特许经营风险的一大利器。

案例8: 被特许人违反特许经营合同"竞业限制"条款应当赔偿

基本案情:原告北大青鸟公司曾与被告岳麓华瑞学校约定:原告授权被告从事ACCP(单点)培训活动。特许经营使用费包括学费、教材费、考试认证费,由双方根据招生数量按比例结算。被告及其关系人不得从事同类业务,否则原告有权解除合同并要求不低于1000万元的违约金。极客营网站以"极客营IT梦想学院"为名开展软件教育培训业务,并在招生咨询过程中自称"北大青鸟极客营"。咨询师称:"我们已经开了十几个班了,一个班30人以内……大概是二十六七的样子……安卓学费14,800元……JAVA学费9900元"等。法院调取的证据显示:极客营网站备案单位是天心华瑞学校,在百度网办理加V认证和百度推广业务的是岳麓华瑞学校。岳麓华瑞学校投资人邹某兼任天心华瑞学校校长,并实际参与天心华瑞学校的经营管理。

诉求：原告北大青鸟公司以违反竞业限制义务为由起诉岳麓华瑞学校，索赔500万元，并提交了岳麓华瑞学校的合同期内付款凭证。经北大青鸟公司统计，岳麓华瑞学校自2008年至2013年共向北大青鸟公司支付合同款2900余万元。

法院观点：现有证据足以证明岳麓华瑞学校及其投资人违反竞业禁止约定。被告以违约金过高为由请求调整，但未提交证据。原告证据表明，其主张500万元的违约金数额基本合理。据此，被告应支付原告违约金500万元。①

案件评析：本案除了竞业限制的约定外，赔偿数额的确定尤其值得关注。被特许人的实际招生数量直接影响特许经营使用费的数额，这是合同约定被特许人及其关系人竞业禁止义务的合理基础。本案中，法院全部支持原告500万元违约金的诉讼请求，主要考虑了如下因素：一是结合法院调取的天心华瑞学校在民政局备案资料、百度加V认证资料和原告提交的证据，被告违约事实证据充分；二是极客营网站自称"在校生2000多人"、学费"安卓13,900元""JAVA9900元""已经开了十几个班""每个班二十六七个人"，可见其违约获利数额较大；三是原告提交了合同期内岳麓华瑞学校向其付款的凭证，可见被告五年内共付合同款近3000万元，年均付款额甚至高于原告主张的违约金数额；四是合同约定违约金不低于1000万元，原告主张500万元符合约定；五是被告虽然请求调低违约金数额，但没有提供相应证据。因此，法院在查实被特许人违约之后，以合同约定为基础，综合考虑在案证据和证据规则，认为500万元违约金数额与被告获利、原告损失相比基本合理，作出了特许经营合同案件中少见的高额判决，具有一定典型性和警示意义。

同时，本案无疑为特许人维护自己的合法权益提供了有效借鉴，善用竞业限制条款，并且对证据进行充分的搜集，确定损失是北大青鸟案件之于其他特许人可资借鉴之处。

---

① 北京市海淀区人民法院：《"北大青鸟"特许经营合同案》，(2013)海民初字第27144号。

第七节　特许人的信息披露义务

商业特许经营是将特许人的经营资源授权给被特许人使用,这些经营资源的内容十分广泛,从商标、专利到企业形象、经营方式等。前述信息孰真孰假唯有特许人自己心里最为清楚,被特许人隔岸观火,无法真正地了解特许人的实情,在特许人与被特许人之间就形成了一种典型的信息不对称。加之特许人与被特许人之间本就不平衡的地位,如对信息披露采自由放任的原则,必然纵使特许人只披露对自己有利的信息,受许人容易陷入以欺诈为目的的恶意特许人的招募陷阱。所以,通过法律的强制手段平衡双方权利义务、改善受许人在信息上的不利地位,不仅必要而且重要。[①] 因此,法律要求特许人有义务向被特许人披露相关信息。《商业特许经营管理条例》第 20 条规定,特许人应当依照国务院商务主管部门的规定,建立并实行完备的信息披露制度。

一、披露时间

根据《商业特许经营管理条例》第 21 条的规定,特许人应当在订立特许经营合同之日前至少 30 日,以书面形式向被特许人提供本条例第 22 条规定的信息,并提供特许经营合同文本。该条规定了披露的时间是在订立特许经营合同之日前至少 30 日,也就说是事前披露,同时还要求披露必须是书面的。为此,在实践中,通常的做法是从磋商阶段开始,就由特许人逐渐向被特许人进行信息披露,并且特许人需要做好相关记录,否则容易出现无法证明进行了书面披露的情况。同时,在最终确定的特许经营合同中,特许人须将已经披露的信息以合同条款的形式记录在案,并明确所有信息披露的时间,以避免日后发生纠纷。若被特许人发现特许人没有按照《商业特许经营管理条例》要求的时间和方式进行披露的,可以要求行政机关对其进行处罚。另外,世界诸多国家要求特许人除了在合同签订前进行信息披露

---

① 参见李建伟:《特许经营信息披露制度的比较法分析》,载《广东社会科学》2011 年第 6 期。

外,还要求特许人持续地进行信息披露。在特许经营合同签订后到合同期满前,特许人仍需向受许人披露与特许经营有关的重大更新信息。特许人根据特许经营的发展需要做一些变化,诸如产品种类变化或增减、系统形象转变、广告促销等,重大信息能否及时更新将直接影响到受许人特许经营店的运营。美国大部分州规定每财政年度结束后的4个月内进行披露,澳大利亚规定为3个月。而我国对于持续披露并没有作强制要求,《商业特许经营管理条例》对于持续的信息披露没有提及,只在第23条要求特许人向受许人提供的信息发生重大变更的,应当及时通知受许人,但对于"及时"和"重大变更"却没有任何界定,过于抽象与笼统。① 因此,我国实际上仅要求特许人进行事前的披露,而对于特许经营合同履行过程中的信息持续披露并不关心。

二、披露内容

《商业特许经营管理条例》第22条规定了披露的内容,而商务部2012年的《商业特许经营信息披露办法》(商务部令2012年第2号)对条例的内容进行了细化。根据《商业特许经营信息披露办法》的要求,特许需要披露的信息包括下方面:

(一)特许人及特许经营活动的基本情况

特许人名称、通讯地址、联系方式、法定代表人、总经理、注册资本额、经营范围以及现有直营店的数量、地址和联系电话。特许人从事商业特许经营活动的概况。特许人备案的基本情况。由特许人的关联方向被特许人提供产品和服务的,应当披露该关联方的基本情况。特许人或其关联方过去2年内破产或申请破产的情况。②

(二)特许人拥有经营资源的基本情况

注册商标、企业标志、专利、专有技术、经营模式及其他经营资源的文字说明。

---

① 参见李建伟:《特许经营信息披露制度的比较法分析》,载《广东社会科学》2011年第6期。

② 根据《商业特许经营信息披露办法》第3条的规定,关联方是指特许人的母公司或其自然人股东、特许人直接或间接拥有全部或多数股权的子公司、与特许人直接或间接地由同一所有人拥有全部或多数股权的公司。

经营资源的所有者是特许人关联方的，应当披露该关联方的基本信息、授权内容，同时应当说明在与该关联方的授权合同中止或提前终止的情况下，如何处理该特许体系。特许人（或其关联方）的注册商标、企业标志、专利、专有技术等与特许经营相关的经营资源涉及诉讼或仲裁的情况。

（三）特许经营费用的基本情况

特许人及代第三方收取费用的种类、金额、标准和支付方式，不能披露的，应当说明原因，收费标准不统一的，应当披露最高和最低标准，并说明原因。保证金的收取、返还条件、返还时间和返还方式。要求被特许人在订立特许经营合同前支付费用的，该部分费用的用途以及退还的条件、方式。

（四）向被特许人提供产品、服务、设备的价格、条件等情况

被特许人是否必须从特许人（或其关联方）处购买产品、服务或设备及相关的价格、条件等。被特许人是否必须从特许人指定（或批准）的供货商处购买产品、服务或设备。被特许人是否可以选择其他供货商以及供货商应具备的条件。

（五）为被特许人持续提供服务的情况

业务培训的具体内容、提供方式和实施计划，包括培训地点、方式和期限等。技术支持的具体内容、提供方式和实施计划，包括经营资源的名称、类别及产品、设施设备的种类等。

（六）对被特许人的经营活动进行指导、监督的方式和内容

经营指导的具体内容、提供方式和实施计划，包括选址、装修装潢、店面管理、广告促销、产品配置等。监督的方式和内容，被特许人应履行的义务和不履行义务的责任。特许人和被特许人对消费者投诉和赔偿的责任划分。

（七）特许经营网点投资预算情况

投资预算可以包括下列费用：加盟费；培训费；房地产和装修费用；设备、办公用品、家具等购置费；初始库存；水、电、气费；为取得执照和其他政府批准所需的费用；启动周转资金。上述费用的资料来源和估算依据。

（八）中国境内被特许人的有关情况

现有和预计被特许人的数量、分布地域、授权范围、有无独家授权区域（如有，应说明预计的具体范围）的情况。现有被特许人的经营状况，包括被特许人实际的投资额、平均销售量、成本、毛利、纯利等信息，同时应当说明上述信息的来源。

（九）会计、审计报告摘要

最近2年的经会计师事务所或审计事务所审计的特许人财务会计报告摘要和审计报告摘要。

（十）涉诉风险

特许人最近5年内与特许经营相关的诉讼和仲裁情况，包括案由、诉讼（仲裁）请求、管辖及结果。

（十一）重大违法记录

特许人及其法定代表人重大违法经营记录情况。被有关行政执法部门处以30万元以上罚款的。被追究刑事责任的。

（十二）特许经营合同文本

特许经营合同样本。如果特许人要求被特许人与特许人（或其关联方）签订其他有关特许经营的合同，应当同时提供此类合同样本。

从《商业特许经营信息披露办法》所规定的内容来看，特许人需要披露的内容涉及特许人经营的方方面面，从可以比拟的相关制度来看，丝毫不亚于上市公司的披露制度。因此，可以说特许人的披露制度对于特许人而言是比较严格的制度。当然，并非要求特许人就以上12项内容全部进行披露，特许人的披露应当对照以上12项内容制作清单和表格，在表格中如果特许人没有的内容就不必填写，拥有的内容就视情况勾选√或是×。特许人随后根据所制作的清单和表格向被特许人披露相关信息，并在特许合同中予以说明。

三、未披露或披露不实的后果

《商业特许经营管理条例》第23条规定，特许人向被特许人提供的信息应当真实、准确、完整,不得隐瞒有关信息,或者提供虚假信息。特许人向被特许人提供的信息发生重大变更的,应当及时通知被特许人。特许人隐瞒有关信息或者提供虚假信息的,被特许人可以解除特许经营合同。从该条之规定不难看出,如果说特许人向被特许人披露的相关信息不真实、不准确、不完整或是有所隐瞒,被特许人就享有解除特许经营合同的权利。然而再进一步看《商业特许经营信息披露办法》的规定,不难发现,特许人所需披露的信息多如牛毛,稍有不慎就赋予被特许人单方解除特许经营合同的权利似乎对特许人而言有义务过重之嫌。此外,条例第 23 条第 3 款只是含糊地表达了隐瞒有关信息,没有具体道明何种信息。《商业特许经营信息披露办法》对此进行了更为详细的规定,在第 9 条中指出,特许人隐瞒影响特许经营合同履行致使不能实现合同目的的信息或者披露虚假信息的,被特许人可以解除特许经营合同。由此两条可推知,特许人隐瞒的信息如果是致使合同目的不能实现的信息,如此被特许人即能获得单方解除权。而提供虚假信息,无论是何种虚假信息,被特许人均能获得单方解除权。① 对此,广州仲裁委员会解释道:"实践中,特许人为了达到融资和扩张特许经营体系的目的,往往采取种种手段夸大特许经营体系的经营资源,夸大特许经营加盟者的收益,隐瞒对自己不利的情况,从而激发被特许人的投资欲望,诱使被特许人作出签订特许经营合同的意思表示。如果特许人存在欺诈的故意,实施了欺诈行为,导致被特许人陷于错误认识从而签订特许经营合同,那么应认定符合欺诈的构成要件。但在审判实践中,对欺诈

---

① 相关讨论可参见广州市仲裁委员会:《特许经营信息披露不实的法律后果》。广州市仲裁委认为,条例第 23 条关于被特许人解除合同的规定,所界定的事由应如何在《合同法》第 94 条的背景下解释? 该条款是否属于兜底的第 5 项"法律规定的其他情形"? 首先,该项限定的是法律;其次,即使将行政法规纳入,运用整体解释的方法,《合同法》第 94 条所列举的前四种法定事由,均是发生于履约过程中,基本特征都是发生了根本违约情形。将违反信息披露义务列入很困难。这就是仲裁员或法官在面临条例第 23 条时的困惑之一,条例是否有权赋予当事人单方解除合同的权利? 办法规定的信息披露内容多达十二大项几十小项,如果任何一项未充分披露就可以解除合同,将会造成特许人和被特许人利益的失衡,不利于交易稳定。因此,不少案例持这样的观点:"故意隐瞒或提供虚假信息"显然不同于"未充分披露信息",二者有主观故意上的区别,这种解释实际上增加了被特许人的举证难度。如果参考办法第 9 条的规定,特许人隐瞒影响特许经营合同履行致使不能实现合同目的的信息或者披露虚假信息的,被特许人可以解除特许经营合同。此处其实已经对条例第 23 条作出了限缩解释,注意到了与《合同法》第 94 条的协调问题,即隐瞒的信息必须影响合同履行并达到致使合同目的无法实现的程度。

的认定应当采取比较慎重的态度，特别是在认定特许人存在欺诈的故意上，仲裁员或法官应注意区分恶意欺诈和商业吹嘘之间的差别。具体而言，应当综合考虑所隐瞒信息或者所提供虚假信息的重要性、与真实信息相背离的程度以及对于特许经营合同订立和履行的影响程度等因素予以判断，尽可能维护特许经营合同的稳定性，防止被特许人一旦经营失败就把全部责任转嫁到特许人身上。"

案例9：信息披露应当全面、详尽

基本案情：2014年6月，张某与可人公司签订特许经营合同，可人公司授权张某使用其商标、营销策划及相关的经营模式。张某在经营过程中未达到预期经营目标，经向其他加盟商了解，可人公司普遍存在夸大收益的情况。

诉求：张某提起仲裁，主张可人公司虚假宣传，且未向其提供现有被特许人的数量、分布地域和经营状况、可人公司近2年的财务会计报告摘要和审计报告摘要等诸多信息，要求解除合同。

仲裁观点：仲裁庭认为，张某称可人公司虚假宣传但未提供任何证据，从可人公司提供的《信息披露提醒函》来看，张某已经确认可人公司依法向其披露了被特许人的经营状况等信息，另外，可人公司已向张某提供了必需的经营资源、操作流程及培训服务等核心信息和经营条件，不存在可人公司未披露信息导致合同无法履行的情况，对张某的请求不予支持。①

案件评析：在信息披露的过程中，保存好披露文件和证明文件是特许人的基本任务，在没有前述证据的情况下，特许人将难以证明其切实履行了信息披露义务，从而招致不必要的法律风险。当然，恰如前文所述，未完全履行信息披露义务并不必然导致特许经营合同的解除，是否解除还视该未披露的义务是否为实现合同主要目的的关键性信息，若是则可能造成合同被解除。

① 广州市仲裁委员会：《特许经营信息披露不实的法律后果》，微信公众号：gzac_gziac。

案例10：特许人信息披露应当真实

基本案情：2014年5月，李某与完美公司签订特许经营合同，完美公司授权李某使用其美容仪器、技术和产品。李某支付了品牌使用费，接受完美公司培训，并开展营业。2015年7月，完美公司受到行政处罚，《行政处罚决定书》认定，完美公司存在利用其自营网站对所经营的美容服务、仪器、产品的功效等方面发布与事实不符的虚假信息的行为。李某向工商局申请了上述信息的公开。

诉求：2016年3月，李某提起仲裁，主张其是在完美公司的虚假宣传诱导下签订合同的，完美公司的行为构成欺诈，请求撤销合同。

仲裁院观点：仲裁庭认为，完美公司提供虚假信息，使李某陷入错误认识与其签订特许经营合同，完美公司的行为构成欺诈，依据《合同法》第54条的规定，支持李某的请求。①

案件评析：在信息披露的过程中，要求被特许人必须要真实、详尽地披露其相关信息，夸大其词的信息披露涉及虚假宣传，若所披露信息与事实严重不符，并最终使得被特许人作出了错误的意思表示，则构成欺诈，被特许人可以要求撤销。

案例11：特许人信息披露不实不必然导致合同解除

基本案情：2014年10月11日，李某某(乙方)与凯瑞联盟公司(甲方)签订《协议》(编号VSSEGDGZ20141011)及《协议之补充条款》。京工商东处字(2016)第1853号行政处罚决定书，认为凯瑞联盟公司在其网站上对芝麻街英语品牌的宣传行为违反了《中华人民共和国广告法》，存在虚假宣传。

诉求：李某某诉至法院，并以凯瑞联盟公司信息披露不实，存在虚假披露要求解除双方之间所签订的特许经营合同。

法院观点：北京知识产权法院在二审中认为："我国《商业特许经营管理条例》《商业特许经营信息披露管理办法》规定了特许人的资质要求、信息披露制度，本

① 广州市仲裁委员会：《特许经营信息披露不实的法律后果》，微信公众号：gzac_gziac。

案中凯瑞联盟公司作为特许人未对其在签订涉案合同之前至少 30 日就其作为特许人的资质、拥有经营资源的情况向李某某履行了信息披露的义务进行举证，但双方特许经营合同的效力并不必然因凯瑞联盟公司是否具有‘两店一年’及披露信息的情况而受到影响。凯瑞联盟公司未履行相关的信息披露义务，亦不必然成就李某某要求解除合同的理由。只有特许人在订立合同中隐瞒、提供或者夸大直接关系特许经营实质内容的相关信息或经营资源，在签订特许经营合同后隐瞒重大变更信息或者提供虚假信息、夸大经营资源给被特许人从事特许经营业务造成实质影响的，被特许人才得以请求法院撤销或解除该特许经营合同。”①

案件评析：前述案例以及仲裁员与法院的态度充分表明，在信息披露的过程中，特许人隐瞒对合同订立有重大影响的信息时，被特许人可以选择解除合同。提供虚假信息也不必然使得被特许人享有合同的单方解除权，此种虚假信息要达到足以欺骗的程度才使被特许人享有单方解除权。因此，被特许人如果想根据信息披露不实的条款提起特许经营合同解除，就务必对相关证据进行确认，并足以说明该不实披露对签订合同时的影响程度。除了可能导致合同解除外，特许人的不实披露对被特许人造成损失的还应当承担赔偿责任，商务部门还可根据《商业特许经营管理条例》第 28 条的规定对特许人进行处罚。

第八节　特许人信息披露中的商业秘密保护

《商业特许经营信息披露管理条例》和《商业特许经营管理条例》规定了非常详尽的信息披露内容，这些诸多信息大部分都是属于特许人的商业秘密。虽然任何企业都有可能涉及商业秘密问题，但商业特许经营中的商业秘密具有自己的特点：(1)商业秘密中的权利主体十分分散。特许人是商业秘密的专有权人，被特许人是商业秘密的使用人，同时，一个经营良好的品牌，其被特许人往往散于全国各

① 北京知识产权法院：《李某某与北京新知堂文化传播有限公司等特许经营合同纠纷二审民事判决书》，(2018)京 73 民终 1094 号。

地，这就使一旦发生侵权，能够主张权利受到侵害的主体众多。(2)商业秘密的外部使用特征明显。在一般经营中，商业秘密以内部使用为主，商业秘密权表现为经营者对商业秘密的占有、使用、收益。商业特许经营中，商业秘密对外许可使用特征明显，商业秘密权主要表现为特许人的许可使用权。[①] (3)在特许经营中，商业秘密因为强制披露所以更容易泄露，并且泄露的渠道非常广泛。特许人自己的员工，例如，销售经理、技术人员以及专门负责连锁的管理人员等，而众多被特许人则更有可能将商业秘密泄露。因此，商业秘密保护成了特许权保护中的一大难点。为了不让自己的商业秘密被泄露，实践中不少企业选择了不向被特许人披露相关信息，从而导致合同被判解除，并且承担赔偿责任和遭受行政处罚。而披露相关商业秘密，又极有可能由被特许人不当利用，从而导致商业秘密泄露，如此就形成了特许经营商业秘密保护的两难困境。

一、特许经营信息披露中商业秘密保护的困境

实际上在信息披露的过程中，如果被特许人侵犯了特许人的商业秘密，特许人想要通过诉讼来进行事后补救，往往很难达到其期许的效果。

案例 12：特许经营披露信息文件通常不认定为商业秘密

基本案情：进巍美甲公司成立于 2001 年 9 月 4 日，其经营范围包括美容，家居装饰，劳务服务，技术开发、技术转让、技术咨询、技术培训，销售开发后的产品、百货、工艺美术品等。商务部特许经营信息管理系统的特许人备案信息显示，进巍美甲公司的备案时间为 2008 年 4 月 30 日，特许品牌为进巍美甲，第一家加盟店时间为 2005 年 12 月 12 日，加盟分布区域为北京市(6)、天津市、山西省(2)、辽宁省(2)、江苏省、安徽省、山东省、广东省(2)、广西壮族自治区。

原告认为经过十多年建立了一套成熟的美甲特许经营模式，在中国美甲行业

① 参见崔师振编著：《商业特许经营全程法律风险防范——案例解析 45 个常见法律风险》，中国法制出版社 2016 年版，第 161 页。

享有较高的知名度。涉及美甲特许经营模式、美甲技术培训及美甲产品经营的经营信息和技术信息为我公司的商业秘密。其商业秘密具体范围包括但不限于:第一部分:《特许加盟合同》《选址指导进程》等;第二部分:《运营手册》中涵盖的所有内容等。我公司与员工签订保密协议保护商业秘密。本案中刘某某、陈某、张某等五人均曾受聘于原告公司,并与原告公司签订了保密协议。上述五人均可以接触并知悉且有条件获取到我公司的上述商业秘密。刘某某于2012年5月31日从我公司离职后,以其丈夫王某某为股东成立了艺美汇雅公司。刘某某与艺美汇雅公司将我公司的员工陈某等四人招聘至艺美汇雅公司工作。后刘某某、陈某、宋某某、杜某某、张某等人未经原告公司许可,故意将其掌握的上述商业秘密披露、允许艺美汇雅公司使用,使艺美汇雅公司在极短时间内建立起美甲特许经营体系,从事美甲技术培训及美甲产品经营,并取得商业利益。原告公司认为刘某某等五人未经我公司许可将其掌握的我公司的商业秘密故意披露、允许艺美汇雅公司使用,艺美汇雅公司明知该五人披露的为原告公司商业秘密,为谋取不正当商业利益仍将其使用,构成侵犯商业秘密,给原告公司经营造成巨大损失。

诉求:原告故诉请法院:(1)判令艺美汇雅公司立即停止使用侵犯原告商业秘密的《艺美艺甲运营手册》等经营、管理文件资料;(2)判令全部被告共同赔偿原告经济损失100万元人民币,并共同赔偿原告因本案而支出的律师费、公证费等合理费用3.3万元人民币;(3)由全部被告承担本案全部诉讼费用。

法院观点:根据《反不正当竞争法》第10条的规定,商业秘密是指不为公众所知悉、能为权利人带来经济利益、具有实用性并经权利人采取保密措施的技术与经营信息。当事人指称他人侵犯其商业秘密的,应当对其拥有的商业秘密符合法定条件、对方当事人的信息与其商业秘密相同或者实质相同以及对方当事人采取不正当手段的事实负举证责任。其中,商业秘密符合法定条件的证据,包括商业秘密的载体、具体内容、商业价值和对该项商业秘密所采取的具体保密措施等。进巍美甲公司主张被告共同侵犯了其商业秘密,本院根据查明的事实予以判断。

首先,本院审查相关信息是否不为公众所知悉。根据进巍美甲公司提交的证据,其主张构成商业秘密的内容,有些属于从公开渠道可以获得的信息,如去相关行政部门办理手续的流程、劳动合同样本、相关表格、相关用语的翻译等;有些属于所属领域的一般常识或行业惯例，如有关装修、招聘、管理、促销等内容；有些仅涉及相关产品或服务简单信息，进入市场后相关公众通过观察、体验即可直接获得，如相关产品的成分、功效及相关操作流程等内容。其次，通常情况下，公司对于秘密资料，一般会在内部严格控制掌握或知悉秘密的人的范围，对内部其他人和外部采取合理的保密措施，以防止他人轻易获取或非法窃取秘密资料，也就是说，不应该所有员工都能接触和掌握。进巍美甲公司称本案的自然人被告接触的信息有所不同，但并未提交充分证据予以证明。现进巍美甲公司仅向法院提交了保密协议，进巍美甲公司与员工签订的保密协议的内容一致，涵盖的范围非常广泛，并未针对不同的岗位具有特定的保密内容，因而其采取的相应措施亦存在重大漏洞。故本院认为，进巍美甲公司主张六被告侵犯其商业秘密的主张，缺乏事实和法律依据，本院不予支持。①

案件评析：这起案件中，由于原告进巍美甲公司所提出的被告侵犯商业秘密，前提条件是要证明其所提供的信息是商业秘密，而商业秘密所需具备的条件原告很难证明，尤其是一套成熟的经营方法，很有可能整个行业均在使用，原告难以证明其经营方法的独特性，导致法院最终没有认定。另外，在相关案件中，即使特许人能够证明侵犯了商业秘密，但难以证明侵犯商业秘密的行为造成了多大损失，此时法院同样难以支持特许人的相关请求。商业秘密在认定的过程中，具有其独特的认定标准，秘密性、保密性和价值性在认定中均是必须要确定的标准，否则无法证明相关信息属于商业秘密，不能获得保护。因此，在双方的合同当中，应当明确约定商业秘密信息的范围、知悉商业秘密的人员范围、保密方式以及相关商业秘密的经济价值和违约责任，如此方能够保证相关信息能够最终得到法律的保护。

案例13：特许人商业秘密受到侵害时其损害赔偿难以计算

基本案情：原告凯威公司系1999年成立的以中餐、肥牛火锅、啤酒销售为经营

① 北京市海淀区人民法院：《北京进巍美甲有限公司与北京艺美汇雅管理咨询有限公司等侵害商业秘密纠纷一审民事判决书》，(2013)海民初字第25225号。

范围的企业，拥有"凯威"注册商标等经营资源，曾被授予"武汉餐饮业十大名店""武汉自助火锅店名店"，并获得"中国餐饮特许体系优秀管理奖"。凯威公司拥有武汉凯威啤酒屋有限责任公司汉口店、武汉凯威啤酒屋有限责任公司时尚休闲餐厅等直营店，经营时间均达一年以上。2008年4月14日，凯威公司与被告黄某某就加盟"凯威啤酒屋"特许经营项目签订《特许经营合同》，该合同第23条第5项约定：在合同终止或届满以后贰年内，被告及其股东、合伙人不得从事或参与与原告经营模式相一致或相类似的经营活动；第6项约定：被告应承担缔约前先合同义务及后合同附随义务包括但不限于保守原告商业秘密及不得不正当使用与原告有关的任何经营信息，如违约则应承担不低于500,000元人民币的侵权损害赔偿金。其后双方发生纠纷，被告黄某某在《特许经营合同》终止后继续经营与原告特许经营模式相类似的火锅自助餐厅。原告遂以商业秘密受到侵害为由，将被告诉至法院。

诉求：原告凯威公司要求法院判定被告侵犯其商业秘密，并依据双方《特许经营合同》的约定向原告支付500,000元违约赔偿金。

法院观点：本案中，被告在因自身根本违约而致特许经营合同终止或解除后，随即转为经营与原告特许经营模式相类似的火锅自助餐厅，所采用的"一人一锅式自助火锅"模式也与原告相同，被告的此种行为显然有违合同的约定，也与合同法诚实信用原则不符。由于双方在合同中未对上述违约行为约定违约金的支付内容，原告也未就其因此所遭受的损失向法庭举证，而合同关于"被告应当保守原告商业秘密及不得不正当使用与原告有关的任何经营信息。如违约则应承担不低于人民币500,000元的侵权损害赔偿金"的约定，因归于侵犯商业秘密及不正当使用原告经营信息之侵权损害赔偿范围，也当以侵犯商业秘密的事实及损失存在并举证证明为前提，原告未能举证，故对原告要求被告支付其500,000元违约赔偿金的主张，本院不予支持。①

案件评析：本案中，虽然原告证明了被告侵犯其商业秘密，然而由于原告在约

① 参见崔师振：《被特许人侵犯特许人商业秘密案例评析》，载 http://cuishizhen.fabao365.com/article/view_558666_166393.html，最后访问日期：2018年9月10日。

定中是以损害赔偿金作为赔偿之基础,在无法举证其具体损失之时,法院没有支持其要求按约定获得500,000元违约赔偿金的主张。侵犯商业秘密在民事意义上属于侵权行为,对于侵权行为而言,承担责任的方式多种多样,包括停止侵害、赔礼道歉、赔偿损失等,而其中损失的赔偿需要依据相应的方式来计算,在双方没有明确约定的基础上,被侵权人需要利用相应的证据来证明其所遭受的损失,否则将无法获得赔偿。

二、特许经营信息披露中对商业秘密的保护

由于在强制信息披露时,特许人的商业秘密极其容易受到侵犯,并且在诉讼过程中,特许人想要去证明自己的商业秘密遭受侵犯存在举证上的障碍,也会消耗特许人大量的精力。因此,在信息披露中,特许人对商业秘密的保护应该将主要精力放在事前防范之上。

首先,对于相关信息的披露应当遵循由一般到核心的过程。特许经营的谈判并非一蹴而就的,在被特许人最终签订特许经营合同之前都应该成为潜在被特许人。通常特许人对特许项目进行推介的过程中应当制作宣传资料,如《招商手册》,通过《招商手册》的内容完成对特许项目的初步披露。而后会经过多轮谈判,在谈判的过程中逐步披露特许项目的重要信息,尤其是经营模式、理念、营业额、非专利技术等。在这一过程中,特许人也通过座谈更加了解被特许人,掌握被特许人的相关情况,尤其是被特许人是否值得信赖。在该过程中,特许人慢慢摊开底牌,主动掌控整个谈判的节奏,循序渐进。《商业特许经营管理条例》仅规定了披露自特许合同签订之日前3个月开始,但并未要求要在3个月开始后立即披露完毕,因此,为了保护特许人的商业秘密,特许人的披露可以通过多轮完成,在对被特许人彻底了解后,方能最终敲定。只要是在特许合同签订之日前完整地披露法律、法规所要求披露的信息即可。

其次,制度保障。特许人除了和自己的主要员工签订保密协议,制定内部规章制度外,需要通过有效的制度以约束被特许人。《商业特许经营管理条例》第18条第2款规定,被特许人不得向他人泄露或者允许他人使用其所掌握的特许人的商业秘密。因此,被特许人应当负有保护特许人商业秘密的义务。实践中最常用的

商业秘密保密措施就是在特许经营合同中订立商业秘密保密条款，使被特许人及其员工承担起商业秘密保护的义务。保密条款的大致内容为：许可使用商业秘密的范围；该条款永久有效。除非商业秘密已合法地变为公知信息，被特许人在整个特许期间以及特许结束后不得使用商业秘密；被特许人在特许期间以及特许期间结束之后均不得向第三人披露商业秘密；被特许人应当与其相关员工订立保守特许人商业秘密的保密协议；被特许人有义务向特许人回授在特许权实施中获取的任何经验。并许可特许人或者其他被特许人对所生的技术秘密享有非独占的使用权。虽然《商业特许经营管理条例》对被特许人侵犯特许人商业秘密的行为未规定救济措施，在特许经营中特许人的商业秘密因特许受到侵害时，特许人可依照《合同法》《劳动合同法》的规定，追究被特许人及其员工的法律责任。在合同期内有关义务人违反合同约定的，特许人可依合同法追究其违约责任。因故被特许人未与特许人签订特许经营合同，但通过特许人的信息披露而知悉特许人商业秘密的有关人员，应当承担保密义务。特许经营结束之后的特定期间，被特许人及其员工负有竞业禁止的义务，违反该义务使用特许人商业秘密从事商业活动的，特许人可追究其违反后合同义务的法律责任。

最后，明确违反约定的赔偿责任，保留好相关证据。实践中可以通过对不同的经营资源进行分别定价的形式来确定侵犯各项秘密所造成的损失费用。例如，在特许经营合同中，约定商标许可费用××××元，非专利技术使用费××××元，经营诀窍使用费××××元，如此可以大致确定一旦商业秘密泄露可能造成的损失。另外，约定泄露商业秘密的违约金，如果是约定的损害赔偿金，则需要确定损害赔偿金的计算标准。此外，对于具体造成的损失一定要保留好相关证据，对于某些容易丢失的证据，最好能够聘请公证人员进行证据公证，以固定相关证据。

第九节　特许经营合同的期限

《商业特许经营管理条例》第 13 条规定，特许经营合同约定的特许经营期限应当不少于 3 年。但是，被特许人同意的除外。特许人和被特许人续签特许经营合同的,不适用前款规定。根据该规定,特许合同应当签订至少 3 年,这是与特许经营本身的特点相关的,从成本与收益的角度来讲,被特许人获得一个品牌的授权以后,往往要通过一个较长的时间来收回成本。例如,被特许人为了获得特许权所花费的所有费用为 500 万元用于经营某品牌的餐厅,该餐厅一年的纯利润为 180 万元,那么被特许人至少要在第三年才能开始盈利。假设特许合同仅签订 2 年,至第三年特许人突然变卦,不与被特许人续期,那么被特许人所有投入将无法收回。当然,并非所有的特许经营项目均要三年才能收回成本,因此,条例第 13 条还规定了如果被特许人同意,双方所签订的特许经营合同期限是可以短于 3 年的。

案例 14: 特许经营合同期限不少于 3 年并非强制性规定

基本案情:2013 年 10 月 6 日,以被告溆浦通利快递有限公司为甲方、原告为乙方,双方签订《合同书》。该《合同书》约定:甲方将湖南省溆浦龙潭的快件速递业务承包给乙方,合同期限自 2013 年 10 月 6 日至2014 年 10 月 5 日止,暂定1 年;合同期满,如需续签,双方另行协商(乙方有优先权续签)。合同签订之时,乙方应向甲方交纳押金 10,000 元。合同期满,乙方在办完所有手续并结清所有费用后,押金退还给乙方。合同签订后,原告分两次交清押金 10,000 元,并另行交付加盟费 5000 元。被告长沙传龙快递有限公司溆浦县分公司于 2013 年 12 月 30 日向被告出具《收款收据》1 份,2014 年 10 月 5 日合同期限届满,被告溆浦通利速递有限公司多次口头通知原告续签合同,并要求原告对经营场所及经营收费等不规范行为进行整改,但是原告没有续签合同,依然继续按照原合同进行快递经营。2016 年 2 月 16 日被告溆浦通利快递有限公司为再次找到原告,要求原告迅速整改到位,重新签订合同。原告以自己系在职教师为由,不能兼顾快递经营,自愿请求与被告解除合同,经被告同意,原告与被告进行了业务清算,原告从应交款项中扣除了押金 10,000 元,加盟费 5000 元,经济补偿 10,000 元。

诉求:原告认为,被告为了掠夺原告自 2013 年 8 月开始在龙潭片区宣传快递业务所发展起来的快递业务成果,以提高加盟费和业务押金为由,排挤原告从事快递业务,享受快递加盟投资的无形资产。经原告多次要求,被告仅赔偿原告经济损失 1 万元。请求依法判令被告赔偿原告因遭被告增设加盟点和掠夺龙潭片区大额客户中通快递业务的经营损失 10 万元。

法院观点：本案的争议焦点是原告与被告溆浦通利快递公司的《特许经营合同》是否合法有效，被告溆浦通利快递公司在合同履行期间是否违约，原告是否因此受到损失。特许经营合同约定的特许经营期限应当不少于 3 年，但是被特许人同意的除外。本案中原告、被告双方所签订的《特许经营合同书》虽然期限为 1 年，但是经过原告（被特许人）同意，系其双方真实意思表示，且不违反法律强制性规定，该合同依法成立且合法有效，对双方当事人均具有约束力。《特许经营合同书》约定的履行期限届满后原告继续按照原合同经营管理，被告溆浦通利快递有限公司多次口头通知原告续签合同，要求原告对经营场所及经营收费等不规范行为进行整改，并以书面形式要求原告整改到位，重新签订合同，但原告自愿请求与被告解除合同，并经被告同意领回了押金及加盟费，接受了 10,000 元补偿。故该解除合同行为系原、被告双方的真实意思表示，故原《特许经营合同书》中约定的条款对双方当事人不再具有约束力。因被告溆浦通利快递有限公司没有违反法律规定和违背合同约定的法律行为，故原告在合同履行过程中无论是否受到损失，其要求被告溆浦通利快递有限公司赔偿损失的诉讼请求没有事实和法律依据。[①]

案件评析：在该起案件中，法院引述了条例第 13 条的规定，认可双方当事人所签订的 1 年期限的特许经营合同系双方的真实意思表示，合法有效。该案原告在经过该案被告的多次催告和通知之后仍然对被告的续签要求不予理睬，导致该案所涉及的特许经营合同因有效期届满而解除。当然，在该案中亦反映出另外两个问题。

一、特许经营合同期限不满 3 年法院通常不会主张合同无效

在判断特许经营合同是否合法有效时，合同期限通常都不是法院所主要参考

① 参见湖南省溆浦县人民法院：《吴某某与长沙传龙快递有限公司溆浦分公司、溆浦通利快递有限公司商业特许合同纠纷一审民事判决书》，(2017) 湘 1224 民初 307 号。

的对象。期限只要是计入了合同当中,并经当事人签字或是盖章确认,那么该期限无论是短于3年还是长于3年都会被视为合同双方的真实意思表示,不会影响合同的效力。因此,《商业特许经营管理条例》第13条的规定更应理解为是一种指引性的规定,其本身不具有强制性,鼓励特许人与被特许人在签订特许经营合同时约定更长的期限以保证特许经营关系的稳定性,促进商业特许经营的发展。特许人和被特许人任何一方希冀通过该规定来确认合同无效,将无法实现。

二、被特许人要积极行使优先续签权

实践中,特许经营合同通常都会约定,在被特许人无重大违约的情况下,被特许人于特许经营合同期限届满之日享有优先续签权。所谓优先续签权,就是在相同的情况下,优先与被特许人续签。例如,当3年特许合同期满之时,在同一地域有3家企业愿意和特许人签订特许经营合同,包括A、B和被特许人,3家企业所给出的条件是一样的,即都愿意支付500万元的特许费用,那么特许人就应当与被特许人续签特许经营合同。优先续签权的约定是特许人与被特许人之间的相互承诺,此种承诺能够保证特许经营关系的稳定存续。另外,特许经营合同往往会约定被特许人行使优先续签权的条件和期限,例如,在合同期满前的30日内无重大违约,或者是经特许人书面通知等情况。当行使优先权的条件和期限成就时,被特许人应当积极行使其权利,否则期限经过,特许经营合同即告解除。此外,被特许人还应当注意,在某些特许经营合同中,双方约定,如无重大违约,合同自动续期3年,除非被特许人自合同期满之日前30日内书面通知特许人。此种情况下,如果被特许人不积极行使解除权,那么合同就自动续期,被特许人就应当支付后一期的所有特许费用。

第十节　特许费用的计算与缴纳

《商业特许经营管理条例》第3条规定,本条例所称商业特许经营(以下简称特许经营),是指拥有注册商标、企业标志、专利、专有技术等经营资源的企业(以

下称特许人),以合同形式将其拥有的经营资源许可其他经营者(以下称被特许人)使用,被特许人按照合同约定在统一的经营模式下开展经营,并向特许人支付特许经营费用的经营活动。特许经营费用是被特许人使用特许人经营资源的对价,也是认定特许经营合同性质的一个要件。当事人在特许经营合同中明确约定了特许经营费用的,通常可以直接根据该约定认定特许经营费用。实践中,一些当事人在实际订立的合同中要求被特许人支付的费用名目繁多,包括特许经营费、特许代理费、加盟费、品牌使用费、品牌权益金、品牌保证金、经营保证金、权益保证金、参股保险金、定金、订金、押金、货款、盈利提成等。虽然名称不统一,但是在约定"特许经营费、特许代理费、加盟费、品牌使用费、品牌权益金、品牌保证金"等费用名目的情况下,一般还是可以将该约定费用与特许经营费用对应起来。①《商业特许经营管理条例》第 11 条第 2 款特许经营合同应当包括下列主要内容:特许经营费用的种类、金额及其支付方式。第 16 条规定,特许人要求被特许人在订立特许经营合同前支付费用的,应当以书面形式向被特许人说明该部分费用的用途以及退还的条件、方式。第 17 条规定,特许人向被特许人收取的推广、宣传费用,应当按照合同约定的用途使用。推广、宣传费用的使用情况应当及时向被特许人披露。

由以上规定不难看出,在特许经营中,特许人是可以向被特许人收取相关费用,但具体被特许人需要缴纳哪些需要视情况而定。实际上,虽然名目繁多,但是根据《商业特许经营管理条例》的规定,特许人收取相关费用必须要有理有据。例如特许人向被特许人收取推广、宣传费用,那么特许人必须要向被特许人及时披露这些费用的去向、使用情况、开支情况等,并且最好以书面的形式进行披露,留好相关证明文件。否则,特许人所收取的该项费用很可能会被要求予以退还,对于有过错的特许人,或是打着特许旗号而进行诈骗的要给予相应的刑事、行政处罚。

---

①　参见北京市高级人民法院知识产权庭:《对特许经营合同案件诸问题的认定》,载《人民司法》2011 年第 11 期。

一、不支付特许费用即不是特许经营关系

《北京市高级人民法院关于审理商业特许经营合同纠纷案件适用法律若干问题的指导意见》第1条第2款指出:"特许经营的基本特征在于:(一)特许人拥有注册商标、企业标志、专利等经营资源;(二)被特许人根据特许人的授权在特定经营模式下使用特许人的经营资源;(三)被特许人按照约定向特许人支付特许经营费用。"从该条款可推知,被特许人依约向特许人支付特许经营费用实际上支付的是特许人拥有注册商标、企业标志、专利等经营资源的使用对价,是"一揽子"许可中,被特许人所必须要履行的义务。如果被特许人不支付,则不应适用特许经营的相关规定来认定该关系。2007年2月16日国务院法制办、商务部负责人就《商业特许经营管理条例》答中国政府法制信息网记者问时也作出了相应的回答,认为:"被特许人应当向特许人支付相应的费用。特许人拥有的经营资源一般都经过了较长时间的开发、积累,具有较高的商业价值。被特许人经许可使用这些经营资源也是为了开展经营活动,因此需要支付相应的费用。支付费用的种类、数额以及支付方式,由双方当事人在合同中约定。"当然,如果反过来,合同约定特许人授权被特许人使用相关的经营资源,而被特许人据此支付对价,那么即是该合同并未表明是特许合同,仍然会被认定为特许合同。

例如,某案件中涉案合同名为"伟才公司与欧某某合作开办幼儿园的合作合同",但从其内容分析,该合同应为伟才公司将其自身拥的注册商标、企业标志等经营资源许可给欧某某使用,欧某某支付特许经营费用的特许经营合同。在黎某诉上海汉巴客餐饮管理有限公司其他合同纠纷案中,法院认为,在认定合同是否属于特许经营合同时,应当依照合同约定的权利义务是否具备特许经营合同的基本特征为判断标准,合同名称等非实质性因素通常不是判断合同性质的主要依据。①

当然,如果特许合同中并没有约定特许经营费用,是否一定就不构成特许经营关系?有观点认为,特许人收取特许经营费用的依据在于其对特许经营资源所享

① 参见李晓民、宋建宝:《商业特许经营合同纠纷特有问题司法实证研究》,载《法律适用》2016年第9期。

有的收益权,而被特许人支付特许经营费用是作为其使用特许人经营资源所支付的对价。收取特许经营费用是特许人的权利,支付特许经营费用是被特许人的义务。特许人可以行使权利,也可以选择放弃行使该权利。如果特许经营合同中未约定特许经营费用的相应条款,根据意思自治原则,应当视为特许人放弃收取特许经营费用的权利,而不能因为合同中未约定特许经营费用就否定其特许经营合同的性质。此外,特许人与被特许人虽然没有约定明确具体的特许经营费用,但约定了其他名目的费用,并且特许人通过其他名目的费用已经能够实现其许可他人使用其经营资源获得收益的经济目的,已经体现了特许经营合同的有偿性特征,则应将该费用认定为特许经营费用,而不能以合同中未约定特许经营费用就否定其特许经营合同性质。[①] 也就是说,特许经营费用作为一种对经营资源的对价可以有不同的表现形式,并非一定要在合同中写出“特许经营费用”几个字才认定为特许经营费用。

二、如何支付以及支付比例的问题

根据《商业特许经营信息披露管理办法》第5条的规定,投资预算可以包括下列费用:加盟费;培训费;房地产和装修费用;设备、办公用品、家具等购置费;初始库存;水、电、气费;为取得执照和其他政府批准所需的费用;启动周转资金。实践中,特许经营费用一般包括:(1)加盟费:是特许人将特许经营权授予被特许人时所收取的一次性费用,体现了被特许人加入特许系统所得到的各种预期利益的价值。(2)品牌使用费:包括被特许人获权使用特许人开发出来的商标、专有技术等所支付的费用。(3)经营管理费:被特许人在使用特许人经营管理资源过程中按一定标准或比例向特许人定期支付的费用。(4)保证金:为确保被特许人履行特许经营合同,特许人可要求被特许人交付一定的保证金,合同期满后,被特许人没有违约行为,保证金应退还被特许人。(5)广告合作费用:为有效利用双方资源,确保广告投放效果而按一定比例向加盟者收取费用。(6)其他费用:特许人根据

① 参见北京市高级人民法院知识产权庭:《对特许经营合同案件诸问题的认定》,载《人民司法》2011年第11期。

特许经营合同为被特许人提供相关服务向被特许人收取的费用，如培训费、开业期推广费用、物品配送费用等。实践中，对于各项费用比例分摊的问题有不同的安排。例如，以下是一份全聚德加盟费用的明细表：①

<table>
<tr><th>类别</th><th>金额</th><th>缴纳时间</th><th>备注</th></tr>
<tr><td>加盟金</td><td>150 万元</td><td rowspan="3">合同签订时，
或另行协商一致</td><td>签订合同后，无论合同以何种形式结束均不予退还</td></tr>
<tr><td>特许合约履约金</td><td>20 万元</td><td rowspan="2">合同履行期间如无违约，则合同终止时无息退还</td></tr>
<tr><td>配送保证金</td><td>10 万元</td></tr>
<tr><td rowspan="3">特许经营权益费</td><td colspan="3">严格按店月营业收入的 3% 提取，按月缴纳，但每年缴纳的费用不低于下列金额：</td></tr>
<tr><td>50 万元/年（A 类城市）
40 万元/年（B 类城市）</td><td>自试营业之日起计算，按月缴纳</td><td>房屋租赁建筑面积 1500 ~ 3000 平方米</td></tr>
<tr><td>60 万元/年（A 类城市）
50 万元/年（B 类城市）</td><td>自试营业之日起计算，按月缴纳</td><td>房屋租赁建筑面积 3000 平方米以上</td></tr>
<tr><td>外派人员薪酬费用</td><td colspan="3">外派店副总和烤鸭师共 2 人</td></tr>
<tr><td rowspan="2">全聚德微电脑烤鸭炉租赁使用</td><td>押金 15 万元/台</td><td>合同签订时</td><td>合同履行期间如无违约，则合同期满无息退还</td></tr>
<tr><td>租金 5 万元/台/年</td><td>自试营业之日起算，按年缴纳</td><td></td></tr>
</table>

① 载 https://www.maigoo.com/zhaoshang/1188.html，最后访问日期：2018 年 9 月 23 日。

续表

类别	金额	缴纳时间	备注
同一加盟商再开店优惠措施	同一加盟商开设第二家或以上加盟店,第二家或以上加盟店缴纳加盟金110万元		
备注	上述费用标准适用于2015年1月1日起新加盟企业,加盟合同每期期限3年,期满续签合同时不再收取加盟金,对续签合同期内的特许经营权益费全聚德将依据届时的加盟政策保留调整的权利		

从该表中可见,全聚德收取的特许经营费用由加盟金+特许合约履约金(又称保证金)+配送保证金+特许经营权费用(主要是经营资源的许可使用费)+外派人员薪酬费用+全聚德微电烤鸭炉租赁使用费等六项费用构成。从费用比例上来看,加盟金为150万元,是所有费用当中最高的,其次是经营资源的使用费。当然,经营资源使用费如果算成总的费用,实际上是很可能高于加盟金的。在具体支付的过程中,特许经营权费用还可以更加细化,尤其是对核心的经营资源,例如可以划分为:商标权使用费、专利权使用费、著作权使用费、企业形象及名称使用费、非专利技术使用费等。细分的好处在于能够使被特许人清楚地知晓其所支付的费用的价值,也能够使特许人在遭受损失的时候充分主张自己的合法权利。同时,在实践中通常将加盟费等同于特许经营费用。

三、加盟费的收取与退还

《上海市高级人民法院关于审理特许经营合同纠纷案件若干问题的解答》第9条规定,特许经营费用是指在特许经营合同中约定的被特许人应向特许人交纳的费用。特许经营费一般在合同中被表述为加盟费、特许使用费、品牌使用费、保证金、培训费及广告宣传费等。特许经营合同无效、被撤销或解除后,特许经营费的返还,应当根据特许人与被特许人的过错程度,违约责任以及合同的实际履行情况等因素综合确定返还的金额。如被特许人无过错的,特许人应全额返还特许经营费;如特许人无过错的,特许经营费可不予返还;如双方均存在过错的,按各自过错责任分担特许经营费的金额。实践中,加盟费通常被作为一次性费用,在终止或解除特许经营合同时一般不予退还。

案例15：合同终止或解除时特许加盟费不予退还

基本案情：上海避风塘茶楼有限公司（以下简称避风塘公司）与唐某订立特许加盟合同，约定：避风塘公司向唐某授予“避风塘茶楼”特许经营权、传授加盟店知识等，期限为5年，唐某应支付加盟费15万元（无论何种情况均不退还），特许保证金10万元（非定金性质，在唐某违约等情况下避风塘公司有权没收），并按月支付特许使用费、特许广告费等。合同还约定如一方违约另一方可解除合同，违约金为30万元，唐某以该特许加盟合同参与设立的公司对唐某的上述义务承担连带责任。合同签订后，唐某缴纳了加盟费15万元及保证金3万元。唐某与他人共同出资设立了海通餐饮公司，由海通餐饮公司作为主体经营“避风塘茶楼”加盟店。之后，因唐某长期拖欠特许使用费和特许广告费等，避风塘公司经催讨未果提起诉讼。

诉求：避风塘公司向法院诉请：（1）判令解除特许加盟合同；（2）判令唐某支付特许广告费、特许使用费4171.28元、违约金30万元、特许保证金3万元；（3）海通餐饮公司承担连带责任。

唐某反诉，不同意解除合同及承担违约责任；因避风塘公司未履行员工培训、广告制作等合同义务，故延付相应款项；现要求继续履行特许加盟合同，并由避风塘公司承担违约责任。同时，唐某认为特许加盟合同中违约金过高，请求法院予以调整。海通餐饮公司同意唐某的意见，对承担连带责任没有异议。

法院观点：一审法院（上海市静安区法院）认为，特许加盟费为5年15万元，唐某仅经营一年有余，故应当向唐某返还12万元。

二审法院（上海市第二中级人民法院）则对一审法院的观点进行了修正，认为特许加盟费是被特许人为获得特许经营权而向特许人支付的一次性费用。合同中关于特许加盟费不予退还的条款，符合特许经营加盟费的性质及行业惯例，判决特许加盟费不予退还。①

① 参见大邦律师事务所：《解除特许加盟合同，加盟费可不予退还》，载http://new.yingkelawyer.com/Index.aspx?menu=WeiKeManager&main=Index，最后访问日期：2018年9月10日。

案件评析：该判决是根据2004年12月商务部发布的《商业特许经营管理办法》第14条第1款规定作出，即“加盟费是指被特许人为获得特许经营权而向特许人支付的一次性费用”。所谓一次性费用，即一次性支付而不考虑每年的折算，因此，被特许人在支付加盟费时需要特别注意。另外，《商业特许经营管理条例》并没有关于加盟费的此项规定，在实践案例中，法院不会一味地支持加盟费不予退还的情况，而是要根据合同双方的履行情况来进行评判。例如，上海市高级人民法院所指出的，应当根据特许人与被特许人的过错程度，违约责任以及合同的实际履行情况等因素综合确定返还的金额。

案例16：特许经营合同应当明确加盟费的用途及退还条件，否则“概不退还条款”无效

基本案情：2009年6月22日，程某某（乙方）与北京西堤岛咖啡有限公司（以下简称西堤岛公司）（甲方）就甲方将西堤岛咖啡特许经营权直接许可乙方使用事宜签订西堤岛咖啡特许经营合同书一份，合同书约定甲方授权乙方使用甲方的“西堤岛咖啡”品牌、“西堤岛咖啡”注册商标权、“西堤岛”商号权、“西堤岛咖啡”文字、图形及标识、广告宣传文字、图形等著作权以及西堤岛咖啡特许经营管理模式、运营管理手册、专有技术、商业秘密等。其中，第四条约定乙方的具体经营地址为徐州市小南湖。第七条约定品牌加盟费为人民币7.8万元整。合同一经签订，上述品牌加盟费一经支付，甲方概不退还。合同生效后六个月内必须开业（或在装修阶段），如无客观原因导致不能开业（或尚未装修）的，乙方将自动丧失加盟权，且品牌加盟费不予退还。甲方收取乙方品牌经营保证金为人民币2万元整，签订合同时一次性付清。

同日，双方当事人针对“开业前后的工作”签订了补充协议，约定：甲方实际负责店面的设计。为完善手续，甲方须最终提供具有设计资质的施工图，乙方负责消防报批和实际装修施工。

2009年6月24日，程某某按照合同约定向西堤岛公司支付品牌加盟费7.8万元，保证金2万元，共计人民币9.8万元。

2009年6月25日，程某某作为承租方与出租方徐州市财苑房地产经营开发有限公司(以下简称财苑公司)签订租赁合同一份，约定：程某某为经营咖啡店而租赁财苑公司位于徐州市泉山区云龙湖风景区“南湖水街”内11号楼，建筑面积约483.15平方米，租赁期限为2009年10月1日至2012年9月30日。

2009年7月，程某某作为发包方与江苏忻泰成套设备有限公司签订安装工程施工协议书一份，约定：程某某将位于徐州市云龙湖西堤岛徐州店中央空调安装工程承包给江苏忻泰成套设备有限公司，工程日期为2009年7月14日至2009年9月25日。程某某同时提交了北京丽贝亚建筑装饰工程有限公司出具的平面设计方案、上海迪元国际贸易有限公司出具的厨房设计草图。

诉求：上述合同签订后，程某某未成功加盟西堤岛咖啡，其多次要求西堤岛公司退还加盟费，但西堤岛公司以格式合同条款明确约定加盟费概不退还为由，拒绝返还，故程某某向一审法院起诉，请求判令西堤岛公司返还加盟费等。

法院观点：在对特许经营合同第七条效力认定的过程中，徐州中院一审认为，涉案特许经营合同书载明“品牌加盟费一经支付，甲方概不退还”，上述条款没有考虑合同是否履行、合同是否提前解除、合同不能履行的原因等情形，而一律规定“一经支付，概不退还”，排除了在西堤岛公司违约导致合同未履行、提前解除的情形下，程某某要求返还加盟费的权利。涉案特许经营合同书还载明“合同生效后六个月内必须开业(或在装修阶段)，如无客观原因导致不能开业(或尚未装修)的，乙方将自动丧失加盟权，且品牌加盟费不予退还”，也就是说，如没有双方当事人意志以外的原因，六个月内没有开业(或在装修阶段)的，品牌加盟费不予退还，上述规定亦没有具体考虑未开业或装修的具体原因，而一律规定“不予退还品牌加盟费”，排除了在西堤岛公司违约导致未在六个月内开业或装修的情形下，程某某要求返还加盟费的权利。因此，上述两项约定系格式条款，且免除了西堤岛公司应承担的责任，加重了程某某的责任，排除了程某某方的主要权利，应属无效条款。但上述格式条款无效，并不妨碍其他条款的效力，亦并不当然意味着程某某有权要求西堤岛公司返还其已经支付的费用，程某某是否有权要求返还费用，应当结合合同的履行情况以及当事人是否存在违约行为而综合确定。

江苏省高级人民法院二审作出了相同的认定，认为，“(西堤岛公司)概不退还品牌加盟费”的适用条件并未区分特许人与被特许人的不同原因，未设定任何前提条件，而是一概约定只要合同一经签定，西堤岛公司均不退还品牌加盟费，也即在特许经营合同的履行过程中，如果因西堤岛公司的原因而导致程某某无法开业，程某某仍然不能要求西堤岛公司退还品牌加盟费。很显然，上述条款免除了西堤岛公司的责任，加重了程某某的责任，违反了公平原则，导致双方当事人之间的权利义务严重失衡。”①

案件评析：《商业特许经营管理条例》第 16 条明确要求，特许人要求被特许人在订立特许经营合同前支付费用的，应当以书面形式向被特许人说明该部分费用的用途以及退还的条件、方式。由于特许经营合同通常是由特许人所出具的格式合同，因此即使未写名费用的用途以及退还的条件、方式的，被特许人往往也会签订。是以，《商业特许经营管理条例》将这种提示义务交由特许人承担，特许人如若未履行提示义务，遇有争议发生之时，特许人就应当承担由此而带来的不利后果。两审法院在进行裁判的时候充分考虑到了特许费用提示义务的重要性，同时，结合《合同法》及其司法解释的相关规定，对该问题进行了正确的处理，从合同解释的角度认定，特许人未尽到提示义务的行为加重了被特许人的责任，因此该约定是无效的。

第十一节 特许保证金的收取

《商业特许经营信息披露管理办法》第 5 条规定，保证金的收取、返还条件、返还时间和返还方式应当作为特许人向被特许人披露的内容。实践中，特许人通常会要求被特许人支付一定比例的保证金，以保证特许经营合同能够得到切实履行。

① 刘莉：《法官评案：特许经营合同中“概不退还加盟费”条款的效力——北京西堤岛咖啡有限公司与程瑞玉特许经营合同纠纷案》，载 http://law. wkinfo. com. cn/case-analysis/detail/MkExMDAwMDg0NDg%3D? searchId = bd25dae7f2654a288ed28be2b91a2b7b&index = 1&q = 加盟费，最后访问日期：2018 年 9 月 20 日。

一、保证金的法律性质

保证金是指合同一方或双方为保证合同的履行，而留存与对方或提存于第三人的金钱。实务中，保证金的名称运用混乱，有“定金”“订金”“押金”“预付款”等各种名称。① 在特许经营实务中，为了保证被特许人履行对特许人披露信息的保密义务并强化缔约双方的缔约责任，通常特许人会要求被特许人在与其签订特许经营意向书时缴纳一定的费用，有的称为“订金”“订约金”“押金”，有的没有书面协议只在开具的收据上标明为“订金”“履约保证金”“押金”，名目繁多、不一而足。② 需要指出的是，保证金虽然具有担保合同履行的效力，但是保证金并非定金，不能适用定金罚则对保证金进行扣除。除非当事人事先在合同中约定了保证金具有此种效力，否则根据《最高人民法院关于适用〈中华人民共和国担保法〉若干问题的解释》第118条的规定，当事人交付留置金、担保金、保证金、订约金、押金或者订金等，但没有约定定金性质的，当事人主张定金权利的，人民法院不予支持。特许保证金虽具有担保合同履行的作用，但当合同因一方违约而提前解除时，因立法未明确规定，特许保证金不具有定金那样的惩罚功能，类似功能的承担在出现违约时主要是通过违约金来实现的。③ 因此，特许人需要明确保证金的性质，在特许经营合同中并非仅仅规定“不予退还”就能达到特许人想要达到的效果，还要明确返还条件、返还时间和返还方式，当然保证金亦可用于冲抵特许经营中的其他费用，从而使得保证金另做他用，那么当然无须退还保证金。

二、保证金的返还

《北京市高级人民法院关于审理商业特许经营合同纠纷案件适用法律若干问题的指导意见》第20条规定，特许经营合同已经履行完毕，或者虽未履行完毕但合

① 参见崔师振：《商业特许经营全程法律风险防范——案例解析45个常见法律风险》，中国法制出版社2016年版，第303页。

② 参见林晓：《特许经营商务法律解决方案——〈商业特许经营管理条例〉适用指南》，法律出版社2007年版，第107页。

③ 参见友文：《避风塘：加盟加出的官司》，载《理财杂志》2007年第12期。

同约定的返还条件成就的，特许人应当及时向被特许人返还押金、保证金，但该押金、保证金已经充抵特许经营费用或被特许人其他债务的除外。因特许人的原因致使合同未成立或无效、撤销或者解除的，或者被特许人对特许经营合同未成立、无效、撤销或者解除无过错的，特许人应当向被特许人返还押金、保证金。特许人和被特许人明确约定押金、保证金系定金的，可以适用《合同法》等相关法律、行政法规的规定。据此，只要特许合同履行完毕，特许人就应当及时向被特许人返还保证金，除非发生了冲抵其他特许费用或者经营费用的情况。对于这些情况，特许人一定要出具相关证明予以确认，否则在未保留相关证据的情况下，被特许人仍然可以向特许人要求返还保证金。

案例 17：特许人与被特许人可以约定以保证金冲抵相关债务

基本案情：东呈公司的前身为城市便捷公司，2014 年 3 月 12 日该公司（甲方）与李某某（乙方）签订一份《特许经营合同》（合同编号为 TX2014019）及其补充协议，《特许经营合同》内容共有 27 章及若干附件。主要的合同条款及内容为：鉴于甲方为一家拥有“城市便捷”酒店品牌的，经营高品位、高性价比商务连锁酒店的公司。甲方在签订本合同前已根据《条例》《商业特许经营信息披露管理办法》规定向乙方提供真实准确的基本信息资料和本《特许经营合同》本文。……5.2特许经营保证金。5.2.1 乙方应于本合同签署之日内一次性向甲方交付10 万元作为特许加盟合同保证金，以确保本合同的完全正当履行。5.2.2 特许经营期限届满后，如乙方在合同期内无违约行为，甲方扣除乙方应支付的相应费用后无息退还乙方。5.2.3 遇乙方欠款不付或本合同约定的任何违约情形和罚款，甲方可从保证金中抵扣，不足部分，仍有权要求乙方继续偿付。……如乙方收到甲方的违约通知书之日起 30 日后，仍未补救的，则甲方有权立即单方面终止本合同，并按照违约责任条款追究乙方的法律责任，并不再退还特许保证金。2015 年 5 月 22 日，城市便捷公司与金诚豪景公司、李某某签订《转让协议》，由金诚豪景公司概括承受特许经营合同项下李某某的全部权利义务，同时由李某某承担不可撤销的连带保证责任。在合同履行过程中，金诚豪景公司向城市便捷公司支付了加盟费 162,000 元、保证金2万元、系统使用费3万元,特许经营使用费、会员积分成本、中央预订费等费用未按期如数支付。

诉求:东呈公司诉请:(1)解除《特许经营合同》;(2)金诚豪景公司、李某某共同支付未缴纳费用及滞纳金共计191,517.4元;(3)金诚豪景公司、李某某共同承担违约金1,595,721.5元等。

金诚豪景公司、李某某提出反诉请求:(1)东呈公司返还金诚豪景公司、李某某加盟费165,600元、保证金2万元、系统使用费3万元;(2)东呈公司赔偿金诚豪景公司、李某某损失50万元;(3)东呈公司承担本案全部诉讼费用。

法院观点:金诚豪景公司、李某某无充分证据证明城市便捷公司有违约行为并造成其损失,另按照合同5.1条款和5.4.1条款,特许经营加盟费和信息系统使用费均为一次性费用,东呈公司收取后不予退还,故金诚豪景公司和李某某要求东呈公司返还加盟费、系统使用费并赔偿损失等无事实和法律依据,本院不予支持。对于保证金2万元,因涉案合同解除,该款本应由东呈公司退回金诚豪景公司,但由于金诚豪景公司尚欠有东呈公司款项,按照合同5.2.3条款,该保证金可冲抵部分债务,即金诚豪景公司尚欠东呈公司的特许经营使用费、会员积分成本、中央预订费等费用共计124,879.24元,扣除东呈公司应退回金诚豪景公司的保证金2万元,余款104,879.24元由金诚豪景公司支付给东呈公司。①

案件评析:该案件中,由于保证金在特许经营合同中已经明确约定为可以对相关债务进行冲抵,因此法院最后根据该约定进行了判决,将2万元保证金用于冲抵相关费用,而没有要求返还给被特许人。当然,这并不意味着保证金不予退还,保证金退还的条件是只要被特许人在特许经营过程中无重大违约即可,该案中仅仅是将其抵扣了其他费用。

---

① 广西壮族自治区南宁市(地区)中级人民法院:《广西东呈酒店管理有限公司与武汉金诚豪景酒店管理有限公司、李某某特许经营合同纠纷一审民事判决书》,(2016)桂01民初427号。

案例 18：特许保证金的法律性质并不属于定金而是履约保证金

基本案情:2003 年,避风塘公司与唐某订立特许加盟合同,约定:避风塘公司向唐某授予"避风塘茶楼"特许经营权、传授加盟店知识等,期限为 5 年,唐某应支付加盟费 15 万元(无论何种情况均不退还),特许保证金 10 万元(非定金性质,在唐某违约等情况下避风塘公司有权没收),并按月支付特许使用费、特许广告费等。合同还约定如一方违约另一方可解除合同,违约金为 30 万元,唐某以该特许加盟合同参与设立合同签订后,唐某交纳了加盟费 15 万元及保证金 3 万元。唐某与他人共同出资设立了海通餐饮公司,由海通餐饮公司作为经营"避风塘茶楼"加盟店的载体。之后,因唐某长期拖欠特许使用费和特许广告费等,避风塘公司经催讨未果于 2004 年提起诉讼,要求判令:解除特许加盟合同;唐某支付特许广告费、特许使用费 4171.28 元、违约金 30 万元、特许保证金 3 万元。之后,因唐某长期拖欠特许使用费和特许广告费等,避风塘公司经催讨未果提起诉讼。

诉求:避风塘公司向法院诉请:(1)判令解除特许加盟合同;(2)判令唐某支付特许广告费、特许使用费 4171.28 元、违约金 30 万元、特许保证金 3 万元;(3)海通餐饮公司承担连带责任。

法院观点:原审法院经审理后认为:避风塘公司已依约履行了相关义务,唐某拖欠相关费用的违约行为已构成合同解除条件,避风塘公司有权解除合同,解除合同后应对该合同的后果一并进行处理。遂判决解除双方的特许加盟合同,唐某支付避风塘公司特许广告费、特许使用费 4171.28 元并支付违约金 15 万元,海通餐饮公司承担连带责任;避风塘公司返还唐某特许加盟费 12 万元、特许保证金 3 万元。对于保证金退回的理由,法院认为:"系争保证金不具有定金性质,应予退还。"①

案件评析:本案中,法院认为虽然双方在合同中约定了保证金,但明确表示该保证金不属于定金,直接没收该保证金与其后违约方所应当承担的违约责任存在

① 大邦律师事务所:《解除特许加盟合同,加盟费可不予退还》,载 http://new. yingkelawyer. com/Index. aspx? menu = WeiKeManager&main = Index,最后访问日期:2018 年 9 月 10 日。

重复，因此，法院最终未采纳避风塘公司提出的取得特许保证金3万元的请求，而直接判令避风塘公司予以返还。保证金本身并不具有定金的性质，除非特许人与被特许人双方在特许经营合同中进行明确约定，否则应当视为履约保证金，在合同履行完毕后予以返还。

第四章　商业特许经营合同的履行

第一节　特许经营资源的种类与取得

在通常情况下，被特许人能够从特许人处取得的经营资源包括两个方面：其一，知识产权资源，包括品牌、商标、专利、专有技术、标志、商号、企业标志及VI视觉系统，经营管理模式、方案等；其二，经营技术资源，包括：品牌字号；营运和促销方案；形象识别，企业标志，CIS系统；企业文化和荣誉；统一的广告资源和广告效应；营运手册和教育培训；店堂装修、商品陈列方案等。

一、知识产权资源

知识产权资源主要是指商标、专利、著作等公开的经营资源和非专利技术、经营秘密、管理模式等非公开的经营资源。在所有的知识产权资源中，商标权资源居于核心地位，是所有授权资源中最为重要的经营资源。大多数的特许经营合同中，都会将商标权的许可作为基础。

案例19：作为特许经营资源核心的商标受到侵犯时可以诉诸行政机关解决

基本案情：当事人：伍某某，男，汉族，现住贵州省玉屏侗族自治县平溪镇人民路，系个体工商户。营业执照注册号：520622600125325；名称：玉屏县伯爵金夫人婚纱摄影店；类型：个体工商户；经营场所：玉屏县平溪办事处人民路；经营者：伍某某；组成形式：个人经营；注册日期：2016年9月5日；经营范围：法律、法规、国务院决定规定禁止的不得经营；法律、法规、国务院决定规定应当许可（审批）的，经审批机关批准后凭许可(审批)文件经营;法律、法规、国务院决定规定无须许可(审批)的,市场主体自主选择经营(婚纱、照相、服装租用、摄影)。2016年11月11日,玉溪市工商局接到举报人投诉称,玉屏县人民路伯爵金夫人婚纱摄影店冒用其注册商标。2016年11月15日,玉溪市工商局执法人员依法对玉屏县人民路伍某某的经营场所进行检查,发现当事人正在使用与"金夫人"商标相似的"伯爵金夫人"商标提供婚纱摄影服务,其行为涉嫌侵犯注册商标专用权,依法应当追究行政责任。玉溪市工商局依法查明,当事人于2016年11月8日开始使用与"金夫人"商标相似的"伯爵金夫人"商标提供婚纱摄影服务,至查获之日,当事人共使用伯爵金夫人商标向23人收取婚纱摄影服务费7944元。当事人不能提供上述商标的转让合同或者协议,不能证明伯爵金夫人商标系当事人合法使用。

玉溪市工商局认定:当事人使用与"金夫人"商标相似的"伯爵金夫人"商标提供婚纱摄影服务的行为已违反了《商标法》第57条"有下列行为之一的,均属侵犯注册商标专用权:……(二)未经商标注册人的许可,在同一种商品上使用与其注册商标近似的商标,或者在类似商品上使用与其注册商标相同或者近似的商标,容易导致混淆的;……"的规定,应当予以行政处罚,鉴于当事人积极配合我局执法人员的调查,已认识到自己的违法行为,并积极整改,可以从轻处罚。

依据《商标法》第60条"有本法第五十七条所列侵犯注册商标专用权行为之一,引起纠纷的,由当事人协商解决;不愿协商或者协商不成的,商标注册人或者利害关系人可以向人民法院起诉,也可以请求工商行政管理部门处理。工商行政管理部门处理时,认定侵权行为成立的,责令立即停止侵权行为,没收、销毁侵权商品和主要用于制造侵权商品、伪造注册商标标识的工具,违法经营额五万元以上的,可以处违法经营额五倍以下的罚款,没有违法经营额或者违法经营额不足五万元的,可以处二十五万元以下的罚款"和《行政处罚法》第27条"当事人有下列情形之一的,应当依法从轻或者减轻行政处罚:(一)主动消除或者减轻违法行为危害后果的……"的规定,决定对当事人的违法行为责令改正,并予以罚款3000元。[①]

① 玉市监工商处字(2017)1号。

案件评析：商标是商业特许经营当中的核心资源，但商标权容易受到侵犯，此时，对于特许总部而言，需要对侵犯特许商标的行为予以坚决的打击，以维护特许品牌以及品牌之下所有加盟商的合法权益。此时引出另外一个问题，即加盟商是否有权以自己的名义对侵害特许商标的行为进行追诉？通常情况下是可以的，因为加盟商是商标的使用者，即占有人，可以利用占有人的地位对侵犯商标专用权的行为进行追诉。当然，亦有例外情况，即在特许经营合同中对如何处理第三人侵权有明确的安排，此时需要根据合同约定进行。

案例 20：著作权许可使用与特许经营有着本质区别

基本案情：2014 年 1 月 11 日，申请人 A 公司与被申请人 B 自然人签订了《合同》，约定：申请人许可被申请人在许可期限内、特定区域内对申请人指定的课程进行经营，被申请人需向申请人支付授权许可费人民币 300 万元，被申请人营业额的 8% 超过人民币 300 万元的，以营业额的 8% 支付。同时约定，被申请人全部授权许可费应于 2014 年 3 月 1 日前足额支付。在此之前，申请人曾与涉案课程的实际创作人即知识产权所有权人 C 签署了《著作权许可使用及合作经营协议》，申请人获得 C 关于课程除署名权外的所有著作权。

被申请人曾于合同签署前即 2014 年 1 月 10 日向申请人支付了授权许可费保底数人民币 10 万元，同时支付了履约保证金人民币 50 万元。同日，向申请人提交了一份请求延迟支付剩余人民币 290 万元授权许可费并承诺将于 2014 年 3 月 1 日前支付给申请人的“申请书”。2014 年 2 月 28 日，被申请人向申请人支付了授权许可费保底数人民币 140 万元。

截至申请人申请仲裁之时，被申请人仅向申请人支付了人民币 150 万元，对于余下的许可费，被申请人拒绝支付。

诉求：申请人提出的仲裁请求如下：(1) 请求裁决被申请人支付拖欠合同款人民币 150 万元；(2) 请求裁决被申请人承担本案仲裁费用。

仲裁观点：本案《合同》既不具备“特许经营”合同的形式，也不具备“特许经营”的实质性条件，不适用《商业特许经营管理条例》的规定。如前所述，根据涉案合同条款内容的约定，被申请人的权利和义务基本上是仅限于“销售、推广和营销”，并未体现被申请人具有独立的经营权；同时，《合同》中也不具备条例中规定的“特许经营合同”应当具有的必要条款，例如，第 11 条规定的“……特许经营合同应当包括下列主要内容：……（四）经营指导、技术支持以及业务培训等服务的具体内容和提供方式；（五）产品或者服务的质量、标准要求和保证措施；（六）产品或者服务的促销与广告宣传；（七）特许经营中的消费者权益保护和赔偿责任的承担；……”，第 14 条规定的“特许人应当向被特许人提供特许经营操作手册，并按照约定的内容和方式为被特许人持续提供经营指导、技术支持、业务培训等服务”，等等。进一步，本案申请人本身并不具备条例所规定的作为“特许人”的资质，例如，“应当拥有至少 2 个直营店，并且经营时间超过 1 年”等。

但本案所涉的《合同》是双方当事人在真实意思表示下自愿签订，其性质是以涉案课程的著作权许可使用授权为基础的营销推广合作合同，内容不违反中国法律、法规强制性规定，应当合法有效，对双方当事人具有约束力。①

案件评析：本案中，仲裁庭明确了著作权许可使用与特许经营的区别，从另一方面来看，即明确了著作权并非特许经营资源的重要组成部分，其并非如商标和其他经营技术资源一样是特许经营必不可少的核心组成部分。因此，需要特别注意将著作权作为许可内容时的合同性质。当然，不属于特许经营合同并不表示其不属于合同，其合同的基本性质仍然决定了其效力的存在。

二、经营技术资源

经营技术资源包括：品牌字号；营运和促销方案；形象识别，企业标志，CIS 系统；企业文化和荣誉；统一的广告资源和广告效应；营运手册和教育培训；店堂装修、商品陈列方案；非专利技术等。

---

① 参见华南国际经济贸易仲裁委员会：《A 公司与 B 自然人关于〈自主知识产权课程授权经营许可合同〉争议仲裁案》。

案例 21：产品标志、标识、企业形象和经营模式等经营技术资源内容能够决定特许经营合同的性质

基本案情：2007 年 4 月 1 日，吴某（合同中乙方）与妙手金童公司（合同中甲方）签订代理协议书，妙手金童公司授权吴某开设并经营酷漫谜精彩卡通屋。双方合同第三条约定酷漫谜卡通屋商标标志、标识、卡通形象代言人、运营和促销方案、形象识别 CIS 系统、企业文化和荣誉、统一的广告资源和广告效应、经营指导手册和营销培训体系、店面设计和店内空间装修方案均属妙手金童公司所有，吴某在经营过程只能分享使用，不能转给他人使用和用作其他用途；第 2.1 条约定：乙方代理经营地域范围是铁岭；第 2.3 条约定：乙方代理经营期限为 2007 年 4 月 1 日至 2009 年 3 月 30 日止；第 5.4 条约定，在合同签署当日，乙方一次性向甲方支付代理费人民币 30,000 元；第 4.2 条约定，甲方为乙方提供酷漫迷卡通屋的营运方案和开业赠品；第 4.3 条约定，甲方为乙方提供酷漫迷精彩卡通屋代理营运方案及管理方案；第 4.4 条约定，甲方为乙方提供前期货物铺垫价值 10,000 元；第 4.6 条约定，甲方负责向乙方区域内发展的各专卖屋提供必要的后期服务，包括营销指导、店面装修、店员服装、开业赠品、促销宣传画和调换货等。合同签订后，妙手金童公司承诺的提供店面设计和空间装修方案、形象识别 CIS 系统一直未提供给吴某，也未提供前期 10,000 元铺货、600 元赠送产品及开业赠品、促销宣传画、店员服装，更谈不上营运方案、管理方案、技术培训。房屋租金、以货补形式支付 1500 元车费住宿费的合同承诺也未兑现。最基本的代理商证书至今未颁发，致使吴某无法发展下一级加盟店。故吴某诉至法院。

诉求：吴某请求：(1)判令解除双方于 2007 年 4 月 1 日签订的《代理协议书》；(2)判令妙手金童公司返还吴某代理费 30,000 元。

被告妙手金童公司不同意吴某的诉讼请求，认为已经履行了义务，因此不同意返还吴某的 30,000 元代理费。

法院观点：判断合同的性质，主要应该根据合同所约定的具体内容来认定，而不是根据合同所冠以的名称。本案中，吴某与妙手金童公司签订的协议，名为代理，但其内容系妙手金童公司将其拥有的产品标志、标识、企业形象、商标等经营资

源许可吴某使用，由吴某在合同约定的经营模式下统一经营，吴某为此支付相应费用，并不得超越许可范围和许可期限，上述约定完全符合特许经营合同的要素，故双方签订的《代理协议书》实质系特许经营合同。该合同反映了双方真实意思表示，且未违反国家法律法规强制性规定，应确认有效。本案合同签订于2007年1月，因此本案应当参照在此期间施行的《商品特许经营管理办法》以及相关法律规定。① 而妙手公司并未依据特许经营合同将相关经营资源交由吴某使用，致使该合同的根本目的无法实现，因此法院支持了吴某的诉讼请求。

案件评析：本案中，法院在判定吴某（合同中乙方）与妙手金童公司（合同中甲方）所签订代理合同性质的时候，主要依据其内容是妙手金童公司将其拥有的产品标志、标识、企业形象、商标等经营资源许可吴某使用，由吴某在合同约定的经营模式下统一经营，从而判定该合同性质系商业特许经营合同。本案中，特许人授权使用的主要经营资源并非商标，而是产品标志、标识、企业形象和经营模式等经营技术资源。因此，虽然商标在特许经营合同中占有非常重要的地位，但是其他经营资源也有可能成为特许合同中的核心。

三、特许人以自己没有的经营资源进行授权的法律后果

是否以自己所拥有的经营资源对被特许人进行授权，是判断合同是否为特许经营合同的关键，但如果特许人以自己没有的经营资源进行授权，其法律后果如何呢？我们从以下案例进行分析。

案例22：特许人以自己没有的经营资源进行授权的只能认定为普通合同关系

基本案情：被告王某某系个体工商户，在随州市曾都区城区开设几家“辣妹子食府”，经营小型餐馆。原告方某某一次偶然的机会到被告王某某经营的餐馆就餐，发现餐馆生意红火，于是决定与被告洽谈加盟事宜。2015年4月8日，被告王

① 参见北京市海淀区人民法院：《吴某与妙手金童儿童用品（北京）有限公司特许经营合同纠纷案》，（2008）海民初字第30836号。

某某代表“辣妹子食府烈山大道店”（甲方）与原告方某某（乙方）签订《辣妹子食府加盟协议》一份，约定：“第一条：为开发辣妹子食府餐饮事业，甲、乙双方本着自愿、平等、诚实、信用及共同拓展市场的原则，经友好协商，签订本合同；甲方授予乙方特许经营权，乙方自愿申请加入辣妹子食府的特许经营。第二条：特许经营地点：武汉市；乙方应建立独立的相应经济组织，完成工商、税务、卫生、消防等必需的登记注册；……

原告称：被告作为非企业的自然人，其不具备《商业特许经营管理条例》以及《商业特许经营备案管理办法》所规定的特许经营资质，并不具备授权他人进行特许经营的资格，不能发展加盟店。被告也无商标、企业标志、专利、专有技术等必备的特许经营资源，且被告在签约时，并未如实披露以上信息，导致了双方违规缔约。综上，原告与被告签订的加盟协议在内容和性质上系商业特许经营合同，该合同违反了法律、行政法规的强制性规定，应当认定为无效，被告应当向原告返还人民币8万元。且被告敷衍了事，并未按照加盟协议的约定，向原告提供持续的特许经营指导及相关技术支持，对原告造成了重大损失，理应赔偿。

诉求：原告请求：(1)依法确认原告与被告基于特许经营签订的《辣妹子食府加盟协议》无效；(2)判令被告返还特许经营加盟费8万元；(3)本案的诉讼费用由被告承担。

法院观点：一审法院认为，被告未取得特许经营资质，却从事特许经营活动，违反了《商业特许经营管理条例》的有关规定，应受到行政处罚。但这一行为仅违反了管理性强制性规定，该协议的内容系双方当事人的真实意思表示，协议的履行并不损害国家或者社会公共利益，从鼓励交易的精神出发，结合案件的具体情形，可以认定原、被告双方签订的加盟协议为有效合同。故原告的诉讼请求，无法律依据，不予支持。依照《民法通则》第5条、《合同法》第8条、《最高人民法院关于适用〈中华人民共和国合同法〉若干问题的解释（二）》第14条之规定，判决如下：驳回原告方某某的诉讼请求。案件受理费1800元，由原告方某某负担。

二审法院认为，国务院《商业特许经营管理条例》第3条第1款规定：“本条例所称商业特许经营（以下简称特许经营），是指拥有注册商标、企业标志、专利、专有技术等经营资源的企业（以下称特许人），以合同形式将其拥有的经营资源许可其他经营者(以下称被特许人)使用,被特许人按照合同约定在统一的经营模式下开展经营,并向特许人支付特许经营费用的经营活动。”本案中,被上诉人王某某与上诉人方某某在2015年4月8日签订《辣妹子食府加盟协议》时,未在工商行政管理部门进行工商登记,并取得相应的营业执照,且被上诉人王某某于2015年9月25日之后才陆续为其三个门店办理了个体工商户营业执照,被上诉人王某某在签订《辣妹子食府加盟协议》时未取得注册商标、企业标志、专利、专有技术等经营资源,故并不属于《商业特许经营管理条例》特许人,其与上诉人方某某签订的《辣妹子食府加盟协议》虽然约定了特许经营事项等合同内容,但该合同不能认为属于特许经营合同。[①]

案件评析:本案当中,原告与被告所签订的《辣妹子食府加盟协议》,并没有因为被告没有取得注册商标、企业标志、专利、专有技术等经营资源而被认定为无效,两审法院均确认了该加盟协议并不属于商业特许经营合同,但是法院仍然维持了该合同的效力。因此,特许人不具有经营资源,或者将自己并不存在的经营资源授权给被特许人的形式是不构成商业特许经营的,不能以商业特许经营关系来对待,但并不能否认该合同本身的效力。合同本身的效力不会因为《商业特许经营管理条例》的行政性强制规范而导致无效。因此,相关合同中的违约条款和支付条款仍然有效,但不能以特许经营视之,应当以普通合同对待,具体如何需要依相关合同的内容来确定。

第二节　特许经营资源的归属及利用

《商业特许经营管理条例》第3条规定,本条例所称商业特许经营(以下简称特许经营),是指拥有注册商标、企业标志、专利、专有技术等经营资源的企业(以下称特许人),以合同形式将其拥有的经营资源许可其他经营者(以下称被特许

① 参见湖北省随州市中级人民法院:《方某某与王某某合同纠纷二审民事判决书》,(2016)鄂13民终185号。

人)使用。从该条之规定可知,特许经营企业的经营资源通过特许经营合同许可给被特许人使用,那么特许人经营资源的专有权是否发生转移,就要看许可以后经营资源的专有权是否发生转移。

一、特许经营中的许可类型

知识产权许可使用时主要有三种形式,即独占许可、排他许可和普通许可。

1. 独占许可。知识产权独占许可是指权利所有人许可他人在约定的期间、地域和以约定的方式,将该知识产权仅许可一个被许可人使用,且权利所有人依约定不得使用该知识产权。

2. 排他许可。知识产权排他许可是指权利所有人在约定的期间、地域和约定的方式,将该知识产权仅许可一个被许可人使用,权利所有人依约定可以使用该知识产权,但不得另行许可他人进行使用。排他许可有以下特征:一是在被许可人在许可协议约定的期间和地域内对知识产权享有排他使用权;二是许可人不得把同一许可授予协议地区内的任何第三方;三是许可方保留自己在协议地区内使用该知识产权的权利。排他许可和独占许可都禁止权利所有人在约定期间内向第三人再进行许可,但区别在于独占许可人不保留知识产权使用权,而排他许可人则保留知识产权使用权。

3. 普通许可。普通许可通常是权利所有人在约定的期间、地域和以约定的方式,许可他人使用其知识产权,权利所有人与此同时可自行使用该知识产权和再许可他人使用该知识产权。通常在普通许可使用的情况下,被许可人仅依合同取得知识产权使用权,其无权禁止权利所有人对该知识产权进行再许可,亦无权禁止他人使用该知识产权。①

在实践中,特许人通常会采用普通许可的模式,如此能够保证特许人处于绝对的控制地位,并保证特许品牌能够得到迅速的推广。在个别情况下,特许经营企业会采用大区域授权的模式,即在某一区域内授权二级代理商排他性的经营,由二级

① 参见上海市第一中级人民法院课题组:《知识产权被许可人的诉权研究》,载《东方法学》2011年第6期。

代理商自主开发市场。在此种模式下,二级代理商即获得了特许人的排他性许可,在该区域内,非经被特许人的同意,特许人不能再将其特许经营资源授权任何其他第三人使用。通常在此种模式下,二级代理商需要完成一定的加盟店开设任务,比如在5年的特许合同期间每年要新增2家加盟店,一旦完成任务,特许经营企业即会给与二级代理商相应的加盟奖励。此种模式的优势在于能够保证特许经营企业品牌的扩张,同时能够降低特许经营企业为开拓市场所做的投入。但此种模式亦有其弊端,被特许人在此种环境下由于缺少竞争、一家独大,容易形成自己的势力与特许经营企业抗衡,实践中有的被特许人在熟悉特许人的所有经营模式后,自己全套模仿后开设新的品牌,有的则不顾特许人的统一管理,从而使特许人无法保持其企业的统一。独占许可由于会使特许人自己使用经营资源也需要经过被特许人的同意,因此除非在极端特殊的情况下,特许人不会对被特许人采取独占许可的方式。即使有,也仅会涉及其中的某一项,如仅许可商标。

无论前述哪一种许可方式,均是对经营资源使用权的转移,而不会涉及经营资源专用权的转移。对于特许人而言,经营资源的专用权恰恰是其能够开展特许经营的关键,一旦发生转移,特许经营将无以为继。

二、被特许人滥用特许经营资源的法律后果

既然特许经营资源的所有权并未发生转移,特许经营资源就仍然要受到特许人的控制。但在实践中,被特许人往往会超出许可的使用权限使用特许经营资源,或者在根本没有授权的情况下使用特许经营资源。例如,本来许可被特许人在A地使用特许资源,而被特许人在未经特许人书面许可的情况下,在B地开业使用特许资源;或者许可被特许人使用特许经营资源3年,第4年被特许人在未续签特许经营合同的情况下继续使用;第三种情况,被特许人获得经营资源的许可,但在未经特许人同意的情况下,将经营资源用作自己的店铺开设和经营。以上情况,由于被特许人未经许可或者超出许可的范围而使用特许经营资源,构成对特许经营资源的滥用,属于违反特许经营合同约定的行为,将承担违约责任。同时,由于权利滥用,可能构成对特许人相关经营资源的侵犯,从而承担侵权责任。

案例 23：被特许人未按特许经营合同约定、未经特许人同意擅自复制特许人经营资源构成侵权——北京便宜坊烤鸭集团有限公司与北京悦府盛宴餐饮管理有限公司侵害商标权纠纷系列诉讼

1. 太阳宫店商标侵权案

基本案情：2009 年 10 月 7 日，便宜坊公司在第 43 类服务上注册了“便宜坊”文字商标，注册号为第 5001765 号，核定使用服务为住所(旅馆、供膳寄宿处)、备办宴席、咖啡馆、自助餐厅、饭店、餐馆、酒吧、茶馆、出租椅子、桌子、桌布和玻璃器皿，有效期自 2009 年 10 月 7 日至 2019 年 10 月 6 日。

2010 年 6 月 28 日，便宜坊公司作为特许人与悦府盛宴公司作为被特许人签订了《特许经营合同》及附件，约定便宜坊公司同意悦府盛宴公司在北京市朝阳区青年路与朝阳北路交汇处、朝阳北路 101 号楼 7F－08 开设便宜坊北京朝阳北路大悦城店，特许经营期限 10 年，自 2010 年 6 月 15 日至 2020 年 6 月 14 日，悦府盛宴公司一次性支付加盟费 50 万元、权利金 50 万元及保证金 2 万元。2011 年 12 月 16 日，便宜坊公司作为特许人与悦府盛宴公司作为被特许人再次签订了《特许经营合同》及附件，约定便宜坊公司同意悦府盛宴公司在北京市海淀区清河中街 68 号、华润五彩城四层 L403 号开设便宜坊北京华润五彩城店，特许经营期限 10 年，自 2012 年 1 月 1 日至 2021 年 12 月 31 日，悦府盛宴公司一次性支付加盟费 40 万元、保证金 2 万元，每年支付权利金 12 万元。上述两份《特许经营合同》第 2.2 条均约定：悦府盛宴公司应严格按照合同限定的范围、方式使用便宜坊公司的商标、标识等与特许经营有关的知识产权和其他无形资产；第 2.3 条均约定：悦府盛宴公司以经营本合同约定的特许业务之外的目的使用便宜坊公司的商号、商标等与特许经营有关的知识产权和其他无形资产，或者以任何形式许可他人使用或者在本合同终止后仍以任何方式使用便宜坊公司的商号、商标等与特许经营有关的知识产权和其他无形资产的，悦府盛宴公司应向便宜坊公司支付违约金人民币 20 万元。此外，上述两份《特许经营合同》还约定鸭坯、鸭饼及红酒、白酒、手提袋、书签、筷架、月饼等便宜坊公司冠名的物品，由悦府盛宴公司统一向便宜坊公司采购并支付相应货款。

位于北京市朝阳区太阳宫中路12号凯德MALL·太阳宫五层的便宜坊太阳宫店(以下简称太阳宫店)由悦府盛宴公司经营。2012年7月23日,便宜坊公司的委托代理人来到太阳宫店,发现太阳宫店在提供餐饮服务时多处使用了“便宜坊”的标识,主要包括:第一,在凯德MALL大厦外墙体的店面招牌、太阳宫店店面内外装潢、陈设上多处使用了“便宜坊”的标识;第二,在太阳宫店提供的餐巾纸、湿纸巾、宣传单、名片、菜单等多处使用了“便宜坊”的标识;第三,在太阳宫店提供的客人就餐消费单及建设银行刷卡产生的持卡人存根等处均使用了“便宜坊太阳宫店”的文字。经比对,太阳宫店使用的上述标识位置比较明显,字体较大,部分标识与便宜坊公司主张权利的“便宜坊”商标字形相同,部分标识字形与便宜坊公司主张权利的“便宜坊”商标字形存在差异。

2012年8月27日,便宜坊公司向悦府盛宴公司发函,称悦府盛宴公司在未得到便宜坊公司授权的情况下,于近日在北京市朝阳区太阳宫中路12号凯德MALL·太阳宫五层私自开设便宜坊烤鸭店,并使用“便宜坊”商标,违反了便宜坊北京朝阳北路大悦城店及便宜坊北京华润五彩城店《特许经营合同》第2.2条、第2.3条的约定,应立即摘除太阳宫店的全部“便宜坊”商标标识,并立即停止使用便宜坊公司商标、商号和其他标志(包括与其相似或易混淆的任何商标、商号和标志),并拆除烤鸭炉,停止以便宜坊或便宜坊特许加盟企业名义进行的全部业务活动和任何形式的广告宣传,并向便宜坊支付20万元。2012年9月14日,悦府盛宴公司向便宜坊公司回函,称确实未按便宜坊公司有关规定手续进行报批程序,认同交付20万元罚金,并向便宜坊公司正式申请太阳宫店加盟便宜坊公司,并将按照正规的加盟手续进行申办报批。随后悦府盛宴公司向便宜坊公司支付了20万元。

2012年11月15日,便宜坊公司的委托代理人来到太阳宫店,发现太阳宫店在提供餐饮服务时在指示牌、菜单、名片、餐巾纸、塑料袋、客人就餐消费单、建设银行持卡人回证等处仍在使用“便宜坊”或“便宜坊太阳宫店”的标识或文字。2012年12月2日,便宜坊公司的委托代理人再次到太阳宫店,发现太阳宫店在提供餐饮服务时在指示牌、菜单、名片、客人就餐消费单、建设银行持卡人回证等处仍在使用“便宜坊”或“便宜坊太阳宫店”的标识或文字。

诉求:原告便宜坊集团认为,被告悦府盛宴公司未经原告同意私自以“便宜坊"名义开店,并以"便宜坊"加盟店的名义对外宣传侵害了我公司享有的"便宜坊"商标的商标权,故我公司诉至法院,请求判令:(1)悦府盛宴公司立即摘除并停止使用其位于北京市朝阳区太阳宫中路12号凯德MALL·太阳宫五层便宜坊店内外的"便宜坊"商标、商号和标识,销毁该店标有"便宜坊"字样的菜单、纸巾、筷套、工服等物品;(2)悦府盛宴公司立即停止其位于北京市朝阳区太阳宫中路12号凯德MALL·太阳宫五层便宜坊店以"便宜坊"名义进行的任何业务活动和广告宣传;(3)悦府盛宴公司在《北京晚报》《北京商报》上登报致歉,消除对"便宜坊"商标的负面影响;(4)悦府盛宴公司赔偿原告损失50万元。

法院观点:北京市朝阳区人民法院认为,悦府盛宴公司未经许可,在提供餐饮服务的过程中,多次使用了与便宜坊公司主张权利的"便宜坊"商标相同或近似的标识或文字,侵害了便宜坊公司的商标专用权,应当承担停止侵权、赔偿损失的法律责任。具体来说,第一,悦府盛宴公司在太阳宫店提供的是餐饮服务,服务性质与"便宜坊"商标所核定的服务项目相同;第二,太阳宫店内外招牌、装潢、陈设及提供的物品上使用的部分标识与便宜坊公司主张权利的"便宜坊"商标相同,构成了相同商标的使用;部分标识虽然与便宜坊公司主张权利的"便宜坊"商标字体不同,但读音相同,且使用的位置明显、字体较大,能够起到识别服务来源的作用,构成了近似商标的使用;第三,太阳宫店在提供的消费明细单及建设银行刷卡产生的持卡人存根等处均使用"便宜坊太阳宫店"的文字,能够起到识别服务来源的作用,构成了近似商标的使用;第四,悦府盛宴公司为太阳宫店在网站上进行的套餐团购活动,属于其提供餐饮服务的经营内容的一部分,其在网站上使用"便宜坊"的标识或"便宜坊太阳宫店"的文字,同样构成了相同或近似商标的使用。对于赔偿经济损失的具体数额,便宜坊公司主张数额过高,且无合理依据,本院不予全额支持。本院将综合考虑"便宜坊"商标的知名度、悦府盛宴公司使用"便宜坊"标识的方式、时间及主观过错程度、便宜坊公司特许经营的费用及为制止侵权支出的合理费用等因素酌情确定为25万元。鉴于便宜坊公司曾要求悦府盛宴公司因为私自开设太阳宫店支付违约金20万元,悦府盛宴公司也进行了实际支付,现在便宜坊公司又因同样的事由起诉要求悦府盛宴公司承担侵权责任,故悦府盛宴公司已经支付的20万元应当从本案经济损失的赔偿额中予以扣除,即悦府盛宴公司应再向便宜坊公司支付赔偿金5万元。商标权本质上属于财产权,故对于便宜坊公司要求悦府盛宴公司赔礼道歉的诉讼请求,本院不予支持。鉴于太阳宫店给便宜坊公司造成的负面影响,悦府盛宴公司应在《北京晚报》上刊登声明以消除不良影响。①

2. 三里屯店商标侵权案

基本案情:2009年10月7日,便宜坊公司在第43类服务上注册了"便宜坊"文字商标,注册号为第5001765号,核定使用服务为住所(旅馆、供膳寄宿处)、备办宴席、咖啡馆、自助餐厅、饭店、餐馆、酒吧、茶馆、出租椅子、桌子、桌布和玻璃器皿,有效期自2009年10月7日至2019年10月6日。

2010年6月28日,便宜坊公司作为特许人与悦府盛宴公司作为被特许人签订了《特许经营合同》及附件,约定便宜坊公司同意悦府盛宴公司在北京市朝阳区青年路与朝阳北路交汇处、朝阳北路101号楼7F-08开设便宜坊北京朝阳北路大悦城店,特许经营期限10年,自2010年6月15日至2020年6月14日,悦府盛宴公司一次性支付加盟费50万元、权利金50万元及保证金2万元。2011年12月16日,便宜坊公司作为特许人与悦府盛宴公司作为被特许人再次签订了《特许经营合同》及附件,约定便宜坊公司同意悦府盛宴公司在北京市海淀区清河中街68号、华润五彩城四层L403号开设便宜坊北京华润五彩城店,特许经营期限10年,自2012年1月1日至2021年12月31日,悦府盛宴公司一次性支付加盟费40万元、保证金2万元,每年支付权利金12万元。上述两份《特许经营合同》第2.2条均约定:悦府盛宴公司应严格按照合同限定的范围、方式使用便宜坊公司的商标、标识等与特许经营有关的知识产权和其他无形资产;第2.3条均约定:悦府盛宴公司以经营本合同约定的特许业务之外的目的使用便宜坊公司的商号、商标等与特许经营有关的知识产权和其他无形资产,或者以任何形式许可他人使用或者在本合同终止后仍以任何方式使用便宜坊公司的商号、商标等与特许经营有关的知识产权和其他无形资产的,悦府盛宴公司应向便宜坊公司支付违约金人民币20万元。此外,

① 参见北京市朝阳区人民法院:《北京便宜坊烤鸭集团有限公司与北京悦府盛宴餐饮管理有限公司侵害商标权纠纷案》,(2012)朝民初字第33372号。

上述两份《特许经营合同》还约定鸭坯、鸭饼及红酒、白酒、手提袋、书签、筷架、月饼等便宜坊公司冠名的物品，由悦府盛宴公司统一向便宜坊公司采购并支付相应货款。

位于北京市朝阳区工人体育场北路13号院3号楼世贸百货四层的便宜坊三里屯店(以下简称三里屯店)由悦府盛宴公司经营。2012年3月26日、11月14日、12月3日，便宜坊公司的委托代理人三次来到三里屯店，发现三里屯店在提供餐饮服务时多处使用了"便宜坊"的标识，主要包括：第一，在世贸百货外墙体的店面招牌、三里屯店指示牌、三里屯店面内外装潢、陈设上多处使用了"便宜坊"的标识；第二，在三里屯店提供的餐巾纸、湿纸巾、筷套、塑料袋、名片、菜单、餐券等多处使用了"便宜坊"的标识；第三，在三里屯店提供的客人就餐消费单、建设银行持卡人存根等处使用了"便宜坊三里屯店""便宜坊工三店"的文字。经比对，三里屯店使用的上述标识位置比较明显，字体较大，部分标识与便宜坊公司主张权利的"便宜坊"商标字形相同，部分标识字形与便宜坊公司主张权利的"便宜坊"商标字形存在差异。

此外，悦府盛宴公司还在大众点评网(域名为dianping. com)、美团网(域名为meituan. com)、窝窝网(域名为55tuan. com)、满座网(域名为manzuo. com)以便宜坊三里屯店的名义多次组织套餐团购活动，并在上述团购活动中使用了"便宜坊"的文字或标识。

诉求：原告便宜坊集团认为，原告是"便宜坊"和"坊宜便"商标的所有人，注册号分别为第5001765号、第770996号，核定服务项目分别为第43类、第42类，原告依法享有上述商标的商标权。2011年8月，被告悦府盛宴公司未经原告同意即与北京世贸新世纪百货有限公司签订《租赁经营合同书》，在北京市朝阳区工人体育场北路13号北京世贸百货之4F层E401经营餐饮，品牌为"便宜坊"。原告认为，被告公司未经原告同意私自以"便宜坊"名义开店，并以"便宜坊"加盟店的名义对外宣传侵害了原告享有的"便宜坊"商标的商标权，故原告诉至法院，请求判令：(1)悦府盛宴公司立即摘除并停止使用其位于北京市朝阳区工人体育场北路13号北京世贸百货之4F层E401店内外的"便宜坊"商标、商号和标识，销毁该店标有"便宜坊"字样的菜单、纸巾、筷套、工服等物品；(2)悦府盛宴公司立即停止其位于北京市朝阳区工人体育场北路13号北京世贸百货之4F层E401店以"便宜坊"名义进行的任何业务活动和广告宣传;(3)悦府盛宴公司赔偿原告损失50万元。

法院观点:北京市朝阳区人民法院认为,依据商标注册证,可以认定便宜坊公司依法享有"便宜坊"商标自2009年10月7日至2019年10月6日的商标专用权。

悦府盛宴公司未经许可,在提供餐饮服务的过程中,多次使用了与便宜坊公司主张权利的"便宜坊"商标相同或近似的标识或文字,侵害了便宜坊公司的商标专用权,应当承担停止侵权、赔偿损失的法律责任。具体来说,第一,悦府盛宴公司在三里屯店提供的是餐饮服务,服务性质与"便宜坊"商标所核定的服务项目相同;第二,三里屯店内外招牌、装潢、陈设及提供的物品上使用的部分标识与便宜坊公司主张权利的"便宜坊"商标相同,构成了相同商标的使用;部分标识虽然与便宜坊公司主张权利的"便宜坊"商标字体不同,但读音相同,且使用的位置明显、字体较大,能够起到识别服务来源的作用,构成了近似商标的使用;第三,三里屯店在提供的消费明细单及建设银行刷卡产生的持卡人存根等处均使用"便宜坊三里屯店""便宜坊工三店"的文字,能够起到识别服务来源的作用,构成了近似商标的使用;第四,悦府盛宴公司为三里屯店在网站上进行的套餐团购活动,属于其提供餐饮服务的经营内容的一部分,其在网站上使用"便宜坊"的标识或"便宜坊三里屯店"的文字,同样构成了相同或近似商标的使用。

对于赔偿经济损失的具体数额,便宜坊公司主张数额过高,且无合理依据,本院不予全额支持。本院将综合考虑"便宜坊"商标的知名度、便宜坊公司特许经营的费用、悦府盛宴公司使用"便宜坊"标识的方式、时间及主观过错程度等因素酌情确定。对于便宜坊公司主张的为诉讼支出的合理费用,本院将根据必要性、相关性、合理性的原则酌情予以支持。①

案件评析:本系列案中被告悦府盛宴公司本来是"便宜坊"系列商标的合法使用人,原告便宜坊集团公司通过协议允许悦府盛宴公司在其经营的两家连锁店上

---

① 参见北京市朝阳区人民法院:《北京便宜坊烤鸭集团有限公司与北京悦府盛宴餐饮管理有限公司侵害商标权纠纷案》,(2012)朝民初字第33373号。

使用便宜坊集团的商标。但显然，悦府盛宴公司并不满足于此，在双方特许经营合同约定被特许人不能擅自开设连锁店铺，且未经过便宜坊集团公司授权的情况下，擅自开设了新的店铺，并且以便宜坊集团所合法持有的经营资源开展经营活动。此种行为在实践中较为普遍，被特许人往往在熟悉特许人经营资源后，将特许人的经营资源复制而为自己所用，从而回避向特许经营人缴纳特许经营费的义务。殊不知，特许经营资源的复制十分容易，但要撼动特许经营资源的所有权却极为不易，这点是由特许经营资源的知识产权性质所决定的。知识产权容易被复制，但其仍然受到来自国家和政府的强有力的保护。本案中的被告以自己的"小聪明"希望能够暗度陈仓，从而在合法授权与非法使用之间打"擦边球"，但法院明确该行为是一种侵犯商标权的行为，应当受到处罚。

当然，本系列案中法院提供的几种赔偿措施亦有值得寻味之处。首先是没有全额支持便宜坊集团的赔偿请求，实际上商标侵权案件的损害赔偿计算一直是司法实践中的难题，法院经综合考量最终打折确定了赔偿数额；其次是关于赔礼道歉的要求法院并没有支持，法院认为商标权实质上是一种财产权，不适用赔礼道歉。当然，此一观点与我们通常认为的知识产权兼具人身权和财产权双重属性颇为不同，也是今后类似案件中，商标的被侵权人在提起诉讼请求时需要特别注意的。另外，法院并未驳回该诉求，而是改由登报消除不良影响的方式。从实践效果上来讲，此种赔偿措施与赔礼道歉无异。

最后，在判定商标侵权后，原告、被告双方的处理方式亦不失为一种商业上的共赢模式。鉴于被告的侵权行为，原告便宜坊集团公司完全可以要求被告立即停止侵权，这样做很有可能造成两败俱伤的境地。因为，被告虽然是擅自开店，但其无疑是一种利用原告资源的搭便车行为，在被告能够保证经营质量的情况下，该行为也增进了原告的商誉。考虑到此处，双方经过沟通采取了以下补救措施的尝试以求得共赢。

2013 年 6 月 26 日，便宜坊公司作为甲方与悦府盛宴公司作为乙方签署《备忘录》约定：双方以就甲方并购三里屯店达成一致性的意见，并拟各自准备相应材料，开展相应工作。双方同意本次并购三里屯店项目的周期为三个月，自本备忘录签字之日起计算。如三个月没有完成,经双方同意,可以适当延长。

2013年11月8日,便宜坊公司与悦府盛宴公司就收购三里屯店的评估事宜签订《确认函》,确认双方共同确定由北京中瑞诚资产评估有限公司担任三里屯店的评估事宜,并出具正式的评估报告,双方亦同意遵守该评估报告,并依照该评估报告所确定的数额进行交易。所需评估费用由便宜坊和悦府盛宴各承担50%。如经中瑞诚资产评估有限公司确认,需引入审计公司、第三方结算审核公司或非属于中瑞诚资产评估有限公司的专业结算审核人员,由便宜坊和悦府盛宴另行协商确定。随后,便宜坊公司、悦府盛宴公司另与北京中瑞诚资产评估有限公司签订了《评估业务约定书》。

2014年3月17日,依照悦府盛宴公司的单方委托,北京中瑞诚会计师事务所有限公司对三里屯店2013年度的财务进行审计并出具《审计报告》。2014年8月15日,依照便宜坊和悦府盛宴公司的共同委托,北京中瑞诚资产评估有限公司对三里屯店出具《资产评估报告书》,称被评估项目在2013年12月31日的资产评估值为861.32万元。此后,双方的并购项目未继续进行。[①]

虽然双方的并购项目因为各种原因最终未能成行,且被告悦府盛宴公司最后又为此提起了上述,但此种解决方式不失为一种解决侵权问题的良好措施。

案例24: 被特许人在合同终止后继续使用特许人经营资源的构成侵权

基本案情: 南京宝庆银楼首饰有限责任公司(以下简称宝庆首饰公司)、南京宝庆首饰总公司(以下简称宝庆总公司)系"宝庆"系列注册商标的权利人。南京宝庆银楼连锁发展有限公司(以下简称连锁公司)、江苏创煜工贸有限公司(以下简称创煜公司)自2005年开始与宝庆首饰公司、宝庆总公司签署了一系列合作协议,以特许经营的方式进行合作。在双方合作期间,"宝庆"品牌获得了巨大发展,年销售额达数十亿元,但双方后因协商合资失败而最终导致合作关系

① 参见北京知识产权法院:《北京悦府盛宴餐饮管理有限公司与北京便宜坊烤鸭集团有限公司侵害商标权纠纷二审民事判决书》,(2016)京73民终695号。

破裂。

诉求:宝庆总公司、宝庆首饰公司遂以连锁公司存在多种违约行为且构成根本违约为由,发函要求解除双方的合作协议,并同时在江苏多地法院提起商标侵权系列诉讼。而连锁公司、创煌公司亦诉至法院,要求确认解除协议通知无效。

法院观点:江苏省南京市中级人民法院就双方争议的特许经营合同纠纷案作出一审判决,确认宝庆首饰公司、宝庆总公司提出的解除涉案协议无效,并驳回连锁公司其他诉讼请求。双方均不服,提起上诉。江苏省高级人民法院在充分衡量双方发生纠纷的原因、连锁公司多种违约行为的性质及程度、连锁公司违约擅自开店的数量、双方对宝庆品牌的贡献等因素的基础上,合理平衡双方利益,通过判决明确界定了双方合作关系的性质以及宝庆总公司、宝庆首饰公司的权利边界和连锁公司合法经营行为的法律边界,在对一审裁判理由中所确定的连锁公司对宝庆商标合理使用范围予以纠正的基础上,维持了一审确认解除协议无效的判决。根据在特许经营合同纠纷案中所确定的裁判规则,即凡是未经许可,连锁公司擅自使用宝庆商标开店经营的,构成商标侵权,判令停止侵权、赔偿损失;凡是已经过许可的,连锁公司可以继续经营,二审法院对双方之间系列商标侵权纠纷作出相应的终审判决。

案件评析:对于此类双方以特许经营为基础的合作纠纷,特别是合作已久、品牌声誉及市场获得巨大增长、裁判结果涉及双方重大利益的案件,法院并没有采取简单的裁判方式,而是充分运用司法智慧,以利益平衡为指引,探索了一种更加理性的纠纷解决思路,即在判决不予解除合同、要求双方继续合作的同时,通过判决进一步划清双方权利义务关系的边界:一方面,确保特许人对特许经营资源特别是商标等知识产权的绝对控制,明确被特许人应当依约诚信经营,不能突破被特许人的权利范围,试图攫取特许人的知识产权利益;另一方面,则要求对于被特许人依约诚信经营的,特许人亦应当按合同约定继续允许并正常审批,无正当理由不得拒绝许可,不得不当损害被特许人的合法权益。根据特许经营合同纠纷判决中确立的上述裁判规则,双方之间系列商标侵权纠纷亦得到妥善处理。案件裁判结果对“宝庆”品牌未产生重大市场波动,也没有造成双方市场利益的重大失衡。双方对终审判决都没有申请再审。①

第三节 特许人的员工培训义务及履行

《商业特许经营管理条例》第 11 条第 2 款第 4 项指出，在特许经营合同中应当约定经营指导、技术支持以及业务培训等服务的具体内容和提供方式。此外第 14 条也规定，特许人应当向被特许人提供特许经营操作手册，并按照约定的内容和方式为被特许人持续提供经营指导、技术支持、业务培训等服务。第 22 条第 2 款第 5 项规定，特许人应当向被特许人提供以下信息为被特许人持续提供经营指导、技术支持、业务培训等服务的具体内容、提供方式和实施计划。

由《商业特许经营管理条例》的相关规定可知，特许人对被特许人的员工进行培训和持续指导是其法定义务，也是实现特许经营的重要手段。

一、员工培训的重要性

培训是连锁企业稳定、健康发展的重要保证之一，世界、国内知名连锁品牌，无一不是重视人员培训，并依靠一套行之有效的训练体系而成就自身的。越来越多的企业在创始人的支持下，开始重视培训部门的建设以及准备培训工具，甚至开设企业大学和商学院。他们认为在训练上作投资，做出企业形象，训练工作就算有效。②

沃尔玛在员工培训、教育和提高工资待遇方面投入数十亿美元。这些项目向员工传授技能、知识和工具，帮助他们与公司共同成长，在购物习惯迅速变革的时

① 参见最高人民法院:《“宝庆”商标特许经营合同纠纷案——2015 年最高人民法院公布 2014 年中国法院 10 大知识产权案件之案件三》，载 http://law.wkinfo.com.cn/case-analysis/detail/MkExMDAwMDUwNjM%3D?searchId=c658165f006f49369cd0bcb5bd367473&index=4&q=%E7%89%B9%E8%AE%B8%E7%BB%8F%E8%90%A5%E8%B5%84%E6%BA%90，最后访问日期:2018 年 9 月 20 日。

② 参见冯雷:《为啥麦当劳、肯德基的员工培训这么成功?》，载 http://www.linkshop.com.cn/web/archives/2018/398544.shtml，最后访问日期:2018 年 9 月 20 日。

代,让他们有能力为顾客提供优质的服务。2016 年,沃尔玛面向新员工、一线监督员、部门经理以及经理助理推出多个培训项目,让他们更加明确自己的职场之路,有能力在科技零售新时代中取得成功。目前,沃尔玛在全球 28 个国家拥有 59 个品牌,运营门店达到 11,695 家,并在 11 个国家设有网店。沃尔玛预计 2017 财年收入将达 4859 亿美元,其目前在全球的员工人数约为 230 万人。①

对各个加盟店的员工进行跟踪培训,不仅能够使各个加盟店学习总部的经营理念和管理模式,更能够使总部的成功经验得到传承和推广,另外通过不断的学习,各个加盟店获得自己的造血机制,能够保持特许品牌持续的活力,从而为特许企业的发展起到推动作用。

二、员工培训的主要内容

肯德基对员工的培训常常被视为餐饮行业的一个标志,我们以肯德基的员工培训为例,来介绍员工培训的主要内容。

1. 岗位基础培训。每一个面试合格的餐厅新员工都要接受餐厅员工岗位基础培训。肯德基餐厅共分四个工作站,即厨房(K)、总配(P)、大厅(L)和前台(C)。这个阶段的培训目标就是掌握各工作站的工作内容以及这些工作区域的操作标准。这个阶段,公司采取的是"人培训人"的方式,就是由有熟练操作经验的星级训练员代训新员工,通过看 VCD 光碟、记笔记、阅读记录考核卡和实际操作等方式使员工掌握有关内容,公司倡导工作、培训一体化,并将企业文化融入每一位员工的日常行为。训练员会将培训结果向训练经理汇报,训练经理进行最终技能评估。在评估合格后的 3 个月中,训练经理还会随时随地对新员工的操作进行突击式评估,这被称为"追踪考核",它对于帮助新员工巩固工作站的操作标准十分有益。

2. 管理技能培训。这项培训主要是针对餐厅管理人。针对不同的管理职位,肯德基配有不同的学习课程,这也是管理技能培训的一大特点。不同岗位要求就职人员具有不同的职业技能,有针对性的技能培训能够更好地使员工匹配其岗位

① 参见中国连锁经营协会编译:《沃尔玛努力加强员工培训与提升》,载 http://www.ccfa.org.cn/portal/cn/view.jsp? lt=3&id=429361,最后访问日期:2018 年 9 月 20 日。

的要求。

3. 教育发展培训。这项培训主要针对管理数家肯德基餐厅的区经理。他们不但要学习领导入门的分区管理手册,同时还要接受公司的高级知识技能培训,不定期观摩录像,进行管理技能考核竞赛,以及被送往其他国家接受新观念以开拓思路。此外,肯德基在中国还建有适用于餐厅管理的专业训练及教育基地——教育发展中心。这个基地建于1996年,每年为来自全国各地的2000多名肯德基餐厅管理人员提供上千次培训。这里的培训课程有来自国际标准的范本,但更主要的还是来自资深员工的言传身教及工作经验的总结,且每两年会对旧教材进行重新审定和编写。①

4. 肯德基创新性的员工培训。除以上较为传统和大众化的培训体系外,肯德基根据自身的实际情况,结合自己的优势与改进自己的不足,在传统的培训制度上设立了一系列符合实际情况的创新性员工培训制度。

例如:

援外。"援外"实际上是一种变相培训。即在新开设的餐厅调入其他城市的老员工以及不同城市间的老员工互相交换。这不仅有助于新餐厅员工培养,而且有助于肯德基的操作及管理标准的准确传递,同时,也使不同店铺的管理思想和经验得以传递与互相交流。

新员工在岗培训"一次简介"。每一个面试合格的餐厅新员工都要在接受餐厅员工岗位基础培训之前接受餐厅经理主持的小型游戏会议,这在肯德基称为"一次简介"。其主要内容是在餐厅经理的引导下新员工互相自我介绍,了解和自己同一批次进店的工作伙伴,同时最主要的还是介绍宣讲肯德基(百盛集团)的企业发展之路和企业文化,并利用一些小道具和小礼品来使新员工对百胜和肯德基有一个基本的认识,让他们知道自己将来会处于一个什么样的环境和系统中工作,以促使新员工尽快适应新环境。

"二次简介"。它是在新员工通过技能评估后,在餐厅中进行的一次在岗培训。大致内容如下:(1)记忆比赛游戏。在规定的时间内将所有新员工的名字记

① 参见郑天东:《肯德基员工培训的经验与启示》,载《价值工程》2011年第31期。

下来,以培养员工与人交往的能力和团队意识。(2)语言艺术培训。以角色扮演的形式,将同一内容以不同的态度和方式进行传达,然后讨论,以此提升员工的沟通技巧,学会宽容和热情。(3)员工活动。公司给与每个人一定的经费,然后在训练经理的组织下进行一些集体娱乐活动,如聚餐、运动比赛、爬山、唱歌及其他团体娱乐活动,以进一步加强伙伴们融洽的关系,培养伙伴们的团队意识。①

当然,每个特许经营企业需根据自己企业的特点以及所经营行业的不同,制订自己的员工培训计划。

三、特许人违反员工培训义务的法律后果

虽然员工培训对特许经营企业而言有诸多益处,但是实践中,特许人可能会因为各种各样的情况而忽视员工培训,尤其是在被特许人的加盟店开业以后的持续培训往往被忽略。此时,由于特许人与被特许人在特许经营合同中约定了员工培训的时间、费用、违约责任等条款,如若特许人不予履行,被特许人可以特许人违约为由要求特许人履行并赔偿相应的损失。此外,实践中许多特许人在履行员工培训义务时往往没有做好记录,将本来履行义务的相关资料遗失无法核对。在这种情况下,如果被特许人以此为由要求特许人履行义务并赔偿损失,特许人就会因为没有证据而同样需要承担相应的责任。因此,为了避免此类风险的产生,特许人应当依据特许经营合同所约定的要求为被特许人开展开业培训和提供持续的员工培训。在培训的过程中要进行规范化的管理,由专门的部门负责,通常是由对直营店培训的内部培训部门同时负责对加盟店的培训,由该部门制作培训的相关资料,例如,培训手册、签到表、报名表、心得体会等,在每次培训结束后进行归档收录。同时,尽量能够使用电子档的形式以便于储存。

案例25: 特许人应当按照特许合同的约定履行对被特许人的培训义务

基本案情:2014 年 9 月 26 日,以可购公司为甲方、以程某为乙方,双方签订

① 参见郑天东:《肯德基员工培训的经验与启示》,载《价值工程》2011 年第 31 期。

《重庆可购商贸有限公司加盟合作合同》,该合同第四章特许的费用第1条第3点关于履约保证金约定有,乙方应在合同签订当日向甲方交纳履约保证金(合同履约金)30,000元,该保证金在加盟合同终止并最终结算抵扣后余款无息返还乙方。该合同第六章员工培训及经营指导第1条员工培训约定,甲方为乙方免费提供员工培训,包括基本系统操作和仪容、礼节,使其能够正常操作上岗,在营运期间,甲方进行跟踪培训。甲方为乙方培训并进行技术指导和经营策略交流。甲方将负责乙方所属门店理货员、收银员进行基础培训,对管理人员进行择优录用(淘汰制)培训,乙方需自行解决住宿、就餐、往返车费、体检等费用。该合同第八章第3条甲方的义务第2点约定,甲方给予门店持续的物品供应和经营指导、培训。第5条乙方的义务第4点约定,乙方有按时缴纳合同规定的各项费用的义务。该合同第八章第6条履约保证金中约定,作为合同签订后甲方与乙方之间发生债务及忠实地执行合同的担保,乙方须与本合同签署之日向甲方交纳履约定金5000元,店址确定后,此定金可转为其他任何款项(保证金、装修款、设备款等)。其后双方就特许经营合同履行发生争议。程某认为可购公司严重违约,导致合同目的无法实现,其理由为:(1)可购公司未持续提供经营指导和培训;(2)利用唯一供货的信息垄断,向程某强制分配货物且不退货;(3)可购公司未履行价格披露义务,利用加盟合同其为唯一供货商的条款,单方面制定高于市场同行业零售价的供货价,提供货物价格过高,若程某继续履行合同,显失公平。

诉求:程某向一审法院提出诉讼请求:(1)确认双方的加盟合同于2017年3月31日解除,如果该请求不成立,请求判决解除双方的加盟合同;(2)可购公司退还程某履约保证金30,000元及资金占用利息(以30,000为基数,按中国人民银行同期贷款利率从2017年2月28日计算至本金退还之日止);(3)可购公司支付程某违约金50,000元;诉讼费由可购公司承担。

法院观点:一审判决对员工培训的认定。关于可购公司是否应支付违约金50,000元。加盟合同中"第六章员工培训及经营指导""第八章甲方的义务"均约定可购公司负有跟踪培训、持续培训的义务,现程某主张可购公司未对其进行过跟踪培训、持续培训,而可购公司的督导表也仅能反映其对程某进行过经营指导,不能证明其对程某进行过跟踪培训或持续培训,其应承担举证不能的法律后果。按照加盟合同第八章第7条的约定，可购公司的行为已构成违约，应向程某支付违约金，故对程某要求可购公司支付违约金50,000元的主张，一审法院予以支持。

二审判决对员工培训的认定。上诉人认为其已经对被上诉人进行系统培训、人员及礼仪培训等，经营中进行了持续督导，完成了涉案协议中约定的跟踪和持续培训义务，至于择优录用培训因被上诉人没有明确专门要求，不应对上诉人采取苛求态度。本院认为，特许经营合同中对加盟店员工进行培训的目的是保障加盟店的正常运营及有效管理，在合同中对培训内容有明确约定的情形下，特许方履行相应的培训义务不以加盟店对该项培训内容有要求为前提。本案中，《特许加盟合同》第六章约定，特许方有为加盟店提供员工培训义务，主要包括：对门店员工进行基本系统操作及仪容、礼节培训，门店理货员、收银员进行基础培训；在营运期间，进行跟踪培训；对管理人员进行择优录用（淘汰制）培训；对加盟店进行技术指导和经营策略交流。从上述协议的内容来看，被上诉人享有"营运期间跟踪培训"及"对管理人员进行择优录用（淘汰制）培训"的权利，上诉人提交的督导表仅能证明其对加盟店在营运期间进行了跟踪培训，现有证据不足以证明上诉人对被上诉人进行过"管理人员进行择优录用（淘汰制）培训"。关于上诉人所称的被上诉人没有提出要求，因而其未进行该项培训不构成违约的问题，本院认为，在合同有明确约定的情形下，上诉人应当依约对其进行相关内容的培训，至于是否需要淘汰管理人员及如何运用培训内容来进行淘汰，则由加盟店根据其经营管理的情况来决定。因而，上诉人未对被上诉人进行该项培训已构成违约，一审法院裁决上诉人向被上诉人支付违约金50,000元，并无不妥。[①]

案件评析：该起案件中，核心争议焦点就在于特许人是否依约定履行了对被特许人的员工培训义务从而影响合同主要目的能否实现。特许人一直主张自己已经履行了培训义务，但是由于无法提供合法、有效的培训证据而败诉，并被判决承担了违约责任。因此，特许人需对特许经营协议中的员工培训条款给予重视，并切实履行、保留好履行的书面档案。特许人对被特许人进行培训是特许经营关系的重

① 参见重庆市第一中级人民法院：《重庆可购商贸有限公司与程某特许经营合同纠纷二审民事判决书》，(2018)渝01民终467号。

要方面，当然，法律并未对具体的培训方式和培训内容进行强制规定，而是留由特许人与被特许人通过合同进行自由约定。据此，培训义务成为了一项合同义务，双方当事人应当根据合同来检视是否完全履行，并依据合同内容来对该义务进行约束。

第四节　特许人对被特许人选址、建店的指导

《商业特许经营管理条例》并未规定特许人向被特许人提供指导选址、建店的义务。然而，实践中，特许人向被特许人指导选址、建店是特许经营中的惯例，通常在特许经营合同中，特许人与被特许人双方会对选址、建店的指导事项进行安排。

一、指导选址、建店的作用

特许人对被特许人选址、建店进行指导，实际上亦是将自身多年的成功的经营管理经验向被特许人进行传授。首先，特许人丰富的建店经验能够帮助被特许人更为准确地测算选址、建店的成本和收益，帮助被特许人在较短的时间内实现盈利；其次，被特许人向特许人支付的加盟费用，其对价同样包括了特许人对其在开业前的各项指导，选址、建店的指导就是其中非常重要的一项；最后，实践中，特许人的所有店面均有一套较为统一的设计风格，虽然各个店铺千差万别，但是作为消费者而言，只需一眼就能认出该店铺属于同一连锁品牌之下。为此，特许人对被特许人在选址、建店方面提供指导，将会保证被特许人能够在特许人统一的风格之下达到特许人需要的效果。同时，特许人在选址、建店方面积累起来的经验通常会形成一整套的选址、建店标准程序，对特许人而言指导被特许人能够促进其标准化程序的形成，同时亦能够以较低的成本实现较好的效果。

二、选址、建店的方法

通常，特许人对被特许人选址、建店进行指导会遵循相应的方法。在选址时，会从价值、风险、成本三个方面的多个因素进行综合经营管理决策，这种决策方法

量化了决策因素指标,因而使经营管理决策更加科学。特别是在特许经营分店选址中,通过对该方法的学习和灵活运用,对正确选择店址能发挥重要的决策工具作用。具体步骤如下:

1. 组建选址团队,包括来自特许企业总部的经理、加盟商和其他投资人。如果需要,还可以包括其他业内人士和专家。

2. 对如何确定店址的价值和风险相关因素达成共识。“价值”是指能够增加潜在利润的相关因素,而“风险”是指能够降低潜在利润的相关因素。

3. 使用10分制给各个价值和风险因素分配权重,这必须以几年的特许经营经验为基础。

4. 计算权重总分数,然后用第3步分配给各因素的权重除以权重总分,得出各因素的权重百分比。各百分比之和应该等于100%。

5. 使用5分制为候选店址的各个因素打分,5分最高。

6. 把各个店址的各因素得分与相应权重相乘。

7. 把每个店址的价值—风险得分相加。

8. 估计每个店址的成本。

9. 画价值—成本—风险图。

10. 比较各个圆,作出选择。①

在建店时则会充分考虑整体装修风格、服务的便利性、人流量等诸多因素。以烤鸭店为例,在建店时会考虑场地大小、鸭炉的多少、鸭炉的建造、厨房的位置、包房的位置、桌椅的拜访、是否使用电梯、传菜装置的设置。以上问题在建店时都需要特许人对被特许人进行指导,如若不然,鸭炉过少就会导致在人流量高峰时顾客的等待时间过长;鸭炉距离餐位太远,缺少传菜装置就会导致烤鸭从烤出直到送到客人餐桌时间过长,超过了最佳食用时间。这些一系列的问题唯有经验丰富的总店专业人员方能够给予指导,因此,被特许人通常都会要求在合同当中写明要求特许人提供选址、建店的指导。

---

① 参见韩肃:《特许经营分店选址的“价值—风险—成本”决策方法》,载《商场现代化》2011年第17期。

三、未指导选址、建店的法律后果

实践中,由于在合同当中对选址、建店进行了约定,特许人通常都会派出专人向被特许人进行现场指导。当然,双方在进行约定时最好能够明确指导人员的费用应当由谁来支付的问题。实践中,有的特许人会将指导选址、建店的费用纳入加盟费当中,而不再另行收取;亦有单独收取指导选址、建店费用的。当然,双方如果沟通顺利,这一点并不会引起争议。问题在于,实践中,诸多特许企业对被特许人进行了选址、建店的指导,但常常忽视了对整个选址、建店指导过程的记录。当出现此种情况时,由于特许人无法证明对被特许人提供过选址、建店方面的指导,一旦发生争议,将等同于未指导选址、建店,从而违反双方特许经营合同的约定,需要承担违约责任。

案例 26: 特许人未履行指导选址、建店的义务构成违约并可能导致合同解除

基本案情:2011 年 5 月 26 日至 2011 年 6 月 9 日,原告聂某英、聂某华与被告河南中汽节能科技有限公司签订了《特许加盟经营合同》四份,合同主要约定,被告许可原告使用“中汽节能汽车百货”字样,自主选择被告提供的空白地区进行建店,开业后原告销售被告生产的专利产品“汽车减阻节油器”,并获得被告的独家经销授权保护;原告应于合同签订时一次性向被告交纳加盟预付款,被告向原告出具收据;原告应于交付全部加盟预付金之日起 6 个月内选址建店;如被告无法达成下列任意一条款,造成原告 6 个月内未能实施建店(确定选址并具备正常经营条件),本合同自然终止,被告返还原告已交加盟预付金,并按预付金额的 9% 支付违约补偿金,其他双方互不追究:(1)被告须在本合同签订两个月选址完毕,且经原告确认;(2)被告须在原告确认行选址后,出具全面的装修方案,并由原告签字确认;(3)被告须对原告的工作人员进行全面系统的培训,并达到上岗要求;(4)被告须为原告提供完整的管理模式及软件系统;原告、被告双方因履行本合同发争议,应协商解决,协商不成,由原告住所地人民法院管辖;本合同自双方签订之日起生效,有效期为六个月。2011 年 5 月 14 日,聂某华与被告河南中汽节能科技有限公

司签订《特许加盟经营合同》,与被告濮阳濮信投资管理有限公司签订保证合同,聂某华将合同约定的5万元加盟预付款汇入被告濮阳濮信投资管理有限公司法定代表人李某某账户,聂某华与两被告签订的合同约定内容与聂某英与两被告签订的合同内容相同。2011年12月16日,聂某华与原告签订债权转让协议,将合同债权及项下权利转让给原告并履行了相关手续。在《特许加盟经营合同》有效期内,河南中汽节能科技有限公司未履行合同约定的义务。合同到期后,濮阳濮信投资管理有限公司支付聂某华利息4500元,支付聂某英利息9000元,经原告催要预付金及预付金违约金,河南中汽节能科技有限公司未返还原告已交的加盟预付金及预付金额的9%违约金,濮阳濮信投资管理有限公司未履行保证义务,双方发生纠纷。

诉求:原告聂某英、聂某华要求终止原告与被告河南中汽节能科技有限公司签订的加盟合同,由被告河南中汽节能科技有限公司返还原告加盟预付款46万元,并支付违约金4.14万元;被告濮阳濮信投资管理有限公司承担连带保证责任,被告李某某承担连带清偿责任。

法院观点:原告聂某英、聂某华与被告河南中汽节能科技有限公司、濮阳濮信投资管理有限公司签订的《特许加盟经营合同》《保证合同》系双方真实意思表示,内容不违背法律、法规禁止性规定,合法有效。被告濮阳濮信投资管理有限公司辩称《特许加盟经营合同》无效,缺乏相应证据支持,其辩解理由不能成立,本院不予采纳。合同签订后,聂某英、聂某华依约履行了交纳加盟预付款的义务,被告河南中汽节能科技有限公司未按约履行选址义务,造成聂某英、聂某华在6个月内未能实施建店(确定选址并具备正常经营条件),已构成违约,按照《特许加盟经营合同》的约定,合同终止,河南中汽节能科技有限公司应返还聂某英、聂某华已交加盟预付金共计46万元,并按预付金额的9%(46万元×9%=41,400元)支付违约补偿金。①

案件评析:本案中,由于特许人与被特许人之间约定了指导选址、建店的义务,

① 参见河南省濮阳市华龙区人民法院:《聂某英与河南中汽节能科技有限公司、濮阳濮信投资管理有限公司、李某某特许经营合同纠纷案》,(2012)华法民初字第351号。

但特许人没有按照约定履行该义务,法院审理中认定特许人不履行指导选址、建店义务的行为构成违约,应当承担违约责任。同时,法院判定该特许经营合同因此而终止。即除了要求违约赔偿外,被特许人还可以据此要求解除特许经营合同。

特许人指导选址、建店义务看似并不重要,但实际上如果在合同当中进行了约定,而特许人又不对被特许人履行该义务,那么被特许人完全可以因此而追究特许人的法律责任。同时,若因为未履行指导选址、建店义务而导致被特许人延迟建店或是造成其他损失的情况下,被特许人还可以要求解除特许经营合同,并要求特许人赔偿相应的损失。

另外,实践中特许人在履行指导选址、建店义务时往往不注意保留相关的证据,或者本身就忽视对证据的留存。有的特许人仅仅是在现场拍照,但照片本身并不能充分证明特许人已经履行了指导选址、建店的义务,仅能够证明特许人派出相关人员到了现场。因此,特许人应当有完整的指导选址、建店的管理制度、指导记录表、签字确认单等一系列的文件,从而保证在遇有法律纠纷时能够充分证明对相关义务的履行。

第五节 特许人对原材料和设备的控制

《商业特许经营管理条例》并未规定被特许人必须要使用特许人所提供的原材料和设备。然而,特许人的原材料和设备供应对特许人而言不仅能够满足控制加盟店经营质量的要求,而且还能够增加特许人的经济收入。因此,实践中,特许人往往在特许经营合同中约定,被特许人需要使用特许人提供的原材料和相关设备,或者是在某些情况下约定被特许人需要向特许人指定的供应商采购相关原材料和设备。当然,为了体现公平性,特许人往往在合同中承诺,由其或者是其指定的供应商提供的原材料和设备是价廉物美的。

尽管如此,实践当中,特许人往往无法提供价廉物美的产品,迫使被特许人出于成本考虑而另谋出路,从合同约定以外的供货商处取得原材料和设备。此外,被特许人还可能因为特许人的采购系统不完善,导致原材料迟延或是供货不充分而选择不在特许人处采购原材料和设备。如此,特许人和被特许人之间常常发生矛盾,矛盾如果无法解决,就可能引发诉讼。另外,特许人向被特许人提供的原材料和设备可能存在瑕疵,这就导致被特许人在经营过程中由此而产生损失。如果发生前述情况,被特许人和特许人均可能构成违约,从而承担赔偿责任。

一、原材料和设备的质量保证

提供原材料的义务通常由特许人与被特许人在合同中进行约定,特许人为了保证特许经营的质量,在实践中往往会要求被特许人使用其所提供的原材料和设备,并将之作为特许经营合同的重要附件。与此同时,特许人要求被特许人使用其提供的原材料和设备当然也出于一种经济上的考量,能够增加自身的收入来源。而原材料和设备往往可能存在瑕疵,若特许人未能控制好质量,不仅会损害其自身的利益,还会损害被特许人的经营权益。

案例27: 特许人要求被特许人使用其提供的产品时需保证产品质量

基本案情:2012年12月20日,A与B公司签订了《××酒特许经营合同》。合同约定B公司以直接授予的方式授予A特许经营权,本合同期限为三年,自2012年12月20日起至2015年12月19日止,双方可根据合同的约定提前终止或续期。合同还约定A必须在B公司指定的特许产品供应商处采购,由该供应商为A提供产品供应、配送等相关服务。未经B公司书面同意,A不得向其他供应商采购。合同签订后,A按照约定在B公司指定的供应商采购葡萄酒。2014年9月2日,A所在地方市场监督管理局作出《行政处罚决定书》,经鉴定查明A从指定供应商处采购的系列葡萄酒是侵犯注册商标专用权的产品,责令A停止销售并查封A正在销售的系列葡萄酒。

A向B公司出具书面情况反映,并要求其对此作出回应与处理。事后,双方已协商解除合同。关于该批葡萄酒与货款问题,由于双方多次协商未果,遂依据合同提请仲裁。

诉求:A 要求 B 公司收回未销售的系列葡萄酒并退还相应货款。B 公司则认为产品责任应由供应商承担,该葡萄酒也并非由其提供,应由供应商收回并退还货款。

仲裁观点:仲裁庭认为,B 公司作为特许权利人,应当保证其拥有的或者指定供应的特许产品是依法具有知识产权的。而且,本案供应商是由 B 公司指定,合同亦约定未经其书面同意,A 不得向其他供应商采购,故 B 公司对其指定供应商应具有审查认定的义务。根据《合同法》第 65 条"当事人约定由第三人向债权人履行债务的,第三人不履行债务或者履行债务不符合约定,债务人应当向债权人承担违约责任"的规定,B 公司指定的供应商仅是履行《合同二》的第三人,供应商向申请人提供了有瑕疵的特许产品系属于履行合同不符合约定的情形,B 公司作为本案 A 的合同相对方应当为此承担相应的法律责任。故根据《商业特许经营管理条例》第 15 条的规定,特许经营的产品或者服务的质量、标准应当符合法律、行政法规和国家有关规定的要求。现 B 公司指定供货商提供的特许产品侵犯了他人的注册商标专用权,A 有权要求其收回涉案葡萄酒及退还货款。

《商业特许经营管理条例》第 15 条规定特许经营的产品或者服务的质量、标准应当符合法律、行政法规和国家有关规定的要求。该条款规定了特许人作为特许产品提供者的产品质量责任。也就是说,如果特许人在特许经营体系中提供的产品存在质量问题,根据我国法律规定是要承担法律责任的。那么,特许人应当在什么情况下承担法律责任,又应当承担怎样的法律责任呢? 目前在我国,特许人的产品质量责任主要由《产品质量法》规定。下面就根据《产品质量法》的有关规定简单介绍一下特许人应当如何承担产品质量责任。①

案例评述:本案中,仲裁院的观点清楚地表明,特许人要求被特许人购买其所提供或指定的产品和服务时,应当保证该产品和服务的质量,如果无法保证,则特许人应当向被特许人承担瑕疵担保责任,并赔偿相应的损失。当然,需要注意的

---

① 参见广州仲裁委员会:《特许经营中特许人的产品瑕疵责任认定》,载 http://law. wkinfo. com. cn/case-analysis/detail/MkExMDAwMTEzODM% 3D? searchId = 1ac475ab4f60405baebe879a6b1f9211& index = 2&q = % E7% 89% B9% E8% AE% B8% E7% BB% 8F% E8% 90% A5% 20% E9% 87% 87% E8% B4% AD,最后访问日期:2018 年 9 月 26 日。

是，如果特许人在特许经营合同中作出了相应的承诺，那么被特许人不仅可以依据《产品质量法》要求特许人承担责任，还可以依据特许经营合同向特许人主张权利。

二、被特许人不履行采购义务的后果

被特许人一旦与特许人签订了采购合同，就意味着被特许人同意按照此种经营模式来开展双方之间的特许经营活动，申言之，被特许人是自愿地而并非在特许人的强迫之下去签订的。因此，被特许人想要反悔、解除该协议，除非特殊情况发生，符合合同约定或者法律规定的解除条件，否则，被特许人将承担不履行合同义务的不利后果。

案例 28：特许人未履行采购义务将导致特许合同解除

基本案情：2015 年 8 月 19 日，王某某向名岛餐饮公司交纳加盟意向款 5 万元。名岛杉杉分店系个体工商户，成立于 2015 年 10 月 14 日，经营者为王某某。其后名岛杉杉分店经营者改为了韩某某。2015 年 11 月 27 日，名岛餐饮公司（甲方）与韩某某（乙方）签订《经营合作协议》，主要内容为：为维护名岛餐饮公司的品牌信誉，保障合作双方可持续性发展，特制定诚信经营合作协议。协议条款：1. 甲乙双方要树立共同维护加盟品牌的意识，共同做好品牌的运营，杜绝一切有损企业品牌形象行为的发生。2. 认真履行加盟合同的各项章程，对出现违规的行为，甲乙双方要立即进行整改，确保品牌运营的良性可持续性发展。……4. 乙方必须严格执行牛羊肉、酱料等主料从甲方采购的协议，确保出品原料的质量。……10. 对严重影响企业品牌形象的行为，甲方在三次提出整改，未能得到乙方有效解决情况下，甲方有权终止合作，禁止乙方继续冠名经营，由此产生的后果由乙方全权负责。

其后，2017 年 3 月 15 日，黑龙江省都市频道《新闻夜航》节目对名岛餐饮公司的某加盟店用合成肉冒充正品肉的行为进行曝光。2017 年 3 月 18 日，名岛餐饮公司出具《关于终止加盟协议的通知》，主要内容为：名岛杉杉分店：你店已经长达一年时间未按照双方合同的约定购进名岛餐饮公司提供的牛羊肉、调料及其他食材，并私自从非正规渠道采购不合格的牛羊肉、调料及其他食材，以次充好，以假乱真。

按照双方签订的《招商加盟合同》第 11 条的相关约定,基于你店长期不从我方进货的违约行为,故双方已无继续合作的必要。现通知你店,自本通知送达之日起,双方签订的《招商加盟合同》解除,并限令你店在合同解除之日起 7 日内,摘掉牌匾。王某某签署“已接收。王某某”。随后,双方就特许经营合同履行发生争议,名岛餐饮公司将名岛杉杉分店诉至法院。

诉求:名岛餐饮公司要求:(1)解除名岛餐饮公司与名岛杉杉分店签订的《哈尔滨名岛餐饮有限公司招商加盟合同》(以下简称《招商加盟合同》)、《名岛餐饮有限公司加盟店诚信经营合作协议》(以下简称《经营合作协议》);(2)名岛杉杉分店摘除含有名岛自助烤肉名称的牌匾;(3)名岛杉杉分店赔偿名岛餐饮公司经济损失 120 万元;(4)诉讼费由名岛杉杉分店负担。

法院观点:本案经过两审,二审法院最后支持了一审法院的判决。我们主要关注采购条款方面。二审法院认为,关于名岛餐饮公司配送的货品是否违反合同约定问题。名岛杉杉分店上诉称名岛餐饮公司没有按照合同约定,提供保证品质、价格低廉的货品,但对其主张的事实没有提交充足的证据予以证明,应当承担举证不能的不利后果。同时,对于如何理解价格低廉的问题,双方当事人亦存在分歧。因案涉合同为特许经营合同,系双务有偿合同。在目前餐饮行业中,此类合同的特许经营人通常通过收取加盟费、管理费以及有偿配送货品等方式获取利润。案涉合同虽然约定提供的货品应价格低廉,但不必然解释为名岛餐饮公司必须在不获取利润的情况下提供不得高于市场最低采购价格的货品。名岛杉杉分店认为名岛餐饮公司提供的货品高于供应商的销售价格即违反约定的理解显然不符合当前餐饮行业习惯,本院不予采信。故名岛杉杉分店其此节上诉主张不成立,本院不予支持。

关于案涉合同应否解除问题。名岛餐饮公司一审诉称名岛杉杉分店自 2016 年 10 月起,违反合同约定,不再从名岛餐饮公司进货而自行外购,因而请求判令解除案涉合同。《合同法》第 93 条第 2 款规定:“当事人可以约定一方解除合同的条件。解除合同的条件成就时,解除权人可以解除合同。”案涉合同对于名岛餐饮公司行使解除权的条件进行了约定,即名岛杉杉分店连续两个月以上没有从名岛餐饮公司补货，同时又没有说明情况，名岛餐饮公司可不作预告而解除合同。①

案例评析：本案中，由于特许人与被特许人约定了采购条款，被特许人所需的原材料必须从特许人处购买。其后，被特许人认为价格过高不再从特许人处进货。由于被特许人未能履行合同所约定的采购义务，因此法院最终判决了合同的解除，并要求被特许人负赔偿责任。需要注意的是，虽然特许人承诺了价廉物美，但是价格高于市场价与提供的产品或服务有瑕疵是不同的，特许人无须对此负责。此时，被特许人如果以此为由进行抗辩，将无法被支持。

第六节　特许人对被特许人经营权的保护

在实践中，特许人往往会承诺被特许人在一定的区域内不再开设分店，通常是以被特许人所在的店面为圆心，约定半径为1～2公里画出保护的范围。这种保护方式一般被称作商圈保护。商圈保护对于被特许人的发展是十分必要的，设若在一公里的范围内有4家肯德基店，除非该地区的人流量非常大，否则4家肯德基店的经营都会受到影响，导致店面关张。然而，实践中，许多特许经营合同中对于商圈保护的约定十分模糊，甚至没有约定，仅是特许人对被特许人的口头承诺，如此就导致了争议的发生。

一、商圈保护范围的判断

（一）遵循利益平衡原则

利益平衡是解决利益冲突的基本原则，它是指“通过法律的权威来协调各方面冲突因素，使相关各方的利益在共存和相容的基础上达到合理的优化状态”。特许经营作为一种商业模式，利益最大化应当是利益衡量的首要目标。就商圈保护范围的确定而言，不同的主体具有不同的利益诉求，而不同的利益诉求正是产生利益

① 参见黑龙江省高级人民法院：《哈尔滨市呼兰区名岛自助烤肉杉杉分店、哈尔滨名岛餐饮有限公司特许经营合同纠纷二审民事判决书》，（2018）黑民终221号。

冲突之症结所在。被特许人拥有在一定地域内的独占经营权利，也即享有在特定区域经营获利的利益，而特许人则在该地域范围内既不能自行经营，也不能许可第三人经营，可能损失一部分许可费和经营获利，但也可能避免了特许经营体系内部的恶性竞争，维护了特许经营资源的健康存续。

（二）判断依据

商圈保护范围的合同约定。商圈保护范围是特许人和被特许人就该问题达成的合意，这一合意内容由双方通过圆心加半径、行政区划、特定地点等方式约定。因而，商圈保护范围司法判定的首要依据是特许人与被特许人签订的特许经营合同，相应的授权文件、双方往来函件等也是本合同的组成部分。[①]

（三）判断方式

如果商圈保护的合同约定非常清晰，那么争议就很难发生。争议往往就出现在合同约定不明的情况下。此时，需要对合同文本进行解释，借助文义解释、体系解释。同时，在解释中，使用对格式条款进行判断的相关规则，即将合同解释得不利于提供格式合同的一方。特许经营合同的提供方一般为特许人，从此种意义上来讲，该合同在解释时就应当偏向于非格式合同的提供方——被特许人。

二、违反商圈保护义务的法律后果

当特许人违反商圈保护义务时，由于该违约严重地侵犯了被特许人的经营权，可能导致被特许人无法继续开展经营。因此，在特许合同中，被特许人违反商圈保护义务往往会作为合同解除的一个条件。此外，由于特许人违反了商圈保护义务，作为过错方，特许人应当向被特许人承担损害赔偿责任，若有明确约定的情况下，特许人应当向被特许人直接承担违约责任。

---

① 参见阳路、李晓秋：《特许经营合同中商圈保护范围的判定》，载《人民司法》（案例）2017年第14期。

案例29：特许人应当对被特许人提供商圈保护否则承担相应责任

基本案情：亿家乐公司主要从事房屋中介服务和投资咨询业务。2010年，李某某与亿家乐公司签订加盟合同，约定李某某加盟亿家乐公司开展房产中介经营活动。合同履行期间，亿家乐公司在距李某某营业场所200米的地方开设分公司，开展同样房产中介经营活动。

诉求：李某某认为亿家乐公司的行为严重干扰了其正常经营，构成违约，请求法院判令亿家乐公司撤销其开办的位于李某某经营场所附近的分公司。

法院观点：法院经审理认为，虽然涉案合同未对李某某的经营区域范围作出约定，但是为了便于李某某实现合同目的，亿家乐公司应当给予李某某适当的经营空间。亿家乐公司在李某某的特定经营区域内开展经营活动，已影响到李某某的正常经营，违反了合同履行中应当遵循的诚信原则。遂判决亿家乐公司立即停止其分公司的经营活动。

案例评述：本案对正确认定特许人是否负有默示合理避让义务具有指导意义。特许经营是特许人以合同形式将其拥有的经营资源许可被特许人使用，被特许人按照合同约定在统一的经营模式下开展经营，并向特许人支付特许经营费用的经营活动。根据特许经营加盟合同的性质及合同履行应遵循的诚实信用原则，特许经营合同的特许人提供经营资源给被特许人，负有商圈保护义务，即特许人自己开展经营活动时，应合理避让被特许人必要的经营空间，不应威胁或影响到被特许人的正常经营活动，否则，特许人应承担相应责任。本案的裁判，对促进特许经营商业模式的健康有序发展起到了积极作用。①

案例30：特许经营合同中应当明确约定商圈保护义务

基本案情：2017年3月18日，原告（乙方）与被告（甲方）签订《品牌加盟合

① 参见山东省高级人民法院：《特许人违反商圈不竞争义务特许经营合同纠纷案——2013年山东省高级人民法院发布2012年度知识产权审判十大案件之案件八》。

同》,合同载明:第2条合同期限:本合同期限为2017年3月18日至2020年3月17日。乙方在合同签订生效之日起3日内,可以单方解除本合同,同时乙方应支付甲方为履行合同做准备而支出的费用。第3条权利的授予:1. 甲方的商号、商标、专利及其管理制度、经营模式等均为甲方合法拥有所有权或使用权,受法律保护。未经甲方或其他所有人书面授权许可,其他单位、个人无权使用。2. 在乙方认同并接受甲方的经营管理统一规范的基础上,甲方授权乙方在北京市昌平区经营壹家“鱼乐贝贝婴幼儿水育馆”单店。……4. 在合同有效期内,未经明确授权或甲方书面同意,乙方不得登记、注册、使用与甲方相同或近似的商标、标识、装潢或设计、广告宣传语、域名、软件等,也不得以其他任何形式侵犯甲方的各项权利。……14. 甲方有责任为乙方提供合同规定地点为圆心直径2公里的商圈保护。……

2017年6月24日,被告收到原告发出的律师函,律师函载有:(1)贵公司应对违反《品牌加盟合同》第5条第14款“甲方有责任为乙方提供本合同规定地点为圆心直径2公里的商圈保护”之约定的行为予以纠正,立即关闭贵公司在北京市昌平区龙锦苑六区北门底商开设的鱼乐贝贝婴幼儿水育馆……(2)若贵公司拒不纠正,依据《品牌加盟合同》第11条的约定以及《中华人民共和国合同法》第93条第2款的规定,原告有权解除合同……(3)若贵公司构成违约,依据《品牌加盟合同》第12条的约定以及《中华人民共和国合同法》第107条、第113条的规定,原告有权要求贵公司赔偿全部损失,包括合同履行后可以获得的利益……

诉求:原告要求:(1)依据涉案合同第5.14条、第11条的约定及《合同法》第93条第2款的规定,要求确认涉案合同于2017年7月25日解除;如果法院不能确认涉案合同于2017年7月25日通知到达时解除,被告违反涉案合同约定的商圈保护义务使原告作为加盟商的获利的合同目的不能实现,依据《合同法》第94条第4款关于有其他违约行为致使不能实现合同目的的规定,要求法院判决解除涉案合同。(2)同时根据《商业特许经营管理条例》第23条第3款的规定,在原告2017年6月17日了解情况之前,被告隐瞒了其在商圈保护范围内开设直营店的信息和情况。依据合同解除的后果及涉案合同第12条的约定,被告应当返还原告交纳的所有费用并赔偿全部损失。

法院观点:根据本案查明的事实,涉案合同约定的原告开店区域内,在原告选定的经营场所为圆心直径2公里内，有与原告加盟店经营业务相同的被告直营店铺，无论是否如被告所称该直营店铺在涉案合同签订前已开业，该事实的存在及经原告2017年6月24日书面函告要求纠正后被告未予解决，原告于2017年7月24日发出解除合同通知时已符合涉案合同约定的原告享有解除权的条件。当事人可以约定一方解除合同的条件，解除合同的条件成就时，解除权人可以解除合同，被告已于当月25日收到解除合同通知，故现原告要求确认解除合同通知到达被告之日涉案合同解除有事实和法律依据，本院予以支持。……涉案合同保证金的目的是为了使涉案合同相关条款得到切实履行，并且涉案合同期满后在原告没有违约行为的情况下还可以由被告将该款退还，现被告违约且无证据证明原告违约，故应当退还原告所交纳的保证金。[①]

案例评析：本案中，由于特许人与被特许人在合同中约定，特许人有义务为被特许人提供合同规定地点为圆心直径2公里的商圈保护。并且约定了如果特许人不提供该保护，那么被特许人有单方解除权。因此，法院在裁判中，严格依据合同约定进行了判决，在判决解除合同的情况下，确认了特许人违约的事实。

商圈保护义务对于被特许人而言是非常重要的，如果特许人不能履行好商圈保护义务，将严重侵犯被特许人的经营权，导致被特许人处于过度的竞争环境当中。在实践中，有的特许人并未在特许经营合同中列明商圈保护义务，仅仅是口头承诺。此时，被特许人需要注意，一旦发生争议，其相关证据将无法举示。

第七节　特许经营资源转让的限制

特许经营合同的转让实际上涉及特许经营资源的转让，该问题其实包含两种情况：第一，被特许人将特许经营合同整体进行转让；第二，被特许人将经营合同中

---

① 参见北京市东城区人民法院：《王某与北京鱼乐贝贝教育科技有限公司特许经营合同纠纷一审民事判决书》，(2017)京0101民初14424号。

的部分权利进行转让、许可,授权给第三人使用。这是本问题探讨的核心。

由于特许人与被特许人的合作关系唇齿相依,并且双方通过前期接触、谈判、信息披露等过程最终走到特许经营合同的签订,双方之间存在最起码的信任。因此,这种信任关系要被打破,就需要有充分的协商,特许人与被特许人任何一方均不会轻易打破这种关系。尤其是对特许人而言,选择一个好的合作伙伴甚至可能比盈利更为重要。为此,在特许经营合同中,特许人往往都会要求,未经过其书面允许,被特许人不得将特许经营合同进行转让,亦不得将特许经营合同中所约定的商标、专利、技术秘密、管理诀窍等经营资源转让给任何第三人使用。这也是特许人维系特许经营关系,保证特许经营稳定性的重要手段。

如果被特许人违反约定将上述特许经营资源转让给第三人使用,特许人不仅可以追究被特许人的违约责任,亦可以追究恶意第三人的责任。同时,由于被特许人此时对前述经营资源无处分权,其转让经营资源给第三人的行为就构成了无权处分,特许人此时可以对该行为进行追认,亦可以否定。也就是说,被特许人擅自转让特许经营资源的行为不一定无效,其效力处于待定状态,第三人仍有获得该经营资源的可能性。

案例31: 未经特许人同意被特许人转让经营资源的行为无效

基本案情:2015 年 4 月,方某与满某经协商,达成满某将阿勒泰申通公司在北屯快递派送及收发业务经营权及财产设备合计作价 300,000 元转让方某的协议。2015 年 4 月 30 日方某支付部分特许经营转让费 180,000 元。2015 年 5 月 1 日,方某、满某签订转让协议,约定北屯快递业务的经营权特许经营转让费 150,000 元、该营业场所内财产设施费 150,000 元(包含 2015 年 5 月 1 日至 2016 年 4 月 30 日房租费 40,000 元,电动车一辆、微型面包车三辆、电脑两台、打印机一台、无线把枪两把、有线把枪一把、不锈钢柜台一套、磅秤两台,价值共计 110,000 元),合计 300,000 元,满某指导方某熟悉掌握申通快递业务的经营方法,并协助方某办理该公司的过户手续,费用由方某承担。当日,方某从满某处收到上述物品,并从满某处接手阿勒泰申通快递公司在北屯快递派送及收发业务,口头约定双方暂不办理阿勒泰申通快递公司在北屯业务的工商登记手续,方某以满某亲戚的名义经营,由满某负责与阿勒泰申通公司协调后再办理相关转让手续。

另外,阿勒泰申通公司于2014年6月27日注册阿勒泰地区迅达申通快递有限责任公司北屯市分公司,负责人满某,并于2015年3月16日办理公司注销。2015年3月22日,满某与阿勒泰申通公司签订合同,双方约定阿勒泰申通公司授权满某在阿勒泰地区北屯区域范围内经营取派件,满某不得超出此区域经营业务,不得超过营业执照的经营范围。满某变更、新增经营场所及备案信息发生变化时需及时(最迟两日内)书面通知阿勒泰申通公司。满某未经阿勒泰申通公司同意,不得将阿勒泰申通公司授予的特许经营权转让给第三方,满某因个人原因需转让第三方进行经营,需向阿勒泰申通快递公司申请并缴纳收取第三方特许经营转让费用30%的手续费。满某在承包期内不可以将承包网点私自转让或出租给他人经营,如发现私自转让或出租他人经营,阿勒泰申通快递公司可以没收满某的风险保证金和收回满某的承包权。

诉求:原告方某认为,方某与满某没有达成任何形式的协议,满某所谈到的所谓的协议是满某的单方意思表示,方某没有同意该协议,没有在协议上签字,与方某没有关系。满某采取的是欺上瞒下的手段,方某对此不知情。方某签订完转让合同后才从申通快递处得知,由于满某的欺骗行为导致方某遭受了很大的损失。要求满某返还方某交纳的特许经营转让费300,000元。

法院观点:《合同法》第51条规定:“无权处分的人处分他人财产,经权力人追认或者无处分权的人订立合同后取得处分权的,该合同有效。”满某向方某转让特许经营权的行为未取得阿勒泰申通公司的同意,且阿勒泰申通公司已收回满某取得的北屯区域款的特许经营权,故方某、满某签订的《转让协议》无效。方某、满某在转让特许经营权的过程中,对造成《转让协议》无效均有过错。阿勒泰地区迅达申通快递有限责任公司与满某签订的《阿勒泰地区迅达申通快递有限责任公司区域承包责任书》约定“乙方因个人原因需转让第三方进行经营,需向甲方申请并缴纳收取第三方转让费用的30%的手续费”。因满某未向阿勒泰地区迅达申通快递有限责任公司缴纳特许经营转让费90,000元,造成阿勒泰地区迅达申通快递有限责任公司收回满某的经营权,对《转让协议》无效存在过错,故满某应承担90,000

元的过错责任。[1]

案例评述：该案中，被特许人在未经特许人同意的情况下，擅自将经营权转让给第三人，此种行为构成了违约。其后，特许人亦未对转让行为进行追认，导致转让合同无效。因此，在特许经营合同中，特许人与被特许人需要对特许合同是否能够转让给第三人、转让决定权、程序、费用等进行详细的约定。

第八节　被特许人主体变更时的处理

被特许人主体发生变化实际上相当于原被特许人将其特许经营权全部整体转移给第三人，也就是说将合同的权利义务进行概括的转让。根据《合同法》的相关规定，合同的权利可以转让给第三人，但是合同约定不能转让的情况除外，另外权利进行转让的时候必须要通知债权人。无论债权人是否同意，该转让都是有效的。而如果转让合同的债务，则必须要经债权人同意方可，否则该转让是无效的。而当出现合同权利义务概括转让的时候，由于既涉及权利的转让，又涉及义务的转让，因此转让人一定要取得另一方的同意，被特许人的主体发生变化即是一例，如果仅是原被特许人与第三人签订协议，但未经过特许人的同意，则此种主体变换等同于没有变化。

实践中，特许人在与被特许人签订特许经营合同时，通常都会在合同中约定："非经特许人书面同意，被特许人不得将特许合同中的权利义务转让给任何第三人。"如果不能将权利义务转让给第三人，就意味着合同的主体是不能够发生变化的。因此，未经特许人书面同意，被特许人不能被第三人替代。

一、发生被特许人主体变更时，可签订三方协议

特许人的书面同意有多种形式，实践中一般会以三方协议的方式将此种书面

---

① 参见新疆生产建设兵团第十师中级人民法院：《满某、方某与特许经营合同纠纷二审民事判决书》，(2018)兵10民终28号。

同意进行固定。当然,亦有企业使用三方备忘录,标明特许人、被特许人和第三人之间均同意此项主体的变更。如果不采用三方协议的形式,就需要三分书面文件:其一,特许人同意被特许人转让特许经营合同的书面文件;其二,被特许人与第三人就特许经营合同的概括转让所签订的合同;其三,特许人与第三人重新签订特许经营合同。当然,无论是否通过三方协议的方式来确定被特许人主体的变更,为了避免争议的发生,特许人与第三人重新签订特许经营合同都是有必要的,这也是由合同的相对性所决定的。

二、被特许人主体发生变更时的情况

实践中,除了被特许人将主体资格转让给第三人的情况外,还有一种情况需要引起注意,即被特许人主体发生变更。常见的如被特许人由个体工商户变为有限责任公司。实践中,许多特许经营企业对此种变化未能给予重视,认为被特许人的实际经营者没有发生变化,因此特许经营合同仍然使用原来的协议,也未以任何书面形式加以确认。还有的企业本身对被特许人的要求比较高,要求具有法人资格,但在前期磋商的过程中,特许人与被特许人之间互相非常认可,于是在被特许人办理公司注册登记事宜之前,先行与被特许人的实际经营者(通常是以个体工商户的面目出现)签订了特许经营合同作为权宜之计。待被特许人公司注册登记完成以后,再由新的公司对以前的实际经营者进行替代,继续执行以前的特许经营合同。当出现上述情况时,特许人与被特许人之间如果彼此信任、按照以前的约定继续履行当然是最好的效果。但是,不排除双方之间就合同的履行产生争议,此时由于主体发生变更,又没有相关的书面文件对此种变更予以确认,因此,对特许人与被特许人来说均隐含着较大的风险。

此种情况与第一种情况看似不同,实则并无二至。虽然从表面上看,被特许人仅是外观发生了变化,而其实际经营者还是原来的,但是,从工商登记的角度来看,原来的个体工商户和现在的有限责任公司就是两个主体,与第一种情况即被特许人将主体资格转让给第三人的情形是等同的。因此,特许人、被特许人与新的被特许公司之间仍然应该签订三方协议,并由特许人与新的被特许公司之间重签特许经营合同。

案例32：特许经营权转让时应当由特许人、被特许人和受让方签订三方协议

基本案情：2011年8月19日，原告贾某与被告尤某签订了《关于尤某退让襄樊阿斯顿英语学校股权及经营权的双方协定》……2012年11月26日，贾某、尤某以及北京阿斯顿公司三方签订了特许经营权转让协议，该协议主要内容为：协议三方确定了以下事实：(1)尤某根据2009年12月31日与北京阿斯顿公司签订的《特许经营合同》而享有阿斯顿特许经营权，在襄樊地区从事阿斯顿英语培训教育事业；(2)现在尤某同意将其拥有的在襄樊地区特许经营权转让给贾某。贾某、尤某和北京阿斯顿公司三方经协商一致达成如下协议：(1)北京阿斯顿公司同意尤某将其拥有的在襄樊地区特许经营权转让给贾某，转让完成后，北京阿斯顿公司认可贾某为襄樊地区阿斯顿业务独立特许加盟者，并认可贾某在襄樊地区从事阿斯顿英语培训教育事业；(2)尤某转让经营权后，其与北京阿斯顿公司于2009年12月31日签订的《特许经营合同》即告终止，尤某不再享有任何阿斯顿加盟权益；(3)尤某与贾某转让特许经营权过程中产生的任何纠纷与北京阿斯顿公司无关；(4)尤某的经营权转让完成后，北京阿斯顿公司应与贾某签订新的《特许经营合同》；双方共同确认新签订的《特许经营合同》除加盟者由尤某变更为贾某外，其他条款不变；(5)本协议自贾某向尤某支付完剩余50万元之日起生效。上述特许经营权转让协议后，汤某分别于2013年2月3日通过交通银行向尤某转账20万元，于2013年7月12日通过交通银行向尤某转账10万元，于2013年9月12日通过招商银行向尤某转账5万元，于2014年1月13日通过招商银行向尤某转账10万元，于2014年1月19日通过招商银行向尤某转账5万元。至此，贾某和汤某共计向尤某转账50万元，连同三方签订特许经营权转让协议之前已向尤某转账的50万元，共计向尤某转账100万元。

2014年4月1日，北京阿斯顿公司为了协调贾某与尤某在襄阳加盟权问题上的纠纷举行了会议，并形成《会议纪要》，会议纪要的主要内容为：尤某认可贾某已经付清了100万元的全部转让费，但尤某认为贾某违反了双方于2011年8月19日签订的《关于尤某退让襄樊阿斯顿英语学校股权及经营权的双方协定》的付款期限约定，超期付款，应当支付所产生的欠款利息。三方未就是否逾期付款以及是

否应支付利息达成一致意见。后贾某多次要求北京阿斯顿公司依约重新签订《特许经营合同》无果，遂诉至法院。

诉求：原告贾某要求：(1)确认贾某与尤某、北京阿斯顿公司于2012年11月26日签订的《特许经营权转让协议》已于2014年1月19日生效；(2)确认贾某已于2014年1月19日取得襄阳地区阿斯顿英语学校的特许经营权；(3)责令北京阿斯顿公司在判决生效后3日内依照《特许经营权转让协议》第10条的约定与原告签订新的《特许经营合同》，责令尤某履行相应的协助义务。

法院观点：原告与二被告于2012年11月26日签订的《特许经营权转让协议》，系当事人的真实意思表示，不违反法律、行政法规的规定，合法有效，应受法律保护。因上述协议约定的生效条件是贾某向尤某支付完全部转让费后生效，贾某于2014年1月19日已支付全部转让费，故该协议自2014年1月19日已发生法律效力，原告贾某请求其与二被告于2012年11月26日签订的《特许经营权转让协议》已于2014年1月19日生效的诉讼请求成立，本院予以支持。《特许经营权转让协议》第5条约定，上述特许经营权的转让完成后，北京阿斯顿公司认可贾某为襄阳地区业务独立特许加盟者，故贾某请求确认其已于2014年1月19日取得襄阳地区英语培训教育特许经营权的诉讼请求符合合同约定，本院予以支持。《特许经营权转让协议》第10条约定，上述特许经营权的转让完成后，北京阿斯顿公司与贾某应签订新的《特许经营合同》，且双方共同确认，新签订的《特许经营合同》中，除加盟者由尤某变更为贾某外，其他条款不变。根据上述约定，贾某取得特许经营权后，其与北京阿斯顿公司之间的权利义务关系按照尤某与北京阿斯顿公司之间签订的加盟协议来确定，故是否签订新的协议对尤某与北京阿斯顿公司之间的权利义务关系并无实质性的影响，加之平等民事主体之间是否签订合同应由民事主体之间自己决定，而不是由人民法院判决的事项，故贾某请求北京阿斯顿公司与其签订新的特许经营合同的诉讼请求没有法律依据，本院不予支持。贾某还诉请尤某在贾某与北京阿斯顿公司签约时，履行相应的协助义务，基于上述理由以及贾某、尤某与北京阿斯顿公司签订的《特许经营权转让协议》的约定，尤某并无法律和约定上的协助义务，故原告请求尤某履行协助义务的诉讼请求亦不能成立，本院不予支持。至于贾某与尤某之间就付款期限发生的争议，与本案不属同一法律关系，双方均可协商处理或另行主张权利。[①]

案件评析：本案中，因为贾某、尤某与北京阿斯顿公司三方共同签订了《特许经营权转让协议》，因此，法院认定该转让已经达成。三方协议的优势在该案件中体现无疑，即特许人即使不与新的被特许人再签订协议，该转让仍然会被认为是有效的。因此，当发生特许经营主体变更时，若新的被特许人仍要沿用原被特许人与特许人签订的特许经营合同，那么通过签订三方协议的形式，不仅明确了三方的权利义务，更是确定了三方当事人之间的真实意愿，避免了不必要的法律纠纷。

---

① 参见湖北省襄阳市樊城区人民法院：《贾某与尤某、北京阿斯顿教育咨询公司、襄阳阿斯顿英语学校特许经营权转让合同纠纷一审民事判决书》，(2014)鄂樊城民三初字第00185号。

第五章　商业特许经营合同的解除

第一节　特许经营合同解除的条件

虽然我国《合同法》中的有名合同中并未专门规定特许经营合同这一类型,但作为一种合同,特许经营合同应当受《合同法》的规范。我国《合同法》对合同解除的规定当然适用于特许经营合同。我国《合同法》第93条规定,当事人协商一致,可以解除合同。当事人可以约定一方解除合同的条件。解除合同的条件成就时,解除权人可以解除合同。该条对合同解除的约定解除进行了规定。约定解除包括两个方面:一是合同方在签订合同后反悔,经过当事人协商一致而解除;二是提前在合同中约定合同解除的条件,一旦条件成就,该合同即告解除。实际上,这两种情况均是遵从当事人的意思自治,无非一个是提前约定,一个是事后写上约定。《合同法》第94条则是对合同的法定解除进行了规定。有下列情形之一的,当事人可以解除合同:(1)因不可抗力致使不能实现合同目的;(2)在履行期限届满之前,当事人一方明确表示或者以自己的行为表明不履行主要债务;(3)当事人一方迟延履行主要债务,经催告后在合理期限内仍未履行;(4)当事人一方迟延履行债务或者有其他违约行为致使不能实现合同目的;(5)法律规定的其他情形。除了约定解除和法定解除会导致特许经营合同的解除外,由于特许经营合同的特殊性,《商业特许经营管理条例》还专门规定了特许经营合同解除的情况。

一、"冷静期"中的合同解除

《商业特许经营管理条例》第12条规定,特许人和被特许人应当在特许经营合同中约定,被特许人在特许经营合同订立后一定期限内,可以单方解除合同。该条专门赋予了被特许人单方解除合同的权利。对于该条所涉及的具体问题，在前文已经讨论过，此处不再赘述。当然，其中尤其需要注意“冷静期”经过的判断标准，一旦冷静期经过，该单方解除权就不能继续行使。

二、违反“信息披露义务”时的合同解除

《商业特许经营管理条例》第 23 条第 3 款规定，特许人隐瞒有关信息或者提供虚假信息的，被特许人可以解除特许经营合同。该条同样规定了被特许人的合同解除权。需要注意的是，仅仅违反“信息披露义务”并不会必然导致被特许人享有单方解除权，唯有特许人隐瞒了有关重要信息，或是提供了虚假信息足以造成被特许人订立合同时出现误认的情况下，被特许人才享有单方解除权。相关讨论可参见前述“信息披露”的部分，此处将不再赘述。

三、其他解除条件

《商业特许经营管理条例》虽然没有再规定其他的合同解除情形，但是在某些情况下，特许人或被特许人的行为仍然能够导致特许经营合同的解除，如特许人向被特许人提供的商标并非自己所有、被特许人严重违反特许人的经营管理、特许人未履行商圈保护义务等。在这些情况下，实际上能够适用《合同法》对合同解除的相关规则进行处理，因此《商业特许经营管理条例》未再单独进行规定。

综合而言，特许经营合同的解除应当适用《合同法》的相应规则。《商业特许经营管理条例》为了平衡特许人与被特许人之间的利益，专门为被特许人设置了两种特殊的获得单方解除权的情形，从而使特许经营合同在解除时具有一定的特殊性，特许人与被特许人均应当注意，具体案件当中选择以何种方式来解除合同要视情况而定。

案例 33：特许经营合同中应当明确合同的解除条件否则将导致合同无法解除

基本案情：2013 年 12 月 2 日，北方霞光公司与赵某某签订《加盟店合同》，双

方约定,乙方根据约定自甲方取得本合同项下的加盟经营权,在核准地点经营北方霞光加盟店等。同日,北方霞光公司向赵某某颁发授权证书。2013 年 12 月 2 日与 12 月 3 日,赵某某累计向北方霞光公司交纳品牌管理费 8000 元,保证金 2 万元,货款约 2.38 万元。《加盟店合同》签订后,赵某某并未开店实际经营。北方霞光公司在其发行的《食品添加剂市场》刊物上宣传对加盟者提供八大支持,包括品牌优势支持、店面选址及开店支持等。2014 年 11 月 13 日,北方霞光公司进行了特许人备案,特许品牌包括北方霞光、蝶之舞等。北方霞光公司亦提供了相关商标注册证的复印件。

诉求:赵某某以发现北方霞光公司在订立合同时隐瞒自身不具有特许经营资格的信息,没有在商务部备案;没有履行信息披露义务,虚假宣传,存在欺诈;没有按约定履行合同,没有履行八大支持的合同义务,致使赵某某合同目的不能实现及其没有实际利用北方霞光公司经营资源有权单方面解除合同等为由,请求法院判令解除签订的《加盟店合同》,北方霞光公司退还上述费用,并赔偿其损失 1354 元。

法院观点:一审法院认为,赵某某主张北方霞光公司虚假宣传,未履行合同约定的八大支持,不具有特许经营资格及没有将客户转移至其名下等行为不构成根本违约,故赵某某以此为由要求解除合同,一审法院不予支持。双方在《加盟店合同》中未就赵某某行使单方解除权的期限作出约定,赵某某在不晚于 2014 年 5 月明确向北方霞光公司提出了解除合同的要求。鉴于赵某某自签订《加盟店合同》后,未开业经营,未实际利用北方霞光公司的经营资源,北方霞光公司亦无证据证明其在签订《加盟店合同》前对赵某某进行了相关的信息披露,赵某某未实际经营与北方霞光公司未进行信息披露之间存在直接关系,赵某某要求解除合同亦未超出合理期限,故其要求解除《加盟店合同》的诉讼请求,一审法院予以支持。北方霞光公司不服一审判决提起上诉,二审法院维持了一审判决。①

案件评析:在该案中,因对解除合同路径的不明晰导致主张解除的理由中法定解除理由与单方解除理由彼此交错,脉络不清,最终导致被特许人未能成功解除特

---

① 参见张玲玲:《特许经营合同解除的路径选择——评赵某某诉北方霞光公司特许经营合同纠纷案》,载《中国知识产权报》2015 年 12 月 25 日,第 11 版。

许经营合同。因此,在提出解除特许经营合同时,一定要注意所选择的方式和方法与所适用的法律条文之间要相互协调,唯有如此方能成功地行使解除权。切记自认为能够解除,并单方面行使了解除权,但并不符合解除的条件,此种行为不仅无法被认定为解除权的行使,反而是未履行合同义务或不当履行合同义务的违约行为。

第二节 特许经营合同解除后特许经营资源的处理

我国《合同法》第91条规定,有下列情形之一的,合同的权利义务终止:……(二)合同解除。第92条规定,合同的权利义务终止后,当事人应当遵循诚实信用原则,根据交易习惯履行通知、协助、保密等义务。第97条规定合同解除后,尚未履行的,终止履行;已经履行的,根据履行情况和合同性质,当事人可以要求恢复原状、采取其他补救措施,并有权要求赔偿损失。

根据我国《合同法》的相关规定可知,在特许经营合同解除后,对于经营资源而言,被特许人未使用的,特许人不再向其授权使用,已经使用的,应当停止使用,并且要将其恢复到使用前的状态。也即一旦特许经营合同解除,被特许人就不能再继续使用特许人的相关经营资源。同时,对于相关经营资源的事后处置,被特许人还应当进行配合,并对其中的核心经营资源的信息进行保密。

实践中,有不少被特许人在特许经营合同解除或者终止后,仍然使用特许人的特许经营资源。需要清楚的是,特许经营资源使用的对价是支付加盟费、商标许可费等特许经营费用,而一旦特许经营合同解除,特许人要将上述费用退还给被特许人,此时被特许人再行使用就是在未支付对价的情况下使用。另外,特许人的知识产权和其他资源是通过许可而交由被特许人使用,对经营资源的许可常常是以合同附件的形式置于特许经营合同之下,一旦特许经营合同解除,作为附件的其他许可合同当然解除。因此,某些被特许人侥幸地认为仅仅是特许经营合同的解除,而非商标许可合同或是专利许可合同的解除是错误的。一旦被特许人抱有此种侥幸心理或是故意在合同解除后使用特许人的经营资源,那么就会侵犯特许人的知识产权的专用权,特许人可以提起侵权之诉以维护自己的合法权益。

一、解除后经营资源的返还

案例 34: 特许经营合同解除后被特许人继续使用经营资源的构成不正当竞争

基本案情:2015 年 1 月 1 日,华帝公司(甲方)与松如公司(乙方)签订了《2015 年度经销合同》,主要内容为:甲方指定乙方为华帝公司“VATTI”“VATTI 華帝”品牌厨具类产品的经销商;经销区域为大庆市区、林甸、泰康、肇源、肇州;经销品类为灶具、抽油烟机、消毒柜、电烤箱、微波炉、电蒸箱;经销期限自 2015 年 1 月 1 日起至 2015 年 12 月 31 日止;甲方支持与鼓励乙方积极拓展其经销区域范围内所有类型的常规渠道、客户,但为了适应市场变化,甲方保留在乙方经销区域范围内与特定类别的渠道客户进行直接或间接的经营合作的权利;“华帝”“VATTI”“VATTI 華帝”“華帝”或“Vantage”是甲方享有的知识产权(含甲方专卖店装潢设计、门头设计等特定辅助形象),若甲、乙双方终止合作,除经甲方书面授权外,乙方应在终止合作之日起一个月内或接到甲方书面通知之日起 15 日内,自行拆除其门头、店铺内的上述标识以及相关元素,否则,视为乙方严重违约,双方约定由乙方向甲方支付每店(标准专卖店、乡镇专卖店、乡镇专柜等所有使用甲方标识的门店)20 万元的违约金,同时,甲方还有权以侵权为由追究乙方的责任。乙方下属二级分销商违反本款前述约定的,双方约定由乙方按照上述标准承担责任,或者由乙方及其二级分销商承担连带责任,或者甲方直接要求乙方下属二级分销商承担责任,甲方有权视情况决定采取何种追责方式。

松如公司(甲方)与林甸华帝厨具(乙方)签订的《2015 年特许经营合同》约定:甲方向华帝公司申请,对符合“华帝厨卫产品特许零售商”的乙方,授予华帝厨卫产品特许零售商;经销区域为杜尔伯特蒙古族自治县;经销产品品类为厨具、热水器、厨柜;经销期限自 2015 年 1 月 1 日起至 2015 年 12 月 31 日止,但因乙方违约,甲方可随时书面通知乙方解除合同;“华帝”“VATTI”“VATTI 華帝”“華帝”或“Vantage”是华帝公司的商标,若甲、乙双方终止合作关系,除经甲方书面授权外,乙方应在终止合作关系之日起一个月内或接到甲方书面通知之日起三日内，自动拆除其门头、店铺内带有上述标识以及相关元素，同时，乙方必须将带有“华帝”字样的企业名称进行注销或转让甲方或甲方指定的第三方；合同期满后，双方继续合作的，需另行签订合同。

诉求：原告华帝公司以杜蒙华帝厨具未经授权在其经营的店铺门头醒目、突出使用“VATTI 华帝”作为招牌，造成市场主体混淆、商品来源混淆和误认，侵犯其商标专用权且构成不正当竞争为由，向一审法院提起诉讼，要求杜蒙华帝厨具立即停止侵犯华帝公司注册商标专用权及不正当竞争行为，在市级报纸刊登声明清除影响，并赔偿经济损失及维权费用 21.23 万元，承担本案的诉讼费用。

被告杜蒙华帝认为，杜蒙华帝厨具为销售华帝公司产品，使用了华帝商标，属于合理使用。杜蒙华帝厨具是销售华帝公司产品的专卖店，与华帝公司存在特定的联系且能够提供产品的合法来源，没有造成相关公众混淆误认，亦未使华帝公司的利益受到损害，不适用《反不正当竞争法》的规定。

法院观点：一审法院认为，华帝公司依法成立并存续，其合法、有效取得第 636410 号注册商标、第 6061921 号注册商标、第 6269834 号注册商标、第 6104379 号注册商标。四枚商标均核定使用商品第 11 类：燃气炉等。商标注册人享有商标专用权，受法律保护。华帝公司为案涉四枚文字及图形商标的注册人，依法享有商标专用权，且四枚注册商标均处于注册有效期限内，其合法权利应受法律保护。林甸华帝厨具与华帝公司在大庆地区的经销商订立合同，互相选择了合作模式并由经销商向林甸华帝厨具供应华帝公司的正规商品，则林甸华帝厨具有权对外销售商品并同时使用华帝公司的相关名称作为店铺名称。林甸华帝厨具虽未经华帝公司的直接授权，但其按经销商许可的模式设立店铺，销售华帝公司的正规产品，未造成公众对市场主体、商品来源的混淆和误认，不属于对华帝公司注册商标专用权的侵犯，亦不构成不正当竞争行为。

二审法院认为，林甸华帝厨具使用华帝公司名称、装潢是否具有主观过错。林甸华帝厨具曾系华帝公司的二级加盟店，理应清楚在特许合同解除后无权再继续使用华帝公司名称及装潢，其存在侵权故意。林甸华帝厨具的被诉侵权行为足以造成市场混淆。华帝公司所属专卖店在门头及装潢方面实行统一的设计形象，林甸华帝厨具继续使用与华帝公司专卖店相同的门头形象，在橱窗广告中使用华帝公司标识进行宣传，足以使相关公众对市场主体和来源产生混淆和误认，容易造成竞争秩序的混乱。综上，林甸华帝厨具前述行为违反了诚实信用原则，具有不正当性，难以避免产生市场混淆，已构成不正当竞争。①

案例评析：本案经过两次审理，一审法院和二审法院的判决并不相同。两次审理的争议焦点均为，被特许人是否能够在特许经营合同解除后继续使用特许经营资源，以及此种使用行为是否构成不正当竞争。一审法院在认定中错误地认为即使特许经营合同解除，但是相关的知识产权许可并未随之解除，因此被特许人在此后的使用行为并不会使消费者产生混淆和误认。而二审法院将此种观点予以了纠正，正确地处理了主合同与从合同关系，以及是否产生混淆和误认的问题。同时，该案件亦反映出，特许人在合同解除后，如果发现被特许人继续使用其经营资源，可以单独的商标侵权、专利侵权为由起诉，亦可以选择以构成不争当竞争为由起诉。相类似的判决在以下案例中亦能够找到。

二、解除后不当使用经营资源的法律后果

案例 35：被特许人解除后不当使用特许人经营资源构成侵权及不正当竞争

基本案情：原告联想（北京）有限公司享有“联想”（商标注册证第 520416 号）、“lenovo”（商标注册证第 3462586 号）商标权利，该两个商标分别于 1999 年和 2008 年被国家工商总局认定为中国驰名商标。被告善美科技公司系 2013 年 3 月 22 日经工商登记注册的有限责任公司，法定代表人为刘某，经营场所：荆州市荆州区，经营范围：计算机工程及计算机软件技术开发及成果转让，计算机系统的设计，计算机及计算机配套产品和通讯设备的销售及维护。被告善美科技公司曾于 2012 年 4 月至 2013 年 3 月 31 日、2013 年 4 月至 2014 年 3 月 31 日获得联想商用产品授权经销商的两年授权。2014 年 4 月至今并未获得联想公司的任何授权，但 2014 年

① 参见黑龙江省高级人民法院：《上诉人华帝股份有限公司与被上诉人杜尔伯特蒙古族自治县华帝厨具侵害商标权纠纷一案民事判决书》。

至2018年3月1日被告善美科技公司的门店及室内装饰仍使用“联想”“lenovo”商标标识。

诉求：联想公司认为被告未经授权，在其经营的店铺装修中，明显使用“联想”“lenovo”商标，且和联想正规签约商的装修基本一样，使消费者误以为是联想授权专卖店，被告的行为已严重侵犯了原告的商标专用权且明显构成不正当竞争。要求：(1)判决被告立即停止侵权行为；(2)判决被告在市级报纸上刊登声明以消除影响；(3)判决被告赔偿原告侵权赔偿金及合理费用3万元；(4)判决被告承担本案诉讼费用。

法院观点：关于被告是否侵犯原告注册商标专用权的问题。根据《商标法》第48条的规定，该法所称商标的使用，是指将商标用于商品、商品包装或者容器以及商品交易文书上，或者将商标用于广告宣传、展览以及其他商业中，用于识别商品来源的行为。2014年3月31日之后，被告在联想公司授予其经销联想商用产品到期的情形下，仍然将“联想”“lenovn”商标标识用于门店名称，且门店内的墙面、柜子上也使用了“lenovn”“扬天”字样。被告在超过授权期限仍然使用“联想”“lenovn”商标标识，使消费者误认为其与原告之间存在特定的联系，属于《商标法》意义上的使用行为及构成《商标法》第57条规定的侵权行为。故原告主张被告侵犯其注册商标专用权的诉讼请求成立，本院予以支持。

关于被告是否构成对原告的不正当竞争的问题。法院首先判断了联想公司的品牌知名度问题，认为“联想”“lenovo”电脑为注册商标，是全球PC领导品牌，且在国内知名度颇高。联想体验店实行统一的店铺门头设计，其店铺名称、装潢在相关的公众中已具有一定的市场知名度。其次，认为善美科技公司使用“联想”“lenovo”商标标识是否具有主观过错。善美科技公司曾系联想商用产品授权经销商，理应清楚在特许合同解除后无权再继续使用“联想”“lenovo”商标标识及装潢。最后认为善美科技公司被诉的侵权行为是否足以造成市场混淆。因此，善美公司的行为构成不正当竞争。

案例评析：在本案的判决中，善美公司在特许经营合同解除后仍然继续使用联想公司的名称、装潢、商标，不仅侵犯了联想公司的商标权还同时构成了不正当竞争行为，法院从商标侵权和不正当竞争两个方面均予以了认定。通过法院的认定不难看出,特许人在遇有被特许人违反后合同义务即合同解除后返还相应经营资源的义务时,一方面,可以根据特许经营合同的约定向被特许人进行追偿;另一方面,在双方没有约定的情况下,特许人还可以诉诸于侵权之诉,要求被特许人承担侵犯经营资源的责任,或者是要求法院确认其实施了不正当竞争行为。对于被特许人而言,也千万不要抱有侥幸心里,认为自己已经掌握了特许人的所有经营资源的诀窍,就可以自己随意使用并且无须再行支付特许使用费。需知,特许经营资源是特许人多年智力成果的结晶,是受到法律保护的财产权利,未经合法授权是不能够擅自使用的。

第三节　特许经营合同终止后剩余产品和物品的处理

根据我国《合同法》的相关规定,在合同解除或者终止后,双方对未履行完的部分即不再履行,已经履行的部分能够恢复原状的要进行恢复。因此,通常情况下,在特许经营合同当中双方都会约定,一旦合同有效期届满终止或是被解除,被特许人应当返还特许人的相关经营资源,不能返还的要立即销毁。同时,对于特许产品一般会约定按照一定的价格做退货处理。例如,被特许人应当立即将书写特许人标志的产品下架、有特许人企业名称的牌匾摘除、相关手册返还特许人等。通常情况下,特许人应当对被特许人是否履行对剩余产品和物品的处理进行监督,但是,特许人往往会忽视这一问题,或是采取一些简便但并没有效的措施。例如,请被特许人在清理剩余产品和物品后拍照以示证明。这种情况多发生在全国性的特许经营企业中。由于拥有许多在外地开设的加盟店,总部很少能够兼顾到每一个店,如果能够派相关人员直接对合同终止后的产品和物品处理情况进行现场检查当然是最有效的措施,但如果加盟店本身位置距离总部较远,其中耗去的时间和人力成本就会非常高,总部通常就会选择放弃现场检查的模式,改由照片或视频检查。因此,这也使被特许人在合同终止后仍能够在一个相对宽松的条件下去使用特许人的经营资源。当然,我们并不鼓励被特许人采取如此做法,因为特许人一旦发现,对被特许人进行追诉,那么被特许人同样要承担相应的责任。

此外,亦有特许人与被特许人因为合同中的退货条款约定不清,或是理解上存在偏差而发生纠纷。

案例36: 特许人与被特许人应当在特许经营合同中明确约定退货条款

基本案情:被告至雅风尚公司成立于2002年1月28日,公司的经营范围包括技术开发、技术咨询、技术转让、技术服务等。2013年7月28日,被告至雅风尚公司与案外人李某签订《代理协议书》一份,授权案外人李某为被告至雅风尚公司在新疆阿勒泰地区的"AAA"品牌家居彩装膜代理商,代理经营范围是新疆阿勒泰地区。之后,案外人李某在新疆北屯市涌泉路大有房地产12号楼10商铺进行了店铺装修,并领取个体工商户营业执照进行经营。2013年11月12日,被告至雅风尚公司(作为甲方)与原告王某某(作为乙方)签订一份《代理协议书》,约定:甲方系工商局注册备案的公司,AAA商标为甲方在中国注册及全权拥有,享有AAA中国地区的品牌使用经营权,负责AAA中国地区的品牌推广和销售,乙方获得甲方授权使用商标、商号和经营模式等经营资源;乙方代理经营地域范围是新疆阿勒泰地区,乙方经营地址是新疆阿勒泰市,签约时一次性向甲方支付投资款168,000元,甲方提供货品168,000元,并免费向乙方赠送60,000元的"AAA家居彩装膜"的装修产品和5000元开业用品;乙方代理经营期限:2013年11月12日至2014年11月12日止。本协议的期限从协议签订之日起计算,有效期为壹年;甲方保证在本协议生效期间,在代理范围内不以任何方式向其他第三者供货,以维护乙方在代理区域内的授权和独家经销本公司产品的权利;乙方享有区域发展权限,每发展一家下级代理商,乙方与甲方按下级代理商首批投资款项3:7分成,甲方负责首批铺货;乙方从第二次进货开始,享受甲方按照全国统一供货价格2.6折的折扣。同日,原告王某某向被告至雅风尚公司交纳定金30,000元。同年11月14日,被告至雅风尚公司赠送原告王某某电脑一台。

2013年11月底,原告王某某在新疆北屯市得知案外人李某也是新疆阿勒泰地区"AAA"品牌家居彩装膜代理商,便向被告至雅风尚公司提出异议。同年11月

26日,被告至雅风尚公司与原告王某某重新签订《代理协议书》一份,约定:乙方代理经营地域范围是北疆区域总代理(阿勒泰地区、塔城地区、克拉玛依地区、昌吉地区),乙方经营地址是新疆北屯市,签约时一次性向甲方支付投资款168,000元,甲方提供货品168,000元,并免费向乙方赠送60,000元的“AAA家居彩装膜”的装修产品和5000元开业用品;乙方代理经营期限:2013年11月26日起至2015年11月25日止。本协议的期限从协议签订之日起计算,有效期为二年;甲方保证在本协议生效期间,在代理范围内不以任何方式向其他第三者供货,以维护乙方在代理区域内的授权和独家经销本公司产品的权利;乙方享有区域发展权限,每发展一家下级代理商,乙方与甲方按下级代理商首批投资款项3∶7分成,甲方负责首批铺货;乙方从第二次进货开始,享受甲方按照全国统一供货价格2.4折的折扣。该协议签订后,原告王某某依约于同年11月26日又向被告至雅风尚公司交纳代理商合约款138,000元。同年11月26日,被告至雅风尚公司向原告王某某出具一份授权书,授权原告王某某为新疆北疆区域“AAA”品牌家居彩装膜代理商,并使用“AAA”品牌标识及相关资质,授权有效年限为一年。为此,原告王某某将经营“AAA”品牌家居彩装膜的店铺设在了新疆北屯市博望西街,并开始进行经营。同年11月30日,被告至雅风尚公司通过物流公司托运开始向原告王某某提供“AAA”品牌家居彩装膜货品和价值5000元开业用品,并向原告王某某提供一份“AAA”品牌家居彩装膜的各种型号货品的价格表,确定了各种型号货品的批发价和建议施工价。至2014年3月29日,被告至雅风尚公司陆续向原告王某某交付协议约定的“AAA”品牌家居彩装膜货品价值累计应为226,334元,尚余1666元货品未发送。

诉求:其后双方就合同解除退货问题与合同违约责任承担问题发生纠纷诉至法院。原告王某某要求被告返还投资款和退还货品。

法院观点:关于被特许人是否应当向特许人退货的问题,两审法院的观点并不相同。一审法院认为,关于特许经营合同解除是否应返还投资款和退还货品的问题。原告王某某已销售和使用了部分货品和开业用品。在解除《代理协议书》后,根据《合同法》第97条“合同解除后,尚未履行的,终止履行;已经履行的,根据履行情况和合同性质,当事人可以要求恢复原状、采取其他补救措施,并有权要求赔偿损失”的规定，被告至雅风尚公司应当返还原告王某某已支付的部分投资款，具体数额以原告王某某库存货品的批发价值164,492.39元扣除被告至雅风尚公司赠送的价值58,334元(60,000元－1666元)货品后的数额确定，即应返还原告王某某投资款106,158.39元。原告王某某则应将其库存价值164,492.39元的货退还被告至雅风尚公司，另原告王某某手中尚有被告至雅风尚公司赠送的一台电脑也应一并予以退还。

二审法院认为，据上诉人至雅风尚公司与王某某签订的《代理协议书》的约定，该公司免费向乙方赠送60,000元的“AAA家居彩装膜”的装修产品和5000元开业用品，故上述装修产品和开业用品应属赠与合同标的物的性质。根据《合同法》第185条“赠与合同是赠与人将自己的财产无偿给予受赠人，受赠人表示接受赠与的合同”的规定。因本案该标的物已实际交付，且双方合同既未约定上述赠与标的物应予返还的条件，本案也不具备赠与财产返还的法定情形，故双方合同解除后，王某某不负有向至雅风尚公司返还上述赠与物品的义务。①

案例评析：该案中，由于特许人与被特许人对特许经营合同解除后的退货问题约定不明，致使双方产生分歧，而由法院最终进行判决。一审法院并未注意到双方对退货条件的约定，直接援引了《合同法》中的相关条款。二审法院结合双方所订立的合同条款，对退货问题进行了文义解释和体系解释，纠正了一审法院判决中的错误。因此，特许经营合同解除后的相关处理应当由特许人和被特许人双方在特许经营合同中进行明确的约定，未能明确约定的，法院将根据特许经营合同内容进行解释，但最终的解释对特许经营双方而言就不具有合理的可预见性，而是存在较大的不确定性，对双方而言均会增加其经营成本。

① 参见新疆维吾尔自治区高级人民法院：《王某某与至雅风尚(北京)科技有限公司特许经营合同纠纷案二审民事判决书》，(2015)新兵民三终字第00002号。

第六章　商业特许经营质量的维护

第一节　特许人对被特许人的监督

《商业特许经营管理条例》第 22 条第 2 款第 7 项规定，特许人应当向被特许人披露对被特许人的经营活动进行指导、监督的具体办法。2015 年年初，陈某在选址的校区设立了公司，某艺术教育机构派遣了一名督导对陈某的校区进行了指导。2016 年 1 月初，陈某因校区经营不善，停止运营。

陈某认为校区经营不善为某艺术教育机构未严格履行特许人指导义务所致且督导并无相应的专业知识/技术能力，故向人民法院请求解除合同并要求某艺术教育机构赔偿陈某租房、装修、购买设备的经济损失。而某艺术教育机构认为已经向陈某提供了相应的指导，校区经营不善系陈某自身所致。

法庭经审理认为，《商业特许经营管理条例》第 7 条规定“特许人从事特许经营活动应当拥有成熟的经营模式，并具备为被特许人持续提供经营指导、技术支持和业务培训等服务的能力”，而在庭审中，某艺术教育机构提供的开业督导/回访，流于形式，对陈某反映的问题未予以解释或指导，而相关的培训服务亦未举证证明，故陈某无法利用某艺术教育机构的特许经营资源予以妥善经营，合同目的无法实现。某艺术教育机构严重违约，陈某可解除合作协议及其相关附加/补充协议。鉴于租房、装修和购买器材确属经营必要，陈某自身已经实际进行了经营利用，部分装修和器材亦可折价，故法院酌情判定某艺术教育机构赔付部分费用。[①]

---

① 参见郑斌：《特许人提供的指导服务凭证应保存，否则将构成违约》，载 http://www.360doc.com/content/18/0915/18/35944418_786925210.shtml，最后访问日期：2018 年 9 月 29 日。

特许人对被特许人进行监督不仅是特许人的一项权力，更是特许人应当向被特许人履行的一项职责和义务。《商业特许经营管理条例》将其规定为特许人的一项义务，并将之与指导并列，充分体现了其重要性。事实上，监督和指导均是对被特许人的一项指导，当然监督还多了一方面的重要性，即对市场和消费者的保证。特许人成熟的经营体系、良好的商业信誉使消费者在进行消费时会仅因为其品牌而进行，因此，特许人对被特许人的监督不仅仅是要维护自己良好的商业形象和特许体系，更是要保证所提供的产品和服务的质量，要保证消费者用到放心、安全的产品。

案例37：特许人应当对督导工作的证明文件进行充分搜集留存

基本案情：2015年7月30日，亮健容天公司（甲方）与樊某某（乙方）签订涉案合同，合同主要约定以下内容：第一部分总则。第一条定义。品牌许可使用体系是指甲方的品牌许可使用体系，包括但不限于注册品牌、商号、专利和专有技术、制作工艺、管理模式、管理体系等经营资源。品牌许可使用店是指乙方在认同并同意遵守品牌许可使用体系的基础上，获得甲方授权而设立的从事品牌许可使用活动的经营实体，包括但不限于个体工商户、个人独资企业、合伙企业、公司或其他组织等。品牌许可使用产品是指经营品牌许可使用店所需的所有原物料产品、成品及服务，包括但不限于原料、配料、辅料、成品及服务品种、方式等。品牌许可使用服务管理操作手册是指由甲方制定的指导品牌许可使用店经营的各类书面操作资料，一般包括《品牌许可使用店简介手册》《店务操作手册》《产品制作手册》《营业手册》《员工培训手册》等。……第六部分监督、培训与指导。第二十六条：甲方应当在不影响品牌许可使用店正常营业的前提下，对品牌许可使用店的经营活动进行指导、检查、监督和考核，乙方应当遵循甲方在品牌许可使用过程中的建议和指导。甲方可以委派督导员完成本条所述甲方工作。第七部分品牌许可使用店的统一运营。……其后因为双方发生纠纷，樊某某将亮健容天公司诉至法院。

诉求：樊某某主张亮健容天公司未尽到督导义务，导致合同目的无法实现，要求解除合同。

法院观点：一审法院认为，现樊某某无证据证明亮健容天公司未尽到督导义务，而亮健容天公司提交了对新宫店进行指导、检查、监督和考核的营运检测表和月份行动计划单，故樊某某以此为由主张合同目的不能实现，缺乏依据，一审法院不予支持。

二审法院认为，涉案合同未约定亮健容天公司为樊某某品牌许可使用店的经营活动提供指导、监督等服务的具体时间、方式及标准，亮健容天公司可以在合同的履行期限内按照商业特许经营合同履行的顺序及开展进度等向樊某某履行。现樊某某无证据证明亮健容天公司未尽到督导义务，而亮健容天公司提交了对新宫店进行指导、检查、监督和考核的营运检测表和月份行动计划单，樊某某认可亮健容天公司在一定时间内对其提供了上述服务，亦认可其2016年5月更改了门头招牌、2016年6月关闭了涉案新宫店，且根据(2016)京0101民初15207号案件笔录中记载的证人证言内容，亮健容天公司2016年4月中旬以后不再督导新宫店，是因为樊某某不让督导再去新宫店，樊某某对该证言的真实性予以认可，故樊某某以此为由主张合同目的不能实现缺乏依据。涉案合同约定，对于亮健容天公司的技术指导、服务管理等，樊某某应定期向亮健容天公司支付管理费，樊某某向亮健容天公司支付的月管理费金额为4000元。该条未对亮健容天公司提供技术指导、服务管理等的时间、内容、形式、频率及标准作出具体约定。现双方均认可涉案新宫店于2015年9月开业，亮健容天公司提交了对新宫店进行指导、检查、监督和考核的营运检测表和月份行动计划单，樊某某认可亮健容天公司在一定时间内提供了上述服务，且根据(2016)京0101民初15207号案件笔录中记载的证人证言内容，樊某某让亮健容天公司员工耿某组建新宫店的开业，其自该店开业至2016年1月中旬负责监管该店，樊某某对该证言的真实性予以认可。上述内容均应属于亮健容天公司提供的技术指导与服务管理的范畴，故亮健容天公司有权要求樊某某支付管理费。①

案例评析：实践中特许人往往对督导工作并不重视，巡检时有时无，尤其是诸

① 参见北京知识产权法院：《樊某某与北京亮健容天餐饮管理有限公司特许经营合同纠纷二审民事判决书》，(2018)京73民终395号。

多特许企业总部与加盟商之间的距离较远,而自身的人员和资金预算又有限,直接导致督导工作不能持续,甚至直接被忽略。另外,即使进行了督导工作,特许人往往又因为疏忽或者本身的制度就不完善而没有保留相关的记录。对于特许人而言,没有记录等同于没有进行督导,需要承担法律责任。对于被特许人而言,记录好特许人的督导工作同样具有重要意义,一旦发生争议,或者是遇有消费者投诉等问题,特许人是否进行了指导和监督将直接决定责任的承担。对于特许人而言,没有进行督导本身就是一种错误。

对于特许人而言:特许人指派的督导应具备相应得专业能力与实务经验,且提供的指导应能切实解决被特许人的问题。另外,特许人应妥善保存向被特许人提供的指导记录及培训记录,以免出现纠纷后无法举证。

对于被特许人而言:加盟一个项目,应当先行考察项目的可行性及市场接受的程度并预见到相关的经营风险,且自身最好具备一定的经营能力并可自主作出决断。

第二节　加盟商的投诉处理机制

所谓顾客投诉,是指顾客对企业产品质量或服务上的不满意,而提出的书面或口头上的异议、抗议、索赔和要求解决问题等行为。现代市场竞争的实质就是一场争夺顾客资源的竞争,但由于种种原因,企业提供的产品或服务会不可避免地低于顾客期望,造成顾客不满意,顾客投诉是不可避免的。向企业投诉的顾客一方面要寻求公平的解决方案,另一方面说明他们并没有对企业绝望,希望再给企业一次机会,美国运通公司的一位前执行总裁认为:“一位不满意的顾客是一次机遇。”

相关研究进一步发现,50% ~70% 的投诉顾客,如果其投诉得到解决,他们还会再次与公司做生意,如果投诉得到快速解决,这一比重上升到 92% 。因此,顾客投诉为企业提供了恢复顾客满意的最直接的补救机会,鼓励不满顾客投诉并妥善处理,能够阻止顾客流失。[1] 在商业特许经营关系中,特许人与被特许人使用相同的经营资源,对于消费者而言,其表面上没有任何区分,消费者如果对加盟商评价不高,相应地也会导致对特许人的评价降低,即处于一荣俱荣、一损俱损的状态。因此,即使消费者仅仅是针对加盟商进行的投诉,就实际上而言与消费者直接投诉特许人无异,特许人应当慎重的对待之。

另外,一个具有良好品牌效应的特许人,往往拥有众多的加盟商,难免出现加盟商被投诉的事件,如果不以合同的方式明确约定处理程序和责任分配,特许人将疲于应对各种投诉,而难以开展正常经营,因此,在特许经营合同中明确约定投诉处理程序和责任分配,将相关风险予以分散,不仅有利于特许经营活动的开展,更是维护企业形象的必要举措。

一、在合同中约定相应责任的分担

案例38: 特许合同中应当明确约定对消费者投诉的处理

基本案情:2014年12月16日,珠海丝域公司为甲方、惠州丝域公司为乙方、刘某某为丙方签订了《商业特许经营合同》。合同第1条第1款约定甲方授予丙方在特许经营期限内非排他性地使用甲方具有统一性的独自的经营技术,并提供"丝域"品牌系列产品的相关服务及该等产品的店内销售权;授权地址为陈江汇景中央A5栋5号商铺;第3款约定特许经营期限为2年,自2014年12月16日起至2016年12月16日止;第4款约定鉴于甲方向丙方提供本条第1款所述的授权许可,丙方应向甲方一次支付加盟费(具体金额见《丝域销售政策》);……第2条第3款约定丙方须保证首年内每月累计订货基本任务为8000元,年内累计年基本任务额10万元;若丙方在任何连续两个月的回款达不到基本任务或不能完成年度基本任务额的,甲方有权提前解除合同。第4条第3款约定甲方接到消费者投诉后,应及时将投诉内容反馈给丙方,造成消费者权益损害的,丙方应及时采取补救措施;若丙方不予处理或未及时处理的,甲方可先处理,由此产生的一切费用由丙方承担;若

① 参见陈海波:《浅论顾客投诉》,载《科教文汇》(上旬刊)2009年第3期。

由此造成甲方利益、商誉受损的，甲方有权要求丙方赔偿损失，损失赔偿额为甲方给消费者投诉赔偿金额的二倍。

刘某某于2016年3月1日决定停业，于3月10日，关闭陈江汇景中央加盟店，关店前向珠海丝域公司、惠州丝域公司发出《律师函》，发出的《律师函》称珠海丝域公司、惠州丝域公司应当依法全面地履行自己应尽的合同义务，特别是对刘某某履行技术营销督导义务、消费者保护及投诉处理中的义务、信息披露义务、诚信义务等。但是，珠海丝域公司、惠州丝域公司在实际合同履行过程中违反相关合同条款、未履行合同义务等，构成违约，导致刘某某的合同目的不能实现。由于刘某某的停业，导致其顾客张某、黄某某、李甲、温某某、刘某玉、李乙等转而到深圳丝域太古城店消费。

诉求：原告珠海丝域公司要求：(1)确认双方已于2016年4月13日解除《商业特许经营合同》；(2)判令珠海丝域公司不予退还刘某某保证金2万元；(3)判令刘某某双倍赔偿珠海丝域公司的经济损失25,499.8元。

法院观点：一审法院认为，根据《商业特许经营合同》第4条第3款关于“甲方接到消费者投诉后……若丙方不予处理或未及时处理的，甲方可先处理，由此产生的一切费用由丙方承担”的约定，珠海丝域公司向原加盟店会员垫付的退款5737元，应由刘某某负担。

二审法院认为，《特许经营合同》约定：珠海丝域公司接到消费者投诉后……若刘某某不予处理或未及时处理的，珠海丝域公司可先处理，由此产生的一切费用由刘某某负担。在案涉养发馆已经关闭的情形下，珠海丝域公司根据投诉的消费者的申请退还未消费完毕的款项符合合同约定，不存在处理不当的情形。刘某某应当依约向珠海丝域公司支付退款。①

案例评析：特许总部与其加盟商之间是两个不同的法律主体，在遭受消费者投诉或诉讼时，双方之间的合同约定是责任分担的基础，如果未按照该约定进行，则未履行义务的一方应当承担相应的违约责任。另外，对于消费者而言，无法区隔特

① 参见广东省珠海市中级人民法院：《刘某某、珠海市丝域连锁企业管理有限公司特许经营合同纠纷二审民事判决书》，(2017)粤04民终870号。

许经营总部和加盟商，因此，在诉讼中可以对两个主体均提起，特许总部与加盟商之间的相关约定可能被视为“内部约定”，无法对抗善意的第三人。如果根据特许经营合同不应当承担责任的一方，实际承担了被投诉后的相关责任，则自承担责任之日起当然享有向本应承担责任的一方追偿的权利。

二、被投诉后的合同解除

案例39：消费者多次投诉后特许合同可以解除

基本案情：徐某某与永生源公司订立《永生源铁皮石斛系列健康产品代理加盟合同书》，之后因永生源公司所提供的多项产品违反《食品安全法》的相关规定被消费者多次投诉、索赔，以致徐某某及其下级经销商被行政部门处以没收违法所得、罚款的处罚，所经营的专柜被撤柜。因此，徐某某将永生源公司诉至法院。

诉求：原告徐某某请求：(1)解除徐某某、永生源公司双方于2012年7月26日签订的《代理加盟合同书》及《合作备忘录》；(2)永生源公司返还徐某某管理费150,000元、保证金200,000元及利息(自合同解除之日10日内即2015年6月15日计至实际付清之日止，按银行同期贷款利率四倍计)等。

法院观点：徐某某作为经销商所销售的产品被频繁投诉、处罚和禁止销售，合同目的已无法实现，故《永生源铁皮石斛系列健康产品代理加盟合同书》应予解除。关于徐某某现存货物可否退货退款的问题。本案合同解除是因永生源公司所提供的多项产品违反《食品安全法》的相关规定被消费者多次投诉、索赔，导致徐某某及其下级经销商被行政部门没收违法所得、罚款，所经营的专柜被撤柜。永生源公司存在过错，故其应当承担基于过错而导致的法律责任。至徐某某起诉时商品均还在保质期内，徐某某要求退货退款，合法有据，应予支持。

关于徐某某的损失应如何计算的问题。永生源公司和徐某某于2015年1月22日签订了《合作备忘录》，约定对徐某某在此前的损失包含产品遭客户投诉导致的损失19万元、产品资质问题退货61万元、广告费损失123万元，永生源公司同意以价值203万元永生源产品给徐某某，以解决双方的历史遗留问题。据此可认定截至2015年1月22日，永生源公司确认了对徐某某负有203万元债务，并承诺以等值货物履行。扣除之后发的629,211.6元货物,永生源公司尚有1,400,788.4元货物未交付徐某某。因合同现已解除,徐某某不可能再销售永生源公司产品,故二审法院判决永生源公司以现金方式支付,并无不当。①

案例评析:当出现因质量问题被投诉时,如果引起消费者的多次投诉,并遭到相关行政部门的处罚,可能会致使特许经营合同的主要目的不能实现,从而导致特许经营合同被解除。同时,责任方除了应当赔偿消费者的相关损失、缴纳罚款外,还应当向守约方承担赔偿责任。

三、无合同明确约定时的责任分担

案例40:特许经营合同对投诉责任承担无明确约定时将依据过错责任来分配

基本案情:2015年11月27日,丝享美发馆、御正堂公司签订《香港御芙兰国际连锁合作协议》,"合作运营引进御芙兰养生抗衰国际连锁这一整体系统品牌"。协议签订后,丝享美发馆于2015年11月27日支付保证金20,000元,御正堂公司为此出具了收据。丝享美发馆随后将其经营的美容美发馆二楼用于经营与御正堂公司合作的项目,御正堂公司则按照约定,向丝享美发馆派出了店长唐某甲,并招聘、指派了美容师邓某和潘某。丝享美发馆在合作经营期间以延后一个月的方式发放了邓某、潘某自2015年12月至2016年4月的工资。

诉求:丝享美丽美容美发馆诉称,因御正堂欺瞒丝享美发馆启用两个没有经验的实习生服务顾客,多名顾客投诉手法不好,按穴位不准,导致付钱开卡的顾客不来,更有多名顾客要求退款,故开业第二个月未能做出什么业绩,御正堂公司应负全部责任。潘某被顾客多次点名投诉,御正堂公司于2016年5月将其调走,仅邓某一个人上班。② 御正堂公司应负全部责任。要求:(1)责令御正堂公司退还合同保证金20,000元;(2)责令御正堂公司赔偿损失30,000元、违约金200,000元等。

---

① 参见广东省高级人民法院:《广东永生源生物科技有限公司、徐某某特许经营合同纠纷再审审查与审判监督民事裁定书》,(2017)粤民申7937号。

② 参见广东省佛山市中级人民法院:《佛山市御正堂康业文化传播有限公司、佛山市禅城区丝享美丽美容美发馆特许经营合同纠纷二审民事判决书》,(2017)粤06民终2742号。

法院观点：对于被投诉的实习生和潘某造成的损失应当如何承担的问题，法院认为虽然案涉合同约定驻店美容师的工资由丝享美发馆发放，但作为邓某和潘某的雇佣单位，御正堂公司对其二人的工资发放情况和在岗情况均应有所了解和管理，如丝享美发馆未能发放工资，御正堂公司作为其二人的雇佣单位应当提交证据证明曾就拖欠工资问题接到邓、潘二人的投诉或御正堂公司主动与丝享美发馆就此进行交涉，但御正堂公司未能就此举证。因此不予认定。

案例评析：该案件中，丝享美发馆和御正堂公司虽然没有明确约定关于客户投诉的纠纷处理方式和原则，但从案件事实中可以初步判定御正堂公司对选派人员存在错误，是导致顾客投诉和退款的重要原因。此时，可以根据过错责任原则，在特许人和被特许人之间分配相关责任。

第三节　特许总部和加盟店之间的法律关系

特许经营是一种特殊的连锁方式，特许连锁组织由一个总部与多个特许加盟店构成，特许总部与各加盟店不存在所有权关系。加盟店主是独立的法人，是资产（自己的店铺）的所有者，店主对自身经营的成败负责，但同时经营权高度集中于总部，必须统一接受总部的经营领导指挥。因而，特许经营体系应构建为一种分散的金字塔的管理方式。金字塔式的特许经营体系既利于提高加盟商自己经营的积极性，又利于总部的统一管理，使总部不会为加盟商不听指挥而烦恼，避免了加盟商的违规经营行为。特许经营这种所有权的分散和经营权的集中形式，为构建特许经营体系组织框架奠定了坚实基础。[1] 实际上，特许总部和加盟店之间的关系可以从以下几个方面进行理解：

一、相互独立的法律主体

特许总部和加盟店之间是相互独立的民事主体，根据《商业特许经营管理条

① 参见蔡中焕、张莉莉：《连锁企业特许经营体系构建探析》，载《经济师》2013 年第 7 期。

例》的规定，特许总部必须是企业，实践中通常是公司，而加盟店既可以是企业，也可以是自然人。实践中，许多加盟店登记为个体工商户。当出现风险时，特许总部和加盟店各自承担自己的风险。

二、商誉上的共同体

虽然特许总部与加盟店之间是相互独立的，但是由于特许总部的授权，加盟店与特许总部共用一个品牌、采用同样的经营模式、销售同样的产品、提供同样的服务，因此实际上就商誉上而言，特许总部与加盟店之间是一荣俱荣、一损俱损，是一个共同体。

三、控制与指导

特许总部对加盟店进行的控制是多方面的，财务、人事、企业形象、装修风格等，当然，并非所有的特许总部都会对加盟店进行强控制，不同类型的特许总部对加盟店的控制方式是不同的。例如，经营某种类型的饭店，可能会对菜品的种类进行控制，但如果是销售电器则主要是对货物的来源进行控制。此外，特许总部对加盟店需要进行指导和监督。特许总部对加盟店的控制与指导正是由于双方各自为独立的民事主体而决定的，如果是直营店，则特许总部对直营店可以直接实施管理，无须通过多种控制措施对其进行管控。

案例41： 特许人依据控制程度和过错程度对被特许人造成的损害承担责任

基本案情：2013年8月5日20时2分许，被告王某某雇用的驾驶员辜某某在从事雇佣活动中驾驶赣KH××××轻型厢式货车沿本市浦东新区蓝靛路由西向东超速行驶至进申江南路西约150米处时，碰撞在道路上同方向推自行车行走的张某福及乘坐在自行车上的张某晨，致张某福、张某晨受伤，两车损坏，后张某福、张某晨经送医院抢救无效于当日死亡。经交警部门认定，被告辜某某驾驶未定期检验且灯光、制动不符合安全要求的机动车在道路上行驶时未确保安全并且超速行驶，负事故的主要责任；张某福推自行车在道路上行走时未确保安全，负事故的次要责任；张某晨无违法行为，不负事故责任。

另外，被告天天公司与被告天恩公司均具有独立法人资格，两公司于2012年12月27日签订《特许经营（加盟）合同》，天天公司为加盟授权方（甲方），天恩公司为加盟方（乙方），约定：由甲方将上海市浦东新区南汇部分区域（区域范围以派送范围明细表为准）的特许经营权授予乙方，并向乙方有偿提供有关加盟体系中所需的标识、材料、网络和培训；乙方以天天快递的名义在加盟区域内独立从事快递服务，自主经营、自负盈亏，且必须使用由甲方或者甲方指定的供应商供应的详情单、封套等物件，未经甲方同意，不得使用其他来源的物料。该合同期限自2013年1月1日起至2015年12月31日止。此外，2012年10月15日，被告王某某与被告天恩公司法人俞某某签订《承包经营合同》，俞某某为发包人（甲方），王某某为承包人（乙方），约定：由甲方将天天快递下沙营业点的经营权承包给乙方，并向乙方提供用于车辆、店面等用于企业宣传的标示和规定的样本，乙方以天天快递的名义在承包区域内独立从事快递服务，自主经营、自负盈亏，有自主的人事权和收入分配权，但未经甲方同意，乙方不得以自有品牌从事快递服务或者代理其他同类公司快递业务。本案交通事故发生时，该合同仍在履行期内。被告王某某在承包了上述区域的快递业务后，雇用了被告辜某某运送快递，辜某某在运送被告天天公司的快件途中发生本案交通事故。事发后，被告天天公司为提取事故车辆上的快件，向交通部门提交了提取快件申请书。

诉求：原告此后将辜某某、天天公司、王某某和天恩公司均告上法庭，要求其承担赔偿责任。

法院观点：根据被告天天公司与被告天恩公司签订的《特许经营（加盟）合同》，以及双方对各自经营活动的相关陈述，本院确认双方系商业特许经营关系，即天天公司为特许人，天恩公司为被特许人，天天公司将“天天快递”的商标、商号、经营模式、服务标志等经营资源授予天恩公司使用，天恩公司按照合同约定在统一的经营体系下从事快递经营活动。根据特许经营的特征表现，天天公司与天恩公司是相互独立的法律主体，自负盈亏、自担风险，不存在隶属关系，但天天公司与天恩公司对外具有共同的外部特征，即统一使用“天天快递”这个品牌且有统一的经营模式和企业形象，所以两公司之间又是紧密联系的利益共同体。因此本案需要解决的最关键问题就是,天恩公司在被特许的经营活动中致他人损害,天天公司是否应承担责任。对此本院认为,虽特许经营双方在本质上是相互独立的民事主体,能够自行承担民事责任,被特许人对第三人的侵权行为理应由被特许人自己承担责任,但由于特许经营双方的共同外部特征,往往被特许人在经营活动中致第三人损害,第三人却难以区分特许人与被特许人,也并不知晓它们是相互独立的主体,而且一味强调特许经营双方的独立性,完全排除特许人承担第三人责任,会有助于特许人为扩大经营而降低被特许人的加盟标准,大规模发展无赔偿能力的被特许人,最终将风险转嫁给社会公众,况且特许人在转让特许经营权过程中,即便未获得任何加盟费、使用费等直接利益,也会获得市场份额扩大、知名度提高等大量的间接利益,根据权利义务相一致原则,特许人也应当对被特许人对外产生的侵权行为承担适当的责任。而从更有利于保护善意第三人利益,又能平衡特许人与被特许人之间的利益出发,应以"控制程度和过错程度"原则作为特许人是否承担第三人责任的判断标准。"控制程度和过错程度"原则,即特许人对被特许人的经营行为控制的程度越强、范围越广,特许人的控制行为在被特许人的侵权行为中的过错程度越大,则其越应当承担第三人责任,且其应当承担的第三人责任的份额也就越大。结合本案,被告辜某某作为运送快件的员工事发时驾驶的车辆超速行驶,车辆于事发时未定期检验且灯光、制动均不符合安全要求,显然被特许经营一方作为劳动工具的车辆存在瑕疵,且从事快件运送的员工驾驶机动车时又缺乏安全意识,而《特许经营(加盟)合同》约定,天恩公司应当具备开展快递业务的经营必要条件,包括标准营运车辆,合格的从业人员等;天天公司应当对天恩公司或者其指定的人员提供培训,如果天恩公司的操作流程、管理水平、员工素质和业务指标无法达到天天公司要求的,天天公司有权调整加盟区域。故依据上述合同,对于运送快件的营运车辆的管理以及对从业人员的资格审查和培训,均应系被告天天公司的合同义务,属于其有权控制的范围,现其未能举证证明对事发车辆已进行及时、有效的监督、检查,对内部从业人员也进行了必要的安全教育及培训,故天天公司对天恩公司存在疏于管理、监督的责任,对本案事故发生存在一定的过错,理应对原告方造成的损害承担责任。综上,被告天恩公司作为独立的民事主体在对外经营活动中对原告方造成的合理损失,理应承担赔偿责任(根据事故责任承担80%),而对于被告天天公司的责任承担，本院考虑到本案中其对天恩公司侵权行为的控制程度和过错程度，确认由其承担30%的补充赔偿责任。①

案例评析：本案中法院的裁判理由是值得思考的，法院认为，天天公司与天恩公司是相互独立的法律主体，自负盈亏、自担风险，不存在隶属关系，但天天公司与天恩公司对外具有共同的外部特征，即统一使用“天天快递”这个品牌且有统一的经营模式和企业形象，所以两公司之间又是紧密联系的利益共同体。这一观点一方面承认了特许总部与加盟店之间是相互独立的，另一方面却将他们之间的紧密联系进行了表明。也即，对于消费者而言，从外观上来看，加盟店就是特许总部的一个分支机构。为此，法院提出了以“控制程度和过错程度”原则作为特许人是否承担第三人责任的判断标准，认为，如果总部对加盟店的控制程度高，那么其承担责任的可能性就大。同样，如果造成第三人损失时，总部的过错较大，那么总部可能会承担比加盟店更多的责任。并且法院还提出了，“一味强调特许经营双方的独立性，完全排除特许人承担第三人责任，会有助于特许人为扩大经营而降低被特许人的加盟标准，大规模发展无赔偿能力的被特许人，最终将风险转嫁给社会公众，况且特许人在转让特许经营权过程中，即便未获得任何加盟费、使用费等直接利益，也会获得市场份额扩大、知名度提高等大量的间接利益，根据权利义务相一致原则，特许人也应当对被特许人对外产生的侵权行为承担适当的责任。”

这一案例的判决不得不对特许人提供一个警示，即使特许人与被特许人在合同中清楚地约定了对于投诉和第三人损失的分担和安排，但是，如果造成损失的主要原因来自特许人，那么特许人亦要承担与其过错程度甚至是控制程度相当的责任。因此，无论该法院所述理由是否存在瑕疵，此种风险是存在的。特许人为了避免此种风险的产生，最佳的方法是选择一个良好的合作伙伴，并对被特许人进行持续的监督。对于被特许人而言，如果发生第三人的损害，即使在合同中有明确的约

① 参见上海市浦东新区人民法院：《朱某某、张某某等与上海天天快递有限公司、上海天恩货运代理有限公司等机动车交通事故责任纠纷一审民事判决书》，(2013)浦民一(民)初字第39337号。

定,也同样可以根据“控制程度和过错程度”原则,要求有过错的特许人承担其相应的责任。

第四节 加盟店的财务公开机制

由于加盟店与特许总部之间是彼此独立的,所谓彼此独立最重要的一环就是财务独立。因此,实际上加盟店的财务状况是不需要向特许总部进行公开的。其经营独立于特许总部,并且独立收支。也就是说被特许人可以不必要告知特许人其收支情况和其他财务状况。

问题在于,特许连锁的优势就在于其一体性,加盟店通常都会使用特许总部所提供的产品、采购系统,一旦涉及这些方面就会涉及财务结算。事实上,许多特许连锁企业都有自己的财务系统,加盟商意欲加盟该企业的前提条件就是承诺使用该财务系统。因此,在特许经营合同中,通常都会有被特许人要向特许人公开其财务状况和经营情况,并承诺使用特许人的财务系统的条款。

例如,在本合同确定的特许经营期间,乙方须每月向甲方提供甲方指定格式的有关报表和纳税凭据等经营报表,将每月经营状况(填写规定的资产负债表、利润表、现金流量表,纸档并加盖公章)提供给甲方,以使甲方及时获得有关加盟店的资讯,便于甲方对加盟店经营情况及存在的问题进行分析并提供指导服务,如营业额的提升、成本费用的管理控制、经营方式的改进等。并且在本合同中约定的加盟场所内安装“×××××管理系统”(具体由乙方按甲方指定与第三方签订,并由乙方自行承担费用),并向甲方提供数据接口,以保证每天向甲方服务器上传经营数据。乙方不得在财务方面以任何形式对甲方有隐瞒、欺骗行为。同时,乙方于每下一年度的2月1日前必须向甲方提供加盟企业上一年度的完税证明。

此外,特许人对被特许人的控制是全方位的,财务状况的了解是一个重要方面。当然,这也是可以理解的。例如,一个设在北京的特许总部,如果不通过财务公开的方式来了解加盟店运营情况,假设加盟店利用其特许资源而兼营其他产品,总部根本没有办法发现,如果能够发现也是为时已晚,损失是难以挽回的。因此,特许人会通过该方式对被特许人的情况予以了解和掌握,这也是很多特许企业与加盟商合作的基础。对于加盟商而言,如果无法接受这种控制,那么在签订特许经营合同的时候就需要谨慎,一旦签订而不履行该义务,那么特许人可以诉请加盟商公开,并承担违约责任。

第七章　商业特许经营中的法律风险

第一节　特许经营合同无效的原因

特许经营合同无效其实和普通合同无效所适用的规则并无二至，但在实践中，许多人会误认为《商业特许经营管理条例》当中的相关强制性规定会导致特许经营合同无效。这其实是一种错觉，在判断合同究竟是有效还是无效时，法院仍然会坚持适用《合同法》的相关规则。

一、格式条款无效

《合同法》第40条规定："格式条款具有本法第五十二条和第五十三条规定情形的，或者提供格式条款一方免除其责任、加重对方责任、排除对方主要权利的，该条款无效。"《最高人民法院关于适用〈中华人民共和国合同法〉若干问题的解释（二）》第10条规定："提供格式条款的一方当事人违反合同法第三十九条第一款的规定，并具有合同法第四十条规定的情形之一的，人民法院应当认定该格式条款无效。"由于特许经营主要是由特许人将其成功的经营进行复制，因此在与被特许人订立合同时，通常都是由特许人提供其所制作的格式合同，由被特许人依次填写。正是由于特许人提供格式合同，如果其中的关键条款，例如信息披露、加盟费支付、退还的方式等，特许人没有向被特许人进行提示，或者存在免除自己责任加重被特许人责任、排除被特许人主要权利的情况时，相应条款将被法院认定为无效条款。

二、合同无效

《合同法》第52条规定："有下列情形之一的，合同无效：（一）一方以欺诈、胁迫的手段订立合同,损害国家利益;(二)恶意串通,损害国家、集体或者第三人利益;(三)以合法形式掩盖非法目的;(四)损害社会公共利益;(五)违反法律、行政法规的强制性规定。"

关于什么是《合同法》第 52 条第 5 项所规定的强制性规定,《最高人民法院关于适用〈中华人民共和国合同法〉若干问题的解释(二)》第 14 条进行了解释,《合同法》第 52 条第 5 项规定的"强制性规定",是指效力性强制性规定。但是该条仍然没有说明何为效力性强制性规定。

对此,《最高人民法院关于审理技术合同纠纷案件适用法律若干问题的解释》第 1 条可做参考,该条规定建设工程施工合同具有下列情形之一的,应当根据《合同法》第 52 条第 5 项的规定,认定无效:(1)承包人未取得建筑施工企业资质或者超越资质等级的;(2)没有资质的实际施工人借用有资质的建筑施工企业名义的;(3)建设工程必须进行招标而未招标或者中标无效的。

同时,根据国务院发布的《国内水路运输管理条例》的规定,交通主管部门对批准设立的水路运输企业和其他从事营业性运输的单位、个人,发给运输许可证;对批准设立的水路运输服务企业,发给运输服务许可证。根据《合同法》第 52 条规定的原则,不具有运输许可证的单位和个人签订的运输合同为无效合同。

实际上《合同法》第 52 条第 5 项所指的效力性强制性规定是与管埋性强制性规定相对应的,行政法规当中有众多的强制性规定,其目的仅仅是为了实现管理措施,而不会对合同效力产生影响,此时,如果合同违反了相关规定,将仍然有效。但是,行政机关可以据此违法行为对其进行处罚。

三、无效的免责条款

《合同法》第 53 条规定:"合同中的下列免责条款无效:(一)造成对方人身伤害的;(二)因故意或者重大过失造成对方财产损失的。"

四、合同无效的后果

《合同法》第 56 条规定:"无效的合同或者被撤销的合同自始没有法律约束力。合同部分无效,不影响其他部分效力的,其他部分仍然有效。"也就是说,合同可能是全部都无效，也可能是只有部分条款无效，如果是部分条款无效，那么其他条款是有效的。这其实也是判断特许经营合同是否有效的一个重要参考。

案例42：除特殊情况外特许经营合同一般不会被认定无效

基本案情：2015年10月18日，原告顾某某与被告嘉大利商行签订《特许经营合同》，约定由被告嘉大利商行授权原告顾某某在常熟市王市镇开设加盟店，使用“嘉多利”作为加盟店的商号，从事“买酒水送保险”业务，合同有效期为三年，加盟费共计5万元，被告赠送原告价值25,000元的酒水。对于酒水，合同约定，原告销售的酒水，必须是被告提供的“泸州老窖”系列酒水，新品则由总公司书面通知投放，并且应当遵循被告指定的价格销售，不得擅自抬高或者降低；对于被告嘉大利商行向原告支付的相关佣金，则根据不同保险公司、不同销售渠道确定不同的比例支付。另外，合同对于佣金支付的时间、酒水的配送、违约责任等事项进行了约定。合同签订的前一日，原告顾某某通过银行转账的方式，向被告嘉大利商行支付了加盟费45,000元。

为从事上述经营业务，原告顾某某在常熟市海福新城小区租赁了面积为65平方米的门店，租期一年，支出的租赁费用共计24,310元，并进行了相应的装修。特许经营合同签订后，原告顾某某从被告处提取了标注价格为274,884元的酒水，被告则向原告支付了10,998.43元的佣金。原告认为，双方的合同内容违反法律、法规的强制性规定，合同应为无效，特诉至人民法院，

诉求：原告要求：(1)确认原被告签订的《特许经营合同》无效；(2)被告退还原告加盟费5万元；(3)被告支付原告房屋租赁、装修损失2万元；(4)被告承担本案诉讼费。

法院观点：本案中，原告顾某某以特许经营合同中约定的“买酒水送保险”业务违反了我国《保险法》的相关规定为由，要求确认该特许经营合同无效，并以此作为要求被告返还相应的加盟费、支付装修费的依据。但是，首先，从法律规定来看，虽然我国《保险法》第116条第4项及第131条第4项中，均规定保险公司及其工作人员、保险代理人、经纪人及其从业人员，不得给予或者承诺给予投保人、被保

险人、受益人保险合同约定以外的保险法回扣或者其他利益，但从《保险法》的上述规定来看，该条款并未明确规定违反上述法律规定必然导致相关的合同无效；其次，从原被告双方签订与履行合同的内容与过程来看，原、被告双方签订了特许经营合同，原告顾某某支付了相应的加盟费，并租赁了经营店面，被告嘉大利商行则向原告顾某某供应了相应的酒水，并且向原告支付了相应的佣金，即原、被告双方都有履行合同约定的行为，而该合同内容及双方的履行行为，并未产生损害国家利益和社会公共利益的后果；再次，原告据以支撑其主张的中国保险监督管理委员会江西监管局《关于规范车险销售赠送行为的通知》(赣保监产险〔2015〕3 号)中，虽然认定保险公司、保险中介机构及其从业人员等将在保险合同约定以外实施的赠送或者赠送承诺认定为属于违反《保险法》第 114 条及第 131 条规定的违法行为，但江西监管局的上述通知在位阶上，并非法律、行政法规。因此，我国《保险法》中的上述规定，并不属于效力性强制性规定，即便原被告双方签订与履行的合同内容与此存有冲突，也并不必然导致合同无效，且原告在本案中未能向本院提交其他证据证明双方签订的合同违反法律、行政法规中的效力性强制性规定，故本院对原告要求确认特许经营合同无效的主张不予采纳，并据此对其提出的要求返还加盟费、支付加盟费的主张不予采纳。①

案例评析：由案例的分析可以看出，法院在对合同无效的诉求进行裁判时会非常慎重，一般情况下不会轻易认定合同无效。对于特许经营合同而言，虽然《商业特许经营管理条例》中规定了“两店一年”“信息披露”、备案等强制性的要求，但这些均属于管理性强制性规定，不会影响合同的效力。而如果出现特许人主体不是企业、特许人没有经营资源的情况，亦不会导致合同无效，此种情况下，仅仅是其中约定合同具有特许经营性质的条款无效，即合同部分无效，而不会影响整个合同的效力。简言之，就是该合同不是特许经营合同，但该合同仍然是合同。

---

① 参见江苏省常熟市人民法院：《顾某某与常熟市虞山镇嘉大利百货商行特许经营合同纠纷一审民事判决书》，(2017)苏 0581 民初 13121 号。

第二节 特许人的行政责任

《商业特许经营管理条例》直接规定了特许人应当承担行政责任的情形，特许人需要特别注意不具备特许经营资格、未完成特许备案、不当广告宣传以及不当信息披露等常见的特许人行政违法的情形。虽然，以上违法、违规情形通常不会影响到特许合同的效力，但为了降低特许经营的风险，打造声誉良好的特许品牌，特许人应当在开展特许经营的过程中自查、梳理是否存在以上违法、违规的情形。

一、不具备“两店一年”条件开展违法经营的

《商业特许经营管理条例》第24条第1款规定，特许人不具备本条例第7条第2款规定的条件，从事特许经营活动的，由商务主管部门责令改正，没收违法所得，处10万元以上50万元以下的罚款，并予以公告。

行政处罚决定书文号	宁商罚字(2017)第4号
案件名称	违规开展商业特许经营案
处罚类别	罚款
处罚事由	违反“两店一年”规定条件开展商业特许经营
处罚依据	《商业特许经营管理条例》第24条规定
处罚结果	罚款100,000元
行政相对人名称	南京凯之美餐饮管理有限公司
统一社会信用代码	91320115MA1MQKWN7T
组织机构代码	
法定代表人姓名	
法定代表人身份证号	
处罚决定日期	2017-08-25
处罚机关	南京市商务局
地方编码	320100
数据更新时间	2017-08-31
备注	

资料来源：威科法律信息库。

二、不具备主体资格

《商业特许经营管理条例》第 24 条第 2 款规定，企业以外的其他单位和个人作为特许人从事特许经营活动的，由商务主管部门责令停止非法经营活动，没收违法所得，并处 10 万元以上 50 万元以下的罚款。

行政处罚决定书文号	宁商罚字(2017)第 5 号
案件名称	违规开展商业特许经营案
处罚类别	罚款
处罚事由	以个体工商户身份作为特许人从事商业特许经营活动
处罚依据	《中华人民共和国行政处罚法》第 27 条第 1 款规定和《商业特许经营管理条例》第 24 条第 2 款规定
处罚结果	罚款 20,000 元
行政相对人名称	南京市下关区舌尖上面馆
统一社会信用代码	320107600326083
组织机构代码	
法定代表人姓名	
法定代表人身份证号	
处罚决定日期	2017－08－25
处罚机关	南京市商务局
地方编码	320100
数据更新时间	2017－08－31
备注	

资料来源：威科法律信息库。

三、未按规定备案

《商业特许经营管理条例》第 25 条规定，特许人未依照本条例第 8 条的规定向商务主管部门备案的，由商务主管部门责令限期备案，处1万元以上5万元以下的罚款；逾期仍不备案的，处5万元以上10万元以下的罚款，并予以公告。

行政处罚决定书文号	宁商罚字(2017)第2号
案件名称	违规开展商业特许经营案
处罚类别	罚款
处罚事由	开展商业特许经营活动未按期备案
处罚依据	《商业特许经营管理条例》第25条规定
处罚结果	罚款10,000元
行政相对人名称	南京龙鱼品牌策划有限公司
统一社会信用代码	913201000579529777
组织机构代码	
法定代表人姓名	智亮军
法定代表人身份证号	32××××××××××××××11
处罚决定日期	2017-05-12
处罚机关	南京市商务局
地方编码	320100
数据更新时间	2017-05-15
备注	

资料来源：威科法律信息库。

四、特许人未约定支付费用及退还方式

《商业特许经营管理条例》第26条规定，特许人违反本条例第16条、第19条规定的，由商务主管部门责令改正，可以处1万元以下的罚款；情节严重的，处1万元以上5万元以下的罚款，并予以公告。第16条规定，特许人要求被特许人在订立特许经营合同前支付费用的，应当以书面形式向被特许人说明该部分费用的用途以及退还的条件、方式。

行政处罚决定书文号	宁商罚字(2018)第1号
案件名称	违规开展**商业特许经营**案
处罚类别	罚款
处罚事由	签订特许合同前,要求被特许人**支付费用**,但没有以书面形式说明该费用的用途以及退还条件、方式
处罚依据	《**商业特许经营管理条例**》**第26条**规定
处罚结果	罚款900元
行政相对人名称	南京宽时双餐饮管理有限公司
统一社会信用代码	91320104339283302Y
组织机构代码	
法定代表人姓名	王宽宽
法定代表人身份证号	
处罚决定日期	2018－07－24
处罚机关	南京市商务局
地方编码	320100
数据更新时间	2018－07－25
备注	

资料来源:威科法律信息库。

五、特许人未在每年第一季度将其上一年度订立特许经营合同的情况向商务主管部门报告

根据《商业特许经营备案管理办法》第9条的规定,特许人应当在每年3月31日前将其上一年度订立、撤销、终止、续签的特许经营合同情况向备案机关报告。第17条规定,特许人违反本办法第9条规定的,由设区的市级以上商务主管部门责令改正,可以处1万元以下的罚款;情节严重的,处1万元以上5万元以下的罚款,并予以公告。

《商业特许经营管理条例》第26条规定，特许人违反本条例第16条、第19条规定的，由商务主管部门责令改正，可以处1万元以下的罚款；情节严重的，处1万元以上5万元以下的罚款，并予以公告。第19条规定特许人应当在每年第一季度将其上一年度订立特许经营合同的情况向商务主管部门报告。

实际上《商业特许经营备案管理办法》在《商业特许经营管理条例》的基础上对动态情况备案的时间和未备案的处罚作了更为详细的规定。即特许人应当在每年的3月31日以前进行备案，处罚机关由设区的市级以上商务主管部门进行。

行政裁定书

申请执行人：福州市商务局，住所地福建省福州市仓山区。

法定代表人：范建敏，局长。

委托代理人：王晓俊，系该局工作人员。

被执行人：福建佳瑞医药连锁有限公司，住所地福建省福州市闽侯县。

法定代表人：翁某某。

申请执行人福州市商务局于2016年9月12日向本院申请强制执行榕商[特]罚字(2015)第1号行政处罚决定。本院受理后，依法组成合议庭进行了审查，本案现已审查终结。

申请执行人查实被执行人存在自2008年办理商业特许经营备案后，未按照规定向商务主管部门报告上一年度订立的特许经营合同的情况，以及被申请执行人在企业名称等备案信息发生变更后，未及时按照规定向备案机关申请变更等违法行为违反《商业特许经营管理条例》第十九条、《商业特许经营备案管理办法》第八条的规定，根据《商业特许经营管理条例》第二十六条的规定，作出榕商[特]罚字(2015)第1号《行政处罚决定书》，责令被执行人改正，并处以10,000元罚款。

本院经审查认定，申请执行人福州市商务局作出榕商[特]罚字(2015)第1号《行政处罚决定书》，于2015年12月16日留置送达被执行人。被执行人在法定期限内未提出行政复议也未向人民法院提起行政诉讼，该处罚决定书业已生效。申请执行人向被执行人送达了榕商[特]催字(2015)第1号催告书，但被执行人仍未履行行政处罚决定确定的义务。

本院认为，申请执行人作出的处罚决定合法。被执行人在法律规定的期限内未复议、未起诉，也不履行，申请执行人经催告后申请执行人民法院强制执行，符合法律规定。依照《中华人民共和国行政诉讼法》第九十七条和《最高人民法院关于执行〈中华人民共和国行政诉讼法〉若干问题的解释》第九十三条的规定，裁定如下：

一、准予强制执行申请执行人福州市商务局于2015年12月16日作出的榕商[特]罚字(2015)第1号《行政处罚决定书》；

二、被执行人福建佳瑞医药连锁有限公司于本裁定生效之日起三十日内缴纳罚款10,000元及加处罚款(每日按罚款数的百分之三加处罚款，从2016年1月1日起计至被执行人实际履行完毕之日止，加处的罚款数额不超过10,000元)；

三、被执行人逾期不履行的，本院将依法强制执行。

本裁定书送达即发生法律效力。①

六、特许人违反广告宣传规定

《商业特许经营管理条例》第27条规定，特许人违反本条例第17条第2款规定的，由工商行政管理部门责令改正，处3万元以上10万元以下的罚款；情节严重的，处10万元以上30万元以下的罚款，并予以公告；构成犯罪的，依法追究刑事责任。特许人利用广告实施欺骗、误导行为的，依照《广告法》的有关规定予以处罚。实际上，特许人违反广告宣传的相关法律、法规而受到处罚的，在所有特许人所受到行政处罚的类型中占比最高。这也为特许人进行了警示，即在进行广告宣传时，一定要避免使用夸张、不实，容易引人误解甚至是欺骗的宣传用语，一旦被发现将受到严厉的行政处罚。

案例43：特许人在推广、宣传活动中不得有欺骗、误导的行为

基本案情：当事人系洗染设备销售公司，主要从事“德奈福”品牌洗衣设备和

① 福建省福州市仓山区人民法院：《福州市商务局与福建佳瑞医药连锁有限公司行政处罚决定一审行政裁定书》，(2016)闽0104行审11号。

耗材的销售以及开展“德奈福”品牌连锁加盟店业务。当事人于2011年8月11日取得了上海市商务委员会备案号为0312001401100007的商业特许经营备案证明。自2015年8月起，当事人在公司官方网站（网址：http://denefu.com）“盈利模式页面”的“利润回报”项下作如下宣传：“从投资角度分析，干洗店的利润率极高，超出加盟投资市场其他行业整体水平。高数额的毛利率根据统计可达80%以上，而零售业和餐饮业则分别为15%和30%……”此外，当事人在其另一网站（网址：http://www.ganxipaihang.com）“干洗店赚钱”页面中宣传“很多创业者在选择加盟干洗行业后，都要默默地问自己，干洗店加盟真的好吗？我告诉您，真的是不错的。为什么呢？因为洗衣店的利润相对其他行业来说是很高的，利润率高达70%~80%”。

本案调查终结后，总队于2015年12月24日向当事人送达了沪工商检听告字〔2015〕第320201510214号《行政处罚听证告知书》，将总队拟作出行政处罚的事实、理由、依据及处罚内容依法告知。当事人在收到《行政处罚告知书》之日起的三个工作日内未提出听证、陈述和申辩意见。

鉴于以上事实和相关证据证明，本队认为：

当事人的上述行为违反了《商业特许经营管理条例》第17条第2款“特许人在推广、宣传活动中，不得有欺骗、误导的行为，其发布的广告中不得含有宣传被特许人从事特许经营活动收益的内容”之规定，属于特许人在发布的广告中宣传被特许人从事特许经营活动收益内容的违法行为。

鉴于当事人在案发后积极纠正违法行为，主动消除该违法行为带来的危害后果。依据《商业特许经营管理条例》第27条第1款“特许人违反本条例第十七条第二款规定的，由工商行政管理部门责令改正，处3万元以上10万元以下的罚款；情节严重的，处10万元以上30万元以下的罚款，并予以公告；构成犯罪的，依法追究刑事责任”之规定，决定对当事人处罚如下：一、责令改正；二、罚款人民币三万元整。①

① 沪工商检处字〔2016〕第320201510214号。

七、未按时进行信息披露或披露信息不真实

《商业特许经营管理条例》第 28 条规定，特许人违反本条例第 21 条、第 23 条规定，被特许人向商务主管部门举报并经查实的，由商务主管部门责令改正，处 1 万元以上 5 万元以下的罚款；情节严重的，处 5 万元以上 10 万元以下的罚款，并予以公告。第 21 条规定，特许人应当在订立特许经营合同之日前至少 30 日，以书面形式向被特许人提供本条例第 22 条规定的信息，并提供特许经营合同文本。第 23 条规定，特许人向被特许人提供的信息应当真实、准确、完整，不得隐瞒有关信息，或者提供虚假信息。特许人向被特许人提供的信息发生重大变更的，应当及时通知被特许人。特许人隐瞒有关信息或者提供虚假信息的，被特许人可以解除特许经营合同。

行政相对人名称：廊坊市如意食品有限公司
行政处罚决定书文号：廊商执法档[2015]1 号
处罚名称：廊坊市如意食品有限公司违反《商业特许经营管理条例》
处罚类别 1：罚款
处罚类别 2：
统一社会信用代码：
组织机构代码：
工商登记码：
税务登记号：
居民身份证号：440104××××××××8016
处罚事由：1. 该企业未在商务系统注册，不是特许经营企业而从事特许经营活动。未具备两家直营店且经营时间满一年。2. 未按照《商业特许经营信息披露管理办法》进行披露
处罚结果：1. 责令改正，没收违法所得五千元，处罚款十万元。2. 责令改正，处罚款一万元
处罚依据：《商业特许经营管理条例》第二十四条及第二十八条
法定代表人姓名：
处罚机关：廊坊市商务局
当前状态：正常
处罚决定日期：2015/04/10
数据更新时间戳：2017/03/28
地方编码：131000
备注：

资料来源：威科法律信息库。

第三节 特许人的民事责任

特许人承担民事责任的类型主要有两种类型：其一，是合同责任，即根据合同之约定而承担的责任，主要是一种违约责任；其二，是侵权责任。通常情况下特许人直接侵权的事例较少发生，而面对消费者直接进行经营的加盟店容易发生第三人侵权责任。但是，由于特许总部与加盟店之间的特殊关系，加盟店的侵权亦可能要求特许人来承担责任。

一、合同责任

特许经营的民事责任可分为外部责任、内部责任。对于内部责任，一般情况下，由于门店和总部是两个法律地位彼此独立的企业。因此，门店与总部的关系，取决于双方在特许经营合同中的约定。所有有关特许经营权利义务关系的事实应包含在一个或多个书面协议中，它将清楚规定彼此关系的条件和各自权利、义务。但对于外部责任，即总部对于门店经营中与第三人发生的纠纷是否承担法律责任问题，殊难认定。这样，特许经营法律关系的复杂性就在外部责任的归属上凸显出来。[①] 外部责任，又可进一步地分为合同责任和侵权责任。例如，电器公司作为特许人，向某卖场提供了一批电视机，其后发现该电视机显像管有问题，无法正常显示。此时，如果顾客向卖场要求赔偿，这是属于外部责任。而卖场可以将该责任又转化为内部责任，转而要求公司总部予以赔偿。

二、侵权责任

在“朱某某、张某某等与上海天天快递有限公司、上海天恩货运代理有限公司等机动车交通事故责任纠纷”一案中，上海市浦东新区人民法院提出了以“控制程度和过错程度”原则作为特许人是否承担第三人责任的判断标准，但实际上该标准

---

① 参见汪传才：《特许经营中民事责任初探》，载《江西社会科学》2003 年第 4 期。

对于如何判定究竟是由特许人来承担对第三人的侵权责任,还是由被特许人来承担对第三人的侵权责任,以及各自责任的大小仅仅提出了一种原则,而谈不上具体标准。我们认为,以下几个标准对于判断特许人是否承担侵权责任具有关键作用:

(一)特许总部对造成第三人损害有过错

加盟店应当接受特许总部的技术性指导或其他指示,并且按照总部提供的操作手册进行营业,即使加盟店已尽了最大的注意义务,仍不免对消费者产生损害的,由于该损害并非出于加盟店的过错行为,而是源于整个特许体系的指导不当,可归责于总部,故总部对受害人的损害承担连带责任。

(二)特许总部是加盟店工作场所所有人的

加盟店对于第三人的损害大半发生在营业场所内,如加盟店的货架倒塌、招牌被风吹落而砸伤人员。根据《民法通则》第126条的规定,发生这种情形时,除非建筑物所有人或管理人能证明自己没有过错,应由建筑物所有人或管理人承担民事责任,即作为工作场所所有人的总部应当承担民事责任。

(三)特许总部是致人损害商品的生产者或者销售者的

绝大多数特许体系都涉及向最终消费者直接销售商品或提供服务,对该产品或服务因缺陷而致消费者人身或财产损害时,就会产生产品责任问题。当加盟店销售的产品或服务,是总部生产的或直接源于总部配售的,如果消费者因消费该产品或服务而受损害时,根据《民法通则》第122条的规定,总部应承担产品责任。因此,对于加盟店经营中的侵权责任,即可否直接向总部提出损害赔偿的请求,取决于总部是否有例外承担法律责任情形,否则,不予承担。①

第四节 被特许人的行政责任

在商业特许经营中,除了特许人要承担相应行政责任外,被特许人如果在经营

① 参见汪传才:《特许经营中民事责任初探》,载《江西社会科学》2003年第4期。

过程中出现违法行为，同样要承担行政责任。当然，需要注意的是，在《商业特许经营管理条例》中，没有出现被特许人需要承担行政责任的规定，仅对特许人承担行政责任的情形进行了详细的规定，这是由《商业特许经营管理条例》的立法目的所决定的。但是，一旦被特许人在经营中出现违规行为，其他法律、行政法规同样对相应情况作出了规定，因此，被特许人不能因为《商业特许经营管理条例》没有约束而放松对自己经营的要求。

一、未标明特许人和被特许人的真实标记

从目前所查找的相关行政处罚案例来看，被特许人因未标明特许人和被特许人的真实标记而受到处罚的情况非常普遍，占所有被特许人受到行政处罚原因的最高比例。而主要的行政处罚来自上海市的工商行政管理部门，原因在于《上海市消费者权益保护条例》第 24 条第 3 款规定，“通过加盟等形式从事商业特许经营的经营者，应当标明特许人和被特许人的真实名称和标记。”因此，如果被特许人的经营场所在上海，就需要特别注意标明特许人和被特许人的真实标记。

案例 44：被特许人应当在经营中标明特许人和被特许人的真实标记

基本案情：2015 年 9 月 28 日，执法人员在奉贤区四团镇鹏贸街 120 号检查时发现，当事人正在从事巴比馒头的销售经营活动，当事人未依法标明特许人与被特许人的真实名称和标志。经查：当事人在上海市奉贤区四团镇鹏贸街 120 号经营一家“巴比馒头”小吃店，字号名称为上海市奉贤区段德才小吃店，该店为上海中饮餐饮管理有限公司特许经营店。该店从 2013 年 6 月 1 日开始经营。2015 年 9 月 28 日，执法人员对该店进行检查，发现该店未按照有关法律法规的规定标明特许人和被特许人的真实名称和标记。

处罚决定：上海市奉贤区市场监督管理局调查终结后认定，当事人违反了《上海市消费者权益保护条例》第 24 条第 3 款“通过加盟等形式从事商业特许经营的经营者，应当标明特许人和被特许人的真实名称和标记”的规定，构成侵犯消费者权益的行为。

根据《上海市消费者权益保护条例》第24条第1款“经营者应当在其经营场所、网站首页或者从事经营活动的主页面的显著位置，标明真实名称和标记。标明经营者名称的位置、字体、颜色等，应当便于识别、查询”、第3款“通过加盟等形式从事商业特许经营的经营者，应当标明特许人和被特许人的真实名称和标记”以及第63条“经营者有下列情形之一，其他有关法律、法规对行政处罚机关和处罚种类、幅度已有规定的，依照法律、法规的规定执行；法律、法规未作规定的，由工商行政管理部门责令改正，并可以根据情节单处或者并处警告。五万元以下的罚款；情节严重的，责令停业整顿：(一)违反本条例第二十一条第三款规定，未按照规定设立服务标识的；(二)违反本条例第二十四条规定，未按照规定标明真实名称和标记的；(三)违反本条例第二十五条第一款规定，未按照规定出具购货凭证或者服务单据的；(四)违反本条例第二十九条第二款规定，上门推销未按照规定征得消费者同意或者提供规定文件的；(五)违反本条例第三十二条第二款规定，发送商业性信息，未经消费者同意增加消费者费用的”中第2项的规定，责令当事人停止违法行为，并对当事人作出行政处罚如下：罚款(人民币)200元整。[①]

二、虚构主体资格进行经营

被特许人在经营中，常常还出现冒充特许人从事合同签订、销售、转让技术等经营行为，此种行为的问题在于，扰乱市场正常的经营秩序，干扰其他经营主体或消费者的正确判断。判断是否承担此类行政责任的基本标准，是被特许人是否虚构了相关信息，并造成了对特许人和消费者的欺骗。

---

① 奉市监案处字〔2015〕第180201510616号。被特许人未表明真实名称和标记的行为是被特许人受到行政处罚的主要类型，相关案例可见：黄某某未按规定公示相关特许信息案，宝市监案处字〔2015〕第130201510766号；上海尧姿眼镜有限公司未按规定标明真实名称和标记案，宝市监案处字〔2015〕第130201510769号；孙某某未按规定标明真实名称和标记案，宝市监案处字〔2015〕第130201510797号。

案例45：被特许人虚构主体资格进行经营将受到严厉处罚

基本案情：当事人上海纪新房地产经纪事务所成立于2013年4月15日，当事人投资人与上海福美来房地产经纪有限公司签订加盟协议，以“福美来不动产”的名义对外从事房地产经纪服务经营活动。2014年下半年起当事人在经营活动中虚构了“上海福美来不动产经纪有限公司”的主体资格，并以此名称作为居间方签订了部分《房地产买卖居间协议》。因签订《房地产买卖居间协议》与当事人经营收益无直接关联，故上述行为无违法所得。

处罚决定：上海市松江区市场监督管理局认为，当事人以虚构的主体资格订立合同的行为，构成了《合同违法行为监督处理办法》第6条第1款第2项所指的违法行为。根据《合同违法行为监督处理办法》第12条之规定，决定对当事人的上述违法行为处罚如下：

1. 罚款人民币5000元整。

2. 行政处罚的履行方式和期限：

自收到本行政处罚决定书起15日内，携带《非税收入一般缴款书》，将没收款和罚款交至本市各商业银行的具体代收机构。其中，逾期缴纳罚款的，依据《中华人民共和国行政处罚法》第51条第1项的规定，每日可按罚款数额的3%加处罚款。

当事人如不服本处罚决定，可在接到《处罚决定书》之日起60日内，向松江区人民政府或者上海市工商行政管理局申请行政复议，也可以在6个月内直接向上海市松江区人民法院起诉。

逾期不申请行政复议或者不向人民法院起诉又不履行行政处罚决定的，本机关可以依法强制执行或者申请人民法院强制执行。

根据《企业信息公示暂行条例》和国家工商行政管理总局《工商行政管理机关行政处罚信息公示暂行规定》的有关规定，本局将通过企业信用信息公示系统、门户网站、专业网站等公示行政处罚信息。[①]

① 松市监案处字〔2015〕第270201510341号。

三、经营过期产品

被特许人常常会无视特许人的管理规定,为降低自己的经营成本,将已过保质期的产品继续进行销售,此种行为在餐饮服务业、超市等行业较为普遍。当然,需要注意的是,此种行为危害较大,应当受到处罚。

案例46: 被特许人应当保证产品质量

基本案情:2014年8月15日当事人与上海联华超市发展有限公司签订《商业特许经营合同》,在民府路941号一层经营范围内使用联华超市的服务标识、商标等企业象征,销售预包装食品、百货等。经查,当事人从上海联华超市发展有限公司购入的“农心土豆排骨拉面”2袋、“农心辣白菜拉面”5袋,在超过保质期后仍对外销售。“农心土豆排骨拉面”的售价为4.5元/袋,“农心辣白菜拉面”的售价为4.6元/袋。上述涉案商品货值金额32元,无违法所得。

处罚决定:上海市杨浦区市场监督管理局经查证后,依据《食品安全法》第85条第7项决定给予当事人罚款2000元的行政处罚。①

四、无证经营

被特许人虽然能够取得特许人的许可,但是有一些行业必须取得行政审批方能进入,此时仅仅是特许人的许可并不足以使被特许人合法经营,被特许人还要取得行政许可才能够从事该项目的经营。否则,被特许人将因此而遭受行政处罚。

案例47: 被特许人从事相关行业应当取得行政许可

基本案情:上海市松江区岳阳街道圩宝食品店设立于2015年11月16日,为联华超市的加盟店,经营者为当事人汪某某。2016年1月初,当事人从王某处购进

① 杨市监案处字〔2015〕第100201560602号。

卷烟9种9条共90包,购货总金额是906元。嗣后,当事人在未取得烟草专卖零售许可证的情况下,擅自将上述卷烟放在其位于上海市松江区岳阳街道中山二路123号的经营场所内出售。至2016年1月13日上海市烟草专卖局松江分局对其检查止,当事人共售出上述卷烟10包,销售总金额为150.5元,违法所得18.4元。也即,自2016年1月初至2016年1月13日案发止,当事人无烟草专卖零售许可证经销9种正品卷烟的违法经营总额为1025元,违法所得18.4元。

处罚决定:上海市松江区市场监督管理局认为,当事人的行为违反了《烟草专卖法实施条例》第6条之规定,构成了无烟草专卖零售许可证经营烟草制品零售业务的行为。当事人擅自经营烟草制品零售业务所涉及9种卷烟系真品卷烟,且当事人擅自经营烟草制品零售业务的违法所得较少,故根据《烟草专卖法实施条例》第57条和《行政处罚法》第27条第1款第1项的规定,决定责令当事人立即停止经营烟草制品零售业务,并对当事人从轻处罚如下:

一、没收违法所得人民币18.4元;

二、处以违法经营总额20%,即人民币205元的罚款。

行政处罚的履行方式和期限:

自收到本行政处罚决定书起15日内,携带本决定书和《非税收入一般缴款书》,将没收款和罚款交至本市各商业银行的具体代收机构。其中,逾期缴纳罚款的,依据《行政处罚法》第51条第1项的规定,每日可按罚款数额的3%加处罚款。[①]

---

① 松市监案处字〔2016〕第270201610049号。

第八章　商业特许经营法律纠纷解决

第一节　特许经营法律纠纷的管辖

特许经营法律纠纷通常会出现在特许人与被特许人之间，因此，通常情况下属于合同纠纷。根据《民事诉讼法》第23条的规定，因合同纠纷提起的诉讼，由被告住所地或者合同履行地人民法院管辖。第35条规定，两个以上人民法院都有管辖权的诉讼，原告可以向其中一个人民法院起诉；原告向两个以上有管辖权的人民法院起诉的，由最先立案的人民法院管辖。

特许经营法律纠纷通常根据合同纠纷的管辖规定进行，与其他的合同纠纷相同。但是，特许经营法律纠纷亦有其特殊性，因为特许经营的基本特征是特许人将其经营资源授权给被特许人使用，被特许人支付相应的对价。而其中最为关键的经营资源，主要是由知识产权构成。因此，特许经营法律纠纷除了依据合同纠纷的一般管辖规则外，还会被视为知识产权纠纷，受知识产权特殊的地域管辖和级别管辖的影响。

一、约定管辖

《民事诉讼法》第34条规定，合同或者其他财产权益纠纷的当事人可以书面协议选择被告住所地、合同履行地、合同签订地、原告住所地、标的物所在地等与争议有实际联系的地点的人民法院管辖，但不得违反本法对级别管辖和专属管辖的规定。根据《最高人民法院关于适用〈中华人民共和国民事诉讼法〉的解释》第29条的规定，《民事诉讼法》第34条规定的书面协议，包括书面合同中的协议管辖条款或者诉讼前以书面形式达成的选择管辖的协议。也就是说，当事人对管辖法院有约定时，通常以当事人的约定为主，但当事人之间的约定不能够违反法院的级别管辖的相关规定。例如，当事人通常不能将一审的案件约定由中级人民法院审判。

案例 48：特许经营合同纠纷可以约定管辖法院

基本案情：桥思品牌策划（上海）有限公司（以下简称桥思公司）与朱某特许经营合同纠纷中，上诉人桥思公司因特许经营合同纠纷一案，不服上海市普陀区人民法院（2018）沪 0107 民初 1762 号民事裁定，向上海市知识产权法院提起上诉。

诉求：上诉人桥思公司上诉称，本案并非特许经营合同纠纷案件，本案应由上海市静安区人民法院审理。因此桥思公司请求本院撤销原审裁定，将本案移送上海市静安区人民法院审理。

法院观点：法院认为，根据《商业特许经营管理条例》第 3 条的规定，商业特许经营，是指拥有注册商标、企业标志、专利、专有技术等经营资源的企业（以下称特许人），以合同形式将其拥有的经营资源许可其他经营者（以下称被特许人）使用，被特许人按照合同约定在统一的经营模式下开展经营，并向特许人支付特许经营费用的经营活动。特许经营合同纠纷的法律特征为：一是特许人拥有注册商标、企业标志、专利、专有技术，以及在先使用并具有一定影响的未注册商标、商业秘密、字号商号等具有知识产权属性的经营资源；二是被特许人在特许人授权的特定经营模式下使用特许人的经营资源；三是被特许人应向特许人支付特许经营费。本案中，首先，根据合同的约定，桥思公司授权朱某使用“港嘢茶档”商业标识、企业形象、市场业务推广、咨询、培训等具有知识产权属性的经营资源；其次，涉案合同约定了朱某应按桥思公司提供的标准经营模式进行经营；最后，朱某向桥思公司支付了合作盟销费等费用具有特许经营费的属性。因此涉案合同符合特许经营合同的特征，故本案系特许经营合同纠纷。本院对于桥思公司的相关上诉意见不予采纳。本案中，双方在涉案合同中约定“就本合同发生争议提交合同签订地上海市静安区人民法院解决”，应理解为双方在签订合同时合意将合同争议提交至合同签订地（静安区）的人民法院管辖，由于本案系特许经营合同属于知识产权合同纠纷案件，根据《上海市高级人民法院关于调整本市法院知识产权民事案件管辖的规定》，上海市普陀区人民法院有权管辖静安区辖区内的第一审特许经营合同纠纷案件，被上诉人据此向一审法院提起本案诉讼并无不妥。综上，上诉人的上诉请求及理由不能成立，本院不予支持，一审法院所作裁定应予维持。①

案例评析：该案件中，虽然特许经营合同的双方当事人在合同中约定了"就本合同发生争议提交合同签订地上海市静安区人民法院解决"，但由于该项约定违反了法院专属管辖的规定，即根据《上海市高级人民法院关于调整本市法院知识产权民事案件管辖的规定》，上海市普陀区人民法院有权管辖静安区辖区内的第一审特许经营合同纠纷案件，从而致使该案件的管辖权由上海市普陀区人民法院行使。

二、涉知识产权案件的集中管辖

案例 49：特许经营合同案件属于知识产权案件应当集中管辖

基本案情：上诉人广州小农哥农业科技有限公司（以下简称小农哥公司）、上海巨昂投资有限公司（以下简称巨昂公司）因特许经营合同纠纷一案，不服上海市徐汇区人民法院（2017）沪0104民初24752号民事裁定，向本院提起上诉。

诉求：小农哥公司上诉称，首先，涉案合同为特许经营合同，一审法院以双方之间存在橙子采购关系而认定基础法律关系为产品销售关系是错误的；其次，从双方当事人签约时的真实意思表示看，结合合同名称及内容的约定可知双方的真实意思表示是要签订特许经营合同并采取特许经营的模式；最后，上海市商务委员会《通知书》仅说明巨昂公司不符合商业特许经营的法定条件，并不能否认涉案特许经营合同的性质。故小农哥公司请求本院撤销原审裁定并驳回巨昂公司提出的管辖权异议，本案应由上海市徐汇区人民法院审理。

巨昂公司上诉称：一审法院关于双方之间基础法律关系不属于特许经营合同关系的认定正确，但不应当按照合同披露的地址确定巨昂公司所在地，本案不应当

① 参见上海知识产权法院：《桥思品牌策划（上海）有限公司与朱某特许经营合同纠纷管辖民事裁定书》，（2018）沪73民辖终160号。

移送上海市虹口区人民法院审理。根据涉案合同约定,双方之间的纠纷由巨昂公司所在地法院管辖。合同披露的地址仅是巨昂公司的联系地址,并非其注册地或实际经营地。巨昂公司的注册地与实际经营地均是上海市松江区叶榭镇叶旺路×××号×××楼。故巨昂公司请求撤销原审裁定,将本案移送至上海市松江区人民法院审理。

法院观点:关于涉案合同的性质,首先,根据《商业特许经营管理条例》第3条的规定,商业特许经营是指拥有注册商标、企业标志、专利、专有技术等经营资源的企业,以合同形式将其拥有的经营资源许可其他经营者使用,被特许人按照合同约定在统一的经营模式下开展经营,并向特许人支付特许经营费用的经营活动。据此,特许经营合同应当具备以下三个要件:即特许人将其拥有的经营资源许可与被特许人使用;被特许人在统一的模式下开展经营;被特许人向特许人支付特许经营费。本案中,就特许经营资源而言,双方之间的合同显示特许人巨昂公司将其拥有的经营资源包括但不限于品牌、商标、产品、软件和服务、专利、专有技术、经营模式、管理体系、VI系统、运营系统等许可与被特许人小农哥公司使用;就统一经营模式而言,小农哥公司按照合同约定在巨昂公司设定的“六统一”的经营模式下开展经营活动,即统一形象识别、操作规范、宣传口径、价格政策、促销活动和配货渠道,特别是被特许人通过统一的智能榨汁自动销售终端销售榨汁的方式,是其区别于其他经营模式的核心特征;就特许加盟金而言,根据合同第2条的约定,小农哥公司基于特许经营权的获得以特许权押金、特许经营载体租金、品牌保证金、培训费等形式向特许人巨昂公司支付特许加盟费用,特许人巨昂公司基于这些费用获得的收益实质即为特许加盟金,故涉案合同的约定符合特许经营合同的上述三个要件。这三个方面也使本案特许经营合同区别于一般买卖合同关系,原审法院对此认定有误。其次,从双方签约时的真实意思表示看,涉案合同的名称为维果部落特许经营合同,合同条款的各个部分均按照特许经营的方式具体安排设计,因此,双方的真实意思表示应该是以特许经营合同法律关系来确定双方之间的权利和义务。故本院认为涉案合同系特许经营合同,本案为特许经营合同纠纷,应当按照知识产权案件集中管辖。关于管辖法院的确定,涉案合同约定由巨昂公司所在地法院管辖。审理中,双方均确认巨昂公司住所地位于上海市松江区,根据《上海市高级人民法院关于调整本市法院知识产权民事案件管辖的规定》，上海市徐汇区人民法院管辖徐汇区、松江区、金山区辖区内的第一审知识产权案件，故小农哥公司向一审法院提起本案诉讼于法有据，小农哥公司的上诉请求及理由成立，本院予以支持；巨昂公司的上诉请求缺乏事实及法律依据，本院不予支持。①

案件评析：虽然本案双方对管辖法院有约定，但是该约定涉及了特许经营纠纷，应当按照知识产权案件集中管辖，因此，法院结合双方之约定，确定了由上海市徐汇区人民法院进行管辖，从而支持了小农哥公司提起的管辖权异议。该案也反映出特许经营纠纷的特殊性，即特许经营纠纷通常被视为知识产权纠纷，与知识产权纠纷在法院的管辖级别和管辖地域上均具有相似性，这也与特许经营关系本身的法律特点密不可分。特许经营关系认定的核心就在于是否由特许人将其所具有的经营资源许可给被特许人使用，而被特许人是否由此支付相应费用，所以特许经营资源是特许经营关系的核心，而特许经营资源主要是商标和商业秘密、技术等知识产权，也就无怪乎法院在安排管辖时将其与知识产权案件的管辖归为同一类型。

三、管辖约定不明的情况

实际上管辖权约定不明的情况就视为没有约定，此时应当根据《民事诉讼法》第 23 条的规定，因合同纠纷提起的诉讼，由被告住所地或者合同履行地人民法院管辖。第 35 条规定，两个以上人民法院都有管辖权的诉讼，原告可以向其中一个人民法院起诉；原告向两个以上有管辖权的人民法院起诉的，由最先立案的人民法院管辖。也就是说，可以在被告住所地法院起诉，亦可以在合同履行地法院起诉，如果都起诉的，最先立案的法院享有管辖权。

---

① 参见上海知识产权法院：《广州小农哥农业科技有限公司、上海巨昂投资有限公司特许经营合同纠纷管辖民事裁定书》，(2018)沪 73 民辖终 22 号。

案例50：管辖约定不明时的处理

基本案情：恒雅公司与万诚公司于2015年12月7日签订《招商合同》一份，第1.1条约定“万诚公司的代理区域为：江苏省地区总代理”，第1.3条约定“万诚公司须于首年开设不少于三家专卖店，则有权保持总代理权限于下一年度”。第2条约定“专卖店条款”，第2.3条约定“若万诚公司在ee专卖店里售卖其他非ee品牌产品，恒雅公司有权立即收回加盟的权限和ee品牌使用权，并没收所有合约按金”，第2.4条约定“专卖店之一切疗程用品，包括仪器，美容产品及用品等，必须从恒雅公司购买或遵从恒雅公司指示”，第2.6条约定“恒雅公司有权巡查专卖店而作出指引”，第2.7条约定“专卖店内之装修包括但不限于招牌，货品陈列摆设及运作模式必须依从恒雅公司”，第2.8条约定“万诚公司必须跟随及参加恒雅公司所有市场推广计划……”第11.1条约定“本合同受中华人民共和国法律管辖并按其进行解释”，第11.2条约定“因履行本合同引起的或与本合同有关的争议，双方应首先通过友好协商解决，如果协商不能解决争议，依法向当地人民法院起诉”。其后双方发生纠纷，上诉人恒雅研肌有限公司（以下简称恒雅公司）因与被上诉人万诚（亚洲）有限公司（以下简称万诚公司）特许经营合同纠纷管辖权异议一案，不服江苏省苏州工业园区人民法院（2017）苏0591民初3393号民事裁定，向本院提起上诉。

诉求：撤销一审裁定，驳回万诚公司的起诉。1. 一审法院认定的“协议管辖”不具有唯一确定性，合同中仅约定了“当地人民法院”管辖，可能是被告住所地、合同履行地、合同签订地等与争议有实际联系的法院，不能据此认定存在有效的书面管辖协议。2. 一审法院存在逻辑推定错误，无法确定合同的实际履行地点。《招商合同》中仅有关于“代理区域为：江苏省地区总代理”的表述，并未限定在江苏省哪个法院管辖。3. 本案应由被告住所地的香港法院管辖。（1）本案属产品代理纠纷，并不是特许经营权纠纷。（2）合同约定的履行地点不明确，应视为没有约定，可按其他标的来处理，由履行义务一方所在地为合同履行地，合同双方住所地均在香港，应由香港法院管辖。（3）原被告双方均为香港企业，按照被告住所地管辖原则，也应当由香港法院管辖。从不方便管辖原则看，内地法院管辖本案存在不便因素,香港法院管辖本案更为便捷。综上,合同约定的协议管辖无效,本案不应由内地法院管辖,应交由香港法院处理,故应撤销一审裁定,驳回起诉。

法院观点:根据《涉外民事关系法律适用法》第41条的规定,当事人可以协议选择合同适用的法律。本案中,双方当事人在《招商合同》中约定受中华人民共和国法律管辖并按其进行解释,故本案应适用中华人民共和国法律。并且案件争议的事实发生在江苏省,因此本案不属于适用不便管辖原则的情形,人民法院对本案具有管辖权。恒雅公司认为内地法院没有管辖权而应驳回起诉的上诉理由不能成立,本院不予支持。

根据《商业特许经营管理条例》第3条的规定,商业特许经营是指拥有注册商标、企业标志、专利、专有技术等经营资源的企业,以合同形式将其拥有的经营资源许可其他经营者使用,被特许人按照合同约定在统一的经营模式下开展经营,并向特许人支付特许经营费用的经营活动。本案中,根据《招商合同》的内容可以看出,恒雅公司将ee品牌授权许可万诚公司,万诚公司开设专卖店并按照合同约定在恒雅公司的运作模式下经营,故双方的法律关系符合特许经营合同的法律特征。并且万诚公司在本案中亦起诉主张双方为特许经营合同关系,因此本案为特许经营合同纠纷。

根据《民事诉讼法》第34条规定,合同纠纷的当事人可以书面协议选择被告住所地、合同履行地、合同签订地、原告住所地、标的物所在地等与争议有实际联系的地点的人民法院管辖,但不得违反本法对级别管辖和专属管辖的规定。根据《最高人民法院关于适用〈中华人民共和国民事诉讼法〉的解释》第30条规定,根据管辖协议,起诉时能够确定管辖法院的,从其约定;不能确定的,依照《民事诉讼法》的相关规定确定管辖;管辖协议约定两个以上与争议有实际联系的地点的人民法院管辖,原告可以向其中一个人民法院起诉。本案中,双方当事人住所地均在香港,而根据《招商合同》内容,表明履行合同的主要形式即为在江苏省开设专卖店,因此约定的"当地人民法院"应当是指江苏省的专卖店所在地的人民法院。根据万诚公司提交的租赁合同、物流单据等证据,表明万诚公司开设的专卖店位于苏州工业园区,亦表明双方实际履行合同的地点指向苏州工业园区,因此,万诚公司提起诉讼时,双方约定的"当地人民法院"能够确定,管辖协议有效,应从其约定。

根据《最高人民法院关于同意指定南京市玄武区等五个基层人民法院审理部分知识产权民事纠纷案件的批复》(法函〔2007〕102 号)以及《江苏省高级人民法院关于指定南京市玄武区人民法院等五个基层人民法院审理部分知识产权民事纠纷案件的通知》(苏高法〔2007〕343 号)的规定,苏州工业园区人民法院负责审理发生在本辖区内除专利、植物新品种、集成电路布图设计、涉外、涉港澳台纠纷及驰名商标认定纠纷案件以外的一审知识产权民事纠纷案件。因本案为涉港知识产权纠纷,故苏州工业园区人民法院对本案没有管辖权,本案应由本院审理。[①]

案例评析:本案的管辖权相对而言比较复杂,因为涉及特许经营纠纷的双方均非中国企业。但法院在无法确定被告住所地的情况下,以合同主要履行地确定了有管辖权的地域。此外,该案件中法院仍然将特许经营纠纷视为知识产权纠纷,以《最高人民法院关于同意指定南京市玄武区等五个基层人民法院审理部分知识产权民事纠纷案件的批复》(法函〔2007〕102 号)以及《江苏省高级人民法院关于指定南京市玄武区人民法院等五个基层人民法院审理部分知识产权民事纠纷案件的通知》(苏高法〔2007〕343 号)的规定,确定案件应该由苏州市中级人民法院管辖。需要注意的是,特许经营纠纷中经常会涉及外国企业,例如,国际特许经营的形式,如果双方在合同中没有确定适用中国的法律,那么法院管辖该案件的可能性就比较小。此时,双方发生争议就有可能需要到国外的司法机构进行诉讼,如此会耗费大量的人力、物力、财力。

四、约定仲裁

《仲裁法》第 4 条规定,当事人采用仲裁方式解决纠纷,应当双方自愿,达成仲裁协议。没有仲裁协议,一方申请仲裁的,仲裁委员会不予受理。也就是说,仲裁必须要经过当事人双方协商,并达成仲裁协议,否则仅仅是一方的一厢情愿,仲裁委员会是不会受理的。

《仲裁法》第 16 条规定:"仲裁协议包括合同中订立的仲裁条款和以其他书面

① 参见江苏省苏州市中级人民法院:《万诚(亚洲)有限公司与恒雅研肌有限公司管辖裁定书》,(2017)苏 05 民辖终 1151 号。

方式在纠纷发生前或者纠纷发生后达成的请求仲裁的协议。仲裁协议应当具有下列内容：（一）请求仲裁的意思表示；（二）仲裁事项；（三）选定的仲裁委员会。”该条指出，如果要以仲裁的方式来进行，必须要有选定的仲裁委员会，不能仅仅说明要仲裁，要对哪些事项进行仲裁，在何处进行仲裁。因为，有的地方不只有一个仲裁委员会，例如北京市就有北京仲裁委员会和中国国际经济贸易仲裁委员会两家，仅表示在北京市仲裁视为没有约定仲裁。

（一）仲裁约定不清

案例51：仲裁约定不清时视为没有约定仲裁

基本案情：上诉人上海未来伙伴机器人有限公司（以下简称未来伙伴公司）因特许经营合同纠纷一案不服上海市徐汇区人民法院（2017）沪0104民初26478号民事裁定，向上海知识产权法院提起上诉。

诉求：上诉人未来伙伴公司上诉称，首先，上诉人与被上诉人签订的《能力风暴机器人活动中心合作经营合同》（以下简称涉案合同）第54条“合同争议的解决”约定：“双方发生争议的，可以协商解决，或向有关部门申请调解；也可提请甲乙双方所在地仲裁委员会仲裁”。该条明确约定了争议解决方式为双方所在地仲裁委员会仲裁，而不是法院管辖。

其次，虽然涉案合同中并未明确仲裁机构名称，但根据《最高人民法院关于适用〈中华人民共和国仲裁法〉若干问题的解释》《上海市高级人民法院关于执行〈中华人民共和国仲裁法〉若干问题的处理意见》的相关规定，当事人如明确排除法院管辖，而指向仲裁的，应当适用仲裁。基于本案当事人均在上海市，故双方所在地仲裁机构应指向为上海仲裁委员会。

综上，上诉人未来伙伴公司认为一审法院适用法律错误，故请求本院依法撤销上海市徐汇区人民法院（2017）沪0104民初26478号民事裁定，将本案移送至上海仲裁委员会受理。

法院观点：法院经审查认为，《最高人民法院关于适用〈中华人民共和国民事诉讼法〉的解释》第215条规定,依照《民事诉讼法》第124条第2项的规定,当事人在书面合同中订有仲裁条款,或者在发生纠纷后达成书面仲裁协议,一方向人民法院起诉的,人民法院应当告知原告向仲裁机构申请仲裁,其坚持起诉的,裁定不予受理,但仲裁条款或者仲裁协议不成立、无效、失效、内容不明确无法执行的除外;第30条规定,根据管辖协议,起诉时能够确定管辖法院的,从其约定;不能确定的,依照《民事诉讼法》的相关规定确定管辖。《仲裁法》第18条规定,仲裁协议对仲裁事项或者仲裁委员会没有约定或者约定不明确的,当事人可以补充协议;达不成补充协议的,仲裁协议无效。本案中,虽然上诉人与被诉人在涉案合同第54条中约定"双方发生争议的,可以协商解决,或向有关部门申请调解;也可提请甲乙双方所在地仲裁委员会仲裁",且上诉人与被上诉人的住所地均在上海市,但鉴于上海市存在多个仲裁机构,上诉人与被上诉人既没有在涉案合同中明确约定仲裁委员会,也没有达成补充协议,故属于仲裁条款约定不明确的情形,应根据《民事诉讼法》的相关规定确定管辖。①

案例评析:本案中特许合同双方约定:"双方发生争议的,可以协商解决,或向有关部门申请调解;也可提请甲乙双方所在地仲裁委员会仲裁"。此种约定远达不到《仲裁法》要求的具有请求仲裁的意思表示。同时,仅说明在上海市进行仲裁,而上海市又有多家仲裁机构,此时仅能视为没有约定仲裁机构。

(二)仲裁约定清楚的

案例52:仲裁约定清楚时依据仲裁协议或仲裁条款确定管辖

基本案情:2014年7月18日,甲方包道公司与乙方陈某某签订《商业特许经营合同》,约定甲方特许乙方在广州市南沙区万顷沙区域内开设万顷沙"包道"广式点心专门店,合同期限自2014年8月1日起至2016年7月31日止。《商业特许

① 参见上海知识产权法院:《上海未来伙伴机器人有限公司与唐某某特许经营合同纠纷管辖民事裁定书》,(2017)沪73民辖终854号。

经营合同》第17条第2款约定:本合同在履行过程中发生的争议,可由双方当事人协商解决,也可由有关部门调解,协商或调解不成的,提交广州仲裁委员会仲裁。2015年3月28日,甲方陈某某、乙方黎某某及丙方张某某、陈某茹签订《合作合同》,就合作经营南沙区万顷沙镇珠江街新广六路1号A区内25号、26号、27号、28号铺事宜作出约定。2016年8月15日,包道公司向陈某某发出《告知函》,以其违反《商业特许经营合同》第7条第7点及第13条第1点的约定为由,终止上述合同。

诉求:案件审理过程中,被告陈某某于2017年9月12日向法院提出管辖权异议申请,认为其与包道公司签订的《特许经营合同》第17条第2款约定争议解决方式为提交广州仲裁委员会仲裁。三原告与被告陈某某共同经营"包道"广式点心店,应当共同遵守和履行与包道公司之间的《特许经营合同》。本案的案由是特许经营合同纠纷,应当根据《特许经营合同》的管辖约定,由中国广州仲裁委员会仲裁。

法院观点:本案系三原告与被告陈某某及包道公司在履行涉案《特许经营合同》过程中所产生的纠纷,虽然《特许经营合同》系由陈某某个人名义与包道公司所签订,但三原告作为《特许经营合同》约定的加盟店铺的合伙人,对外共同履行《特许经营合同》约定的权利义务,均应接受《特许经营合同》条款的约束。由于《特许经营合同》第17条第2款约定争议的解决方式为提交广州仲裁委员会仲裁,该仲裁条款符合法律规定要件,并不存在无效的情形,应属合法有效。根据《仲裁法》第26条规定:"当事人达成仲裁协议,一方向人民法院起诉未声明有仲裁协议,人民法院受理后,另一方在首次开庭前提交仲裁协议的,人民法院应当驳回起诉,但仲裁协议无效的除外;另一方在首次开庭前未对人民法院受理该案提出异议的,视为放弃仲裁协议,人民法院应当继续审理。"被告陈某某在本案首次开庭前依据该仲裁条款提出管辖权异议申请,本案应当驳回起诉。①

案件评述:本案中,当事人双方有仲裁协议,并且在仲裁协议中清楚地表明了

① 参见广东省广州市南沙区人民法院:《黎某某、张某某等与陈某某等特许经营合同纠纷一审民事裁定书》,(2017)粤0115民初3560号。

要仲裁的意思表示,列明了仲裁事项,确定了仲裁机构。因此,法院依据被告陈某某的申请,驳回了起诉,不再行使管辖权。需要注意的是,遇有仲裁协议的情形下,如果其中一方到人民法院提起诉讼,而另一方在人民法院第一次开庭之前没有向人民法院提出任何异议,即视为放弃了仲裁协议当中约定的内容,法院自此取得管辖权。其后,假设在二审当中再提出管辖权异议,则将被驳回。

第二节　特许经营法律纠纷中的证据准备

一、一般证据规则

特许经营法律纠纷出现时,首先应当由双方协商解决,能够协商解决对双方而言都是最好的。但是当事人双方仍然要注意对证据的搜集和留存,因为并非所有的纠纷都能够得到有效地解决,无法协商时,最终双方会进入司法程序。在司法程序中,首先需要适用的就是法院的证据规则。根据《最高人民法院关于民事诉讼证据的若干规定》(2008 年修订)第 2 条的规定,当事人对自己提出的诉讼请求所依据的事实或者反驳对方诉讼请求所依据的事实有责任提供证据加以证明。没有证据或者证据不足以证明当事人的事实主张的,由负有举证责任的当事人承担不利后果。此为普通的举证规则,即自己对自己要证明的事件负有举证责任。举示证据的目的是为了尽可能地还原事实,如果此项事实没有证据来证明,那么负有举证责任的人就要承担该事实不能证明的后果。

二、特许经营合同纠纷的特殊证据规则及证据搜集

《最高人民法院关于民事诉讼证据的若干规定》第 5 条对合同纠纷进行了规定,在合同纠纷案件中,主张合同关系成立并生效的一方当事人对合同订立和生效的事实承担举证责任;主张合同关系变更、解除、终止、撤销的一方当事人对引起合同关系变动的事实承担举证责任。对合同是否履行发生争议的,由负有履行义务的当事人承担举证责任。特许经营纠纷通常都发生在特许人与被特许人之间,属

于合同纠纷。因此,除了适用《最高人民法院关于民事诉讼证据的若干规定》第2条的普通证据规则外,还要适用关于合同纠纷的证据规则。此时,由于《商业特许经营管理条例》规定了特许人在特许经营合同履行中负有诸多义务,因此在发生特许经营合同纠纷时,特许人负有主要的证明责任,而被特许人往往只需要证明双方签订了特许经营合同,并且支付过加盟费、保证金等款项即可。

比如,被特许人甲提出特许人乙从未向其披露过5年以内受到处罚的事实,理由是被特许人甲此处没有收到任何书面材料。此时,特许人乙就要来证明已经向甲进行了披露,比如找到一份甲签字确认的信息披露单,上面对5年以内受过处罚的事实进行了说明,或者是发给甲的电子文档进行了说明,或者是在合同中甲已经确认过对所有信息都知悉等。如果此时特许人乙拿不出有效的证据来证明这一事实,根据前述民事证据规定第2条,此时由特许人乙来承担不利后果。这个不利后果就是,法院会认为特许人乙就是没有向被特许人甲披露5年内收到过处罚的事实。

除前述的披露义务外,根据《商业特许经营管理条例》的规定特许人负有多项义务:

第一,符合“两店一年”的条件。为证明该条件,特许人需要将主管机关的备案材料进行举示,如果没有,那么特许人就要承当不利后果。

第二,特许人为企业的资质证明。可以直接出具营业执照。

第三,有相关的经营资源。经营资源当中最为重要的就是商标,商标资源应当在商标局的网站上将商标的注册号、图示、适用类别等打印后举示。专利和作品的举示也是类似的。但是,商业秘密的证明相对而言要复杂一些,在证明商业秘密时,特许人需要搜集所采取的保密措施的材料、该商业秘密具有商业价值的材料、该商业秘密没有被公开的材料。

第四,被特许人是否实际使用特许人的经营资源。在冷静期制度中,冷静期的结束是以被特许人是否实际使用特许人经营资源为时间点,此时特许人需要证明被特许人已经实际开始使用。当然,这其中就包括商标的使用、商业标识的使用、是否采用统一的装潢、是否已经使用其经营诀窍等。特许人需要对相关资料进行搜集。

第五，特许人指导过被特许人选址、建店的资料。这些材料的搜集，前提是特许人一定要给予重视，建立相应的制度对指导过程进行记录。否则，相关工作人员即使按照特许合同的约定进行了指导，但是没有对指导过程进行记录，那么特许人就要承担没有完成指导选址、建店义务的不利后果。

第六，特许人对被特许人持续进行经营指导和监督的材料。这些材料的搜集和第五项是一样的，重在平时的积累。

第七，对于有些证据的搜集，除了由自己进行准备外，还需要借助外力对相关证据进行固定。例如，被特许人在特许合同结束后，继续使用特许人的商标、企业标识、装潢时，特许人为了固定证据，可以与公证人员一道对相关事实进行取证并公证。否则，特许人经过漫长的诉讼准备，侵权的被特许人早就将前述违法使用的商标、企业标识、装潢等痕迹清除。

案例53：特许人作为提供格式合同的一方需要特别重视其告知义务证据的保存

基本案情：2008年4月14日，原告赵某某（合同乙方）与被告更香公司（合同甲方）签订《北京更香茶叶有限责任公司加盟合同》及其附件《特许加盟连锁经营章程》，约定更香公司同意授权赵某某作为更香公司的加盟连锁经销商，允许赵某某成为“更香茶叶”特许店成员，并收取相关费用，授权赵某某在交道口区域内为其产品的销售商。合同签订后，赵某某支付更香公司加盟费25,000元，保证金10,000元。更香公司提供了相关手续，协助赵某某办理了开设加盟店的相关证照。赵某某依照更香公司提供的店面设计方案进行了店面装潢。其间，赵某某发现在北京市东城区北新桥附近已有更香公司的加盟店，认为其位置距离自己的店铺不足三公里。赵某某认为更香公司故意隐瞒该事实，违反了合同相关约定，故停止继续履行合同，并将该店铺对外转租。

诉求：赵某某要求：(1)解除原告、被告于2008年4月14日签订的加盟合同；(2)判令被告退还加盟费25,000元，退还保证金1万元；(3)退还租房中介费13,000元；(4)赔偿装修损失56,000元；(5)判令被告承担本案诉讼费用。

被告更香公司认为赵某某终止履行合同的行为属于违约,故提起反诉要求:(1)赵某某支付更香公司为其垫付的设计费5120元、交道口销售小票制作费400元和为其进行培训的培训费、其他费用2000元;(2)要求赵某某支付违约金1万元;(3)要求赵某某停止并消除因泄露更香公司商业秘密,散布谣言而给更香公司带来的不良影响,公开赔礼道歉。

证据:原告(反诉被告)赵某某提交的《北京更香茶叶有限责任公司加盟合同》及附件《特许加盟连锁经营章程》、收据、装修工程收条、装修合同、施工设计图、租房合同及房租收条、行政注销决定书,被告(反诉原告)更香公司提交的《北京更香茶叶有限责任公司加盟合同》及附件《特许加盟连锁经营章程》、印刷交道口店销售小票制作费发票和更香茶叶有限公司销售票(交道口店)及更香公司交道口店设计费收据、赵某某与房东签订的房屋租赁合同备案、照片、信件、函告、被告北新桥店的营业执照和工商登记信息表,北京市商业局特许经营信息公告、光盘二张、《加盟须知》,另有当事人陈述在案佐证。

法院观点:赵某某与更香公司签订的《北京更香茶叶有限责任公司加盟合同》内容不违反相关法律的强制性规定,应为有效民事合同。关于本诉部分:更香公司否认北新桥店距交道口店三公里以内,但拒绝现场测量,故法院认可赵某某以交通图以及图纸比例推算出来的两店间不足三公里的结论。根据合同约定更香公司不得在三公里之内开设新店,北新桥店在双方签订合同之前已经开业,因此更香公司没有违反合同约定。庭审中,更香公司同意双方解除加盟合同,与赵某某要求解除合同的意思表示一致。因此,法院对原告解除合同的诉讼请求予以准许。合同解除后依据合同收取的相关费用应予退还,故更香公司应退还赵某某加盟费25,000元,保证合同履行的保证金1万元因合同解除而没有保证的内容,亦应退还。赵某某要求更香公司退还租房中介费13,000元,但未能提交更香公司收取中介费以及中介费金额的充分证据,更香公司对收取中介费一事予以否认,故该项诉讼请求无事实依据,法院不予支持。赵某某要求更香公司赔偿装修损失56,000元的诉讼请求,因赵某某在签约前完全可以明知更香公司分店分布布局,更香公司在网上等对外宣传中对分店布局已经予以公开,故赵某某自身存在一定过错,更香公司没有违反合同约定,故合同解除的责任不在更香公司,赵某某因合同解除造成的装修损失应自行承担，该项请求法院不予支持。

关于反诉部分。更香公司反诉要求赵某某支付为其垫付的设计费5120元、交道口店销售小票制作费400元和为其进行培训的培训费、其他费用2000元。根据法律规定，合同解除后，有过错一方应承担另一方为履行合同支出的合理费用，更香公司对于合同解除没有过错，为履行合同已经支出的一些费用应由赵某某承担，故其要求赵某某支付已垫付的设计费5120元、交道口店销售小票制作费400元的诉讼请求理由正当，法院予以支持；要求赵某某支付培训费和其他费用2000元的诉讼请求因无相应证据予以佐证，法院不予支持。更香公司要求赵某某支付违约金1万元的诉讼请求，因加盟合同中关于单方终止合同，违约方向守约方支付违约金一栏的数额空白，应视为双方没有约定，故更香公司要求赵某某支付违约金的诉讼请求无合同依据，本院不予支持。①

案件评析：该案件中，双方所签合同第1条第8项约定更香公司有权在赵某某开设"更香茶叶"加盟店的同一区域的三公里范围外开设其他加盟店。该条应当是约束更香公司开设加盟店的规定。现双方对该条的解释有争议，根据《合同法》第41条的规定，对格式条款的理解发生争议的，应当按通常理解予以解释。对格式条款有两种以上解释的，应当作出不利于提供格式合同条款一方的解释。现双方对该条解释不同，故应当作出不利于格式合同条款的提供者即更香公司的解释。况且赵某某的解释更符合常理，在存在商业竞争的情况下，没有人愿意在较近的范围内开设名称字号与经营内容相同的店。如更香公司告知赵某某在三公里范围内已经有一家经营几年的旧店，赵某某仍愿意开设加盟店，就此产生的后果应当由赵某某承担，现更香公司无证据证明其告知赵某某在三公里范围内已经有一家经营几年的旧店，故更香公司没有尽到告知义务，且在对合同条款产生争议时，应当作出不利于提供格式合同条款一方的解释。

① (2008)宣民初字第08701号。

第三节 特许经营合同效力与合同履行问题

法院在裁判过程中,对认定合同无效是十分谨慎的,换言之,不会轻易地判决合同无效。但是,不排除合同被认定无效情况的存在。根据《合同法》第58条的规定,合同无效或者被撤销后,因该合同取得的财产,应当予以返还;不能返还或者没有必要返还的,应当折价补偿。有过错的一方应当赔偿对方因此所受到的损失,双方都有过错的,应当各自承担相应的责任。对比该条款与《合同法》第97条,合同解除后,尚未履行的,终止履行;已经履行的,根据履行情况和合同性质,当事人可以要求恢复原状、采取其他补救措施,并有权要求赔偿损失。不难发现,合同的无效和解除虽然同为合同终止的情况,但是二者在法律后果上是不同的。无效意味着这个合同不能够被履行,因此不存在处理已经履行部分的问题,而解除意味着合同在履行过后的终止,对于已经履行的部分能够恢复的进行恢复,不能够恢复的只能根据当事人的过错承担赔偿责任。

此外,需要注意无效合同当中的特殊状态,即部分无效,部分无效不影响合同的其他部分,不会导致整个合同无效。

案例54: 自然人以特许人身份从事特许经营合同将导致特许合同部分无效并改变合同性质

基本案情:2017年3月23日,被告王某某对"宁妃"商标及"宁妃"标识向国家工商行政管理总局商标局申请注册商标,国家工商行政管理总局商标局受理后,将王某某申请的商标列为类别为第44类进行审查,现尚未得出结论。2017年4月18日,原告张某某与被告王某某签订"加盟协议"一份,协议主要内容为:"原告张某某在封丘县曹岗镇所经营的减肥店与被告王某某在封丘县商业路所经营的减肥店为合作店,被告王某某许可原告张某某在曹岗镇范围内合理使用原告的'宁妃S线专业减肥'服务商标,双方合作期限为10年,有效期自2017年4月18日始至

2026年4月17日止。原告应积极参与‘宁妃S线专业减肥’标识的宣传。被告王某某负责对原告进行开业前的技术、服务、营运等培训和指导。原告的经营用品、宣传品等必须标有‘宁妃S线专业减肥’字样;原告店铺的装修装饰及设备设施应按原告相关形象标准执行;原告所需设备及用品由甲方指定供应商按照品牌形象统一制作;原告与被告王某某应共同维护‘宁妃S线专业减肥’品牌的形象。原告应于签约当日向被告王某某支付项目筹备服务费30,000元,合同届满终止或解除时,被告王某某不退还此项费用。原告与被告王某某实行独立核算、独立经营、自负盈亏”。合同签订后,原告向被告王某某支付了30,000元项目筹备服务费,被告王某某赠送了原告四台减肥机器,并多次对原告进行了业务培训和技术指导。原告张某某在封丘县曹岗镇开设的减肥店未取得营业执照。原告所开设的减肥店租赁卢某某的房屋,租赁期限为一年,租赁费为一万元,店铺装修费为9935元。被告王某某与被告焦某某于2012年10月26日,在封丘县民政局办理结婚登记手续。原告本次诉讼委托代理费用为1000元。后因合同履行问题原告张某某诉至法院。

诉求:原告张某某要求:(1)依法确认原告与被告签订的《加盟协议》无效;(2)请求被告王某某返还项目筹备服务费30,000元及支付原告交纳的房租费、律师费等损失20,900元。被告焦某某对上述债务承担连带责任。

法院观点:原告张某某诉称,原告与被告王某某签订的协议系商业特许经营合同,被告王某某作为自然人,不具备签订商业特许经营合同的资格,以此主张原告与被告王某某签订的协议无效。《商业特许经营管理条例》第3条规定的商业特许经营,是指拥有注册商标、企业标志、专利、专有技术等经营资源的企业,以合同形式将其拥有的经营资源许可其他经营者使用,被特许人按照合同约定在统一的经营模式下开展经营,并向特许人支付特许经营费用的经营活动。而本案中签订协议的双方均为自然人,而非企业,原被告签订的协议不属于商业特许经营,而属一般性质的合同,该协议不应受《商业特许经营管理条例》的约束,而应受《合同法》的约束。“宁妃S线专业减肥”是被告王某某创作的服务商标,属于被告王某某的智力成果。商标分为商品商标、服务商标、集体商标和证明商标,经商标局核准注册的商标为注册商标。《商标法》第6条规定:“法律、行政法规规定必须使用注册商标的商品,必须申请商标注册,未经核准注册的,不得在市场销售。”上述规定仅限于国家规定的特种商品,如卷烟和人用药品等实行强制注册,而服务商标则全部为自愿注册,不存在强制注册。本案中“宁妃S线专业减肥”系被告王某某创作的服务商标,并非商品商标,法律、行政法规对服务商标是否必须经核准为注册商标才可销售或许可他人有偿使用并无强制性规定,被告王某某许可原告使用自己的服务商标并不侵犯其他人的合法权益,故商标局是否对被告王某某申请的“宁妃S线专业减肥”服务商标核准为注册商标,并不影响被告王某某对该商标进行销售或许可他人有偿使用。原告与被告王某某签订的协议系双方自愿签订,不违反法律规定,也不侵犯第三人的合法权益,应认定为有效合同。且双方在签订协议后均按照协议约定履行了各自的义务,故原告请求确认原告与被告王某某签订的协议系无效合同并要求被告返还项目筹备服务费30,000元及赔偿各项损失20,900元的请求,本院不予支持。①

案例评析:本案中实际上法院在认定合同是否有效时同样是十分谨慎的,虽然签订协议的双方均为自然人,而非企业,原告、被告签订的协议不属于商业特许经营,但是该协议属于一般性质的合同,该协议不应受《商业特许经营管理条例》的约束,而应受《合同法》的约束。因此,本案中合同是有效的,但是其中的有关特许经营的规定,应当根据《合同法》第56条“无效的合同或者被撤销的合同自始没有法律约束力。合同部分无效,不影响其他部分效力的,其他部分仍然有效”的规定,认定为无效。

案例55:特许经营合同是格式合同,对被特许人约定违约金过高时法院会根据实际情况调整

基本案情:2014年7月30日,七天四季酒店(广州)有限公司(以下简称七天酒店)(甲方)与罗某(乙方)签订《7天酒店投资合同》,其中约定:(1)乙方筹建管理店并交甲方经营管理;合作期限共8年。(2)乙方向甲方交纳一次性合作费,该

① 参见河南省封丘县人民法院:《张某某与王某某、焦某某确认合同无效纠纷一审民事判决书》,(2017)豫0727民初2380号。

合作费不予返还。(3)乙方向甲方交纳收入提成。(4)如果乙方构成严重违约,甲方有权解除合同,乙方需赔偿甲方直接损失和可得利益损失,并按照甲方损失总额50%赔偿违约金等。2015年4月4日,管理店开始营业。2016年3月中下旬,罗某和长沙市芙蓉区泓辉宾馆(以下简称泓辉宾馆)没有将管理店营业款存入基本账户。2016年4月2日,七天酒店对管理店停业,撤走店长及网上预定系统。

诉求:七天酒店诉至一审法院,请求:解除合同,罗某、泓辉宾馆赔偿其可得利益损失和违约金等。罗某、泓辉宾馆向一审法院提出反诉。

法院观点:一审法院认为,罗某和泓辉宾馆的行为构成违约,应承担违约责任,七天酒店要求解除合同予以支持。罗某和泓辉宾馆还应按合同约定赔偿七天酒店剩余合同履行年限的可得利益损失,并酌情按可得利益损失的15%支付违约金。

二审法院认为,酒店经营收入受到诸多因素的影响,七天酒店的可得利益不能预见或不能预先确定。合同约定双方合作期为8年,但实际履行合同期限较短。在管理店没有继续经营的情况下,七天酒店仍然按照管理店以前的日收入来计算合同剩余天数的可得利益,这使七天酒店获得的可得利益与罗某和泓辉宾馆违约行为给其可能造成的损失过于失衡。因此,为了平衡双方利益,对罗某和泓辉宾馆应赔偿七天酒店可得利益损失应酌情确定。涉案合同解除后,七天酒店再与他人签订类似特许经营合同需要一段时间,这段时间七天酒店未收到的提成收入即其可得利益损失,罗某和泓辉宾馆应当予以赔偿。综合本案案情,酌情合同解除后一年为合理期限。据此,二审法院作出相应的改判。

案例评析:特许经营合同通常为格式合同,合同双方的地位并不完全平等。司法要公平保护合同双方的利益,违约损害的赔偿不仅仅要保护守约方,还应当为合同双方交易提供一种鼓励,谋求社会利益的共同增进,如果合同对可得利益损失或违约金约定的金额与违约发生后可能造成的损失不一致而致合同双方利益过于失衡,应对过于失衡的利益进行适当干预。如《合同法》第114条第2款,即体现了这种干预:违约金高于或低于损失的,当事人可请求进行适当调整。根据《合同法》第113条的规定,可得利益不得超过违反合同一方订立合同时预见到或者应当预见到的因违反合同可能造成的损失,且必须是守约方将来会实际得到的切实利益。企业经营收入受诸多因素影响,七天酒店未来可得利益不确定,也难以预见。合同约定双方合作期8年,实际上仅履行不到1年。按照七天酒店的主张,在合同未履行的7年里,七天酒店在未进行管理,且经营情况无法预料的情况下,仍按合同要求对方赔偿合同未履行期限的提成收入,该合同约定的可得利益损失明显过高,不符合公平原则和诚实信用原则。因此,应综合考虑七天酒店可能的损失、合同履行情况、双方过错程度等因素,酌情确定罗某和泓辉宾馆应赔偿七天酒店可得利益损失的合理期限。本案合同提前解除,七天酒店另行寻找下一家,并与下家协商以及准备管理店开业需要一段时间,因此,酌情确定一年时间为合理期限,并以此为基础计算罗某和泓辉宾馆应赔偿七天酒店的可得利益损失。①

① 参见广州知识产权法院:《七天四季酒店(广州)有限公司与罗某、长沙市芙蓉区泓辉宾馆特许经营合同纠纷案——广州知识产权法院2017知识产权十大典型案例之九》,(2016)粤73民辖终580号。

第九章　商业特许经营体系

第一节　直营模式和特许经营模式的比较与选择

一、直营模式与特许经营模式的概念

特许经营模式实际上属于连锁经营的一种类型,而连锁经营其实包含三种不同的类型。

(一)直营连锁

直营连锁,又称正规连锁,简称 RC。即资本经营保持单一,所有分店的所有权、经营权、监督权都完全归属总店,采购、配送、核算都由总店统一调拨管理,分店没有独立法人资格。

(二)自由连锁

自由连锁,又称自愿连锁,简称 VC。该类型是由一些独立经营、核算的中小企业组成的联合体。它们之间实行统一的订货、送货,并享有共同的信息和广告宣传,各连锁店都有独立法人资格。

(三)特许连锁

特许连锁,又称特许经营,是连锁经营的较高级形式,简称 FC。该类型是指总店与加盟店之间订立合同,明确各自权责,总店允许加盟店使用其某些商品、服务的经营权或先进管理方法。这是一种特许人以商誉为核心,开发和利用无形资产,对企业信誉、品牌的出租。总店和加盟店都具有独立法人资格。

在这三种连锁方式中，直营连锁是连锁经营的最初形式，而特许经营则是最发达、最规范的形式。国内大多数餐饮连锁企业采取的都是这两种形式，采取自愿连锁方式的企业较少。因此，本部分也主要是考虑餐饮企业的直营和特许经营两种形式。①

二、直营模式与特许经营模式的比较

第一，产权构成不同。直营连锁是指同一资本所有，由总部集中管理，共同开展经营活动的高度组织化的零售企业。同一资本所有区别直营连锁店与其他经营形式的关键，也是特许经营与连锁经营本质上的差别。

第二，管理模式不同。特许经营的核心是特许权的转让，特许人（总部）是转让方，被特许人（加盟店）是接受方，特许体系是通过特许人与被特许人签订特许合同形式的，各个加盟店的人事和财务关系是独立的，特许人无权进行干涉。被特许人需要对特许人授予的特许权和提供的服务以某种形式支付报酬，而在直营连锁经营中，总部对各分店拥有所有权，对分店经营中的各项具体事务均有决定权，分店经理作为总部的一名雇员，完全按总部意志行事。

第三，涉及的经营领域不同。直营连锁经营的范围一般仅限于商业和服务业，而特许经营的范围则宽广得多，在制造业也被广泛应用。

第四，法律关系不同。在特许经营中，特许人和被特许人之间的关系是合同双方当事人的关系，双方的权利和义务在合同条款中有明确的规定。而直营连锁不涉及这种合同（分店经理与总部的雇佣合同则另当别论），总部和分店之间的关系由公司内部的管理制度进行调整。

第五，发展方式不同。特许经营通过招募独立的企业和个人扩张体系，特许人不仅需要吸引潜在的被特许人，还需选择被特许人，并为被特许人提供培训和服务；通过直营连锁扩大规模则要筹集足够的资金，配备大批的管理人员。相比之下，特许经营利用他人资产扩大市场占有率，所需资金较少，而直营连锁的发展更易受到资金和人员的限制。

---

① 参见邓芳、张彩虹：《餐饮连锁企业的直营与特许经营》，载《管理观察》2015年第33期。

在谈到直营与特许加盟的关系时有人总结道："加盟和直营最重要的差距就是，加盟是必须把你所有能够赚钱的成功经验变成一个很方便使用的工具，其实关键就在这个工具的转换过程当中；因为加盟店没有研发的资源，必须靠你发展的一个简便工具，你的工具越简便越有效，对加盟店就越省事，那么你的加盟发展就越顺利。是否有可能成为一个全国性的品牌和机构，就在于你这个工具的转换是不是顺利与到位。"①

三、两种模式的选择

拓展方式	优点	不足	风险
直营连锁	• 高度集权 • 易统一标准化管理与管控 • 连锁网络稳定 • 复制成功率高	• 扩张速度慢 • 资金、人员需求等对企业压力大，是发展"瓶颈"	• 资金风险 • 人才风险
特许加盟	• 扩张速度快 • 扩大规模需用资金少 • 扩大规模人才压力小	• 加盟连锁店难以管控 • 复制成功率低	• 管控风险
自由连锁	• 各加盟店或企业自由经营 • 统一采购或物流 • 共担利益与风险	• 组织与管理难度大 • 连锁极不稳定，各自为政	
收购兼并	• 快速扩大规模	• 需要资金大 • 收购或兼并后的遗留及整合问题难处理	• 资金和整合风险
托管加盟	• 品牌和管理输出，投资风险小	• 盟主品牌及成功模式要求高 • 如果品牌影响小，较难运作	• 经营盈利风险

第一，总部和连锁店的主要纽带是产品还是服务。投资人有一个共识：以产品

① 魏松等：《特许经营连锁与直营连锁的比较》，载《中国房地产估价师与房地产经纪人学会会议论文集》，2006年10月。

为主要纽带的连锁体系，可以考虑采用加盟连锁的模式，因为这样的连锁体系提供标准化产品容易，产品品质有保障；而以服务为主要纽带的企业，服务相对难以标准化，服务品质难以保障，所以更宜采用直营连锁模式来扩张企业。

深入挖掘很多直营连锁体系的共性可以发现，以服务为主要纽带的企业更宜直营的深层原因在于，总部和连锁店都是以服务为利润来源，双方吃的是一块蛋糕，对于总部来说，监管是一个难题。吃第一口容易，但是长期下去，加盟商就很难给盟主创造稳定的利润来源。作为特许总部主要是以“服务”为纽带，如果采用加盟的方式，总部向连锁店收取营业额的分成和品牌使用费，总部向连锁店提供品牌、管理技术、收取相应的费用，以这种无形的投入和加盟店长期分成，其控制力和财务监管会日益弱化。所以，风险投资更关注直营为主的企业。

第二，加盟商对总部连锁体系的依赖度。如果加盟商对总部连锁体系的依赖度非常高，离开盟主的连锁体系之后，加盟商活不下去，或者活得很不好，盟主就可以考虑通过加盟连锁来扩张市场；如果加盟商对总部连锁体系的依赖度不高，或者比较低，离开盟主的连锁体系之后，加盟商同样可以活下去，甚至活得不错，盟主就要考虑通过直营连锁来扩张市场。在现实经济生活中经常出现这样的情况：那些对总部连锁体系的依赖度不高的加盟商，在学习到了盟主的经营方式，在经营中获得收益以后，由于其财务与盟主独立核算，很容易向盟主隐瞒其财务状况。另外，盟主这个“师傅”将加盟商培养起来，很可能在当地培养了自己的竞争对手。正是因为看到了这种市场风险，很多风投更青睐直营连锁企业。

第三，连锁企业总部对加盟店的掌控能力。在目前国内很多连锁企业，总部和加盟店的关系主要是依靠一张简单的合同维持，总部对加盟店没有什么有效的约束和控制手段，导致相当一部分加盟店出了很多负面问题。①

在探讨直营模式与特许经营模式区别时，两家均使用“鲍师傅”标志的公司的发展可做一个参考。鲍才胜公司在先使用“鲍师傅”品牌并在先在“糕点、面包”商品上获准注册“鲍师傅”商标，然而在后的易尚公司有更多门店。原因在于两家公

① 参见连锁新视野：《连锁新视野：该采取直营还是加盟？选择标准又有哪些?》，载 https://baijiahao.baidu.com/s?id=1559494502704870&wfr=spider&for=pc，最后访问日期：2018 年 9 月 25 日。

司不同的经营模式。鲍才胜公司正是以直营方式经营。直营店的特点是总部直接投资、直接管理和运营,优势是统一管理和经营并有品质保障;但直营店的门店数量和开店速度可能由于总部在资金和人员上的限制,不容易大幅增长,这也是鲍才胜公司在15年间仅开设26家直营店的原因之一。易尚公司官网(http://www.315zongbu.com/)上有"全国连锁"字样,属于典型的商业特许经营模式。在商业特许经营模式下,特许人和被特许人(加盟店)建立特许经营合同,但各加盟店财务关系相互独立。这种经营模式很容易吸引加盟商,也是易尚公司加盟店的数量可以迅速增长的背后原因之一。[①]

第二节 企业特许连锁部门的建立

特许经营企业组织结构是指特许经营企业的各构成部分及它们之间的相互关系。国际连锁企业管理协会的加盟研究专家认为,特许经营企业组织结构是否合理直接关系特许经营系统的生存与发展,这是因为科学合理的组织结构适应市场经济规律和特许经营的客观要求,能充分调动员工和门店的劳动积极性和创造性,提高劳动生产率,促进经济效益的增长,为特许经营企业在激烈的市场竞争中生存和发展打下基础。因此,特许经营企业经营管理者必须十分重视企业组织结构的构建。[②]

一、精干高效相统一

精干高效是指在保证完成特许经营企业组织目标,达到高效率和高质量的前提下,以最少的机构、用最少的人完成经营管理的工作量,做到人人有事干,事事有人干。为此,应把握好以下三个环节:

---

① 参见张颖:《网红"鲍师傅"品牌纠纷之我见——以"直营模式"和"特许经营"为视角》,载《中国律师》2018年第5期。

② 参见程惠红:《特许经营企业组织结构设计的要求》,载 http://jiameng.baike.com/article-120869.html,最后访问日期:2018年9月29日。

1. 根据组织目标和需要来设计组织结构。

2. 分工要合理。

3. 权责要明确。

二、指挥管理要统一

指挥管理是指特许经营系统的各级经营管理组织必须服从其上级机构的统一指挥和命令。只有这样才能保证指挥统一，避免多头领导和多头指挥。同时，在每一组织层次中，应严格规定正职与副职之间的职责权限，正职领导者对组织工作全面负责，副职分管局部和几个部门的工作，正副职之间若发生意见分歧，正职拥有决定权，副职不能擅自发号施令。因此，下级部门职能服从一个上级指挥，只能对一个上级主管领导负责，既要反对越权指挥，也要反对越级请示。

三、管理幅度要适当

国际连锁企业管理协会的加盟研究专家认为，管理幅度是指领导者多能直接领导、有效管理的下级人数。管理幅度与管理层次成反比关系，管理幅度越大，管理层次就越少；而管理层次减少，则管理幅度必然增大。如果领导者的管理幅度过大，超过他的能力、精力的许可，就会顾此失彼，误时误事。而管埋幅度过小，又需增加层次、增加人员，这不仅不符合精干原则，而且会影响工作效率。所以，特许经营企业在设计组织结构时，必须确定合适的管理幅度。

四、岗位规范要明确

岗位规范是指特许经营企业在设计组织结构时，不仅要确定设置多少机构、各机构的职能和责权范围及应设置的岗位数，而且还要详细制定每个岗位的规范。国际连锁企业管理协会的专家认为，岗位规范应明确该岗位的业务范围、权责范围、工作量、上岗条件、工作标准和职业道德等方面的内容，并根据岗位规范的要求实行岗位责任制，以调动员工的积极性和创造性。①

组织架构参考：

XXX餐馆连锁发展有限公司

组织架构及职责明细

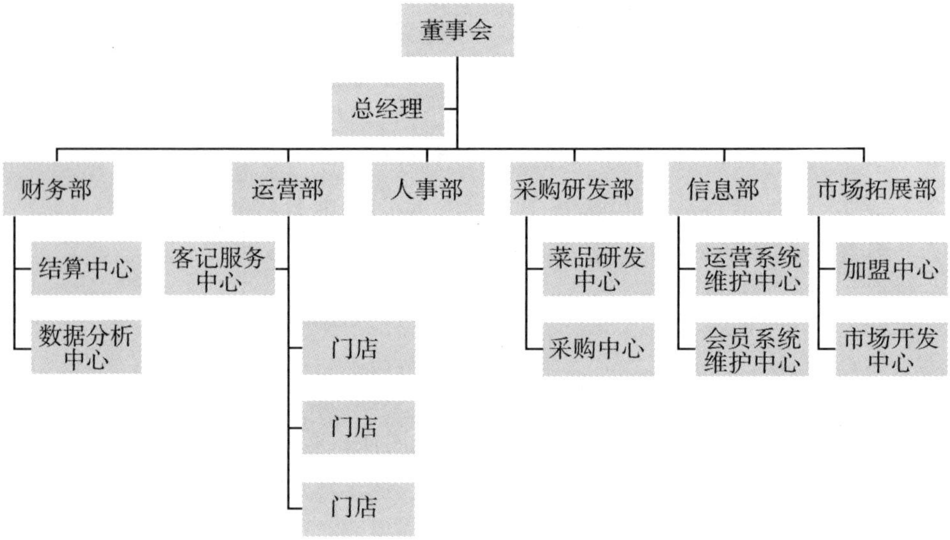

董事会：

1. 决定召开股东大会并向股东会报告工作；
2. 执行股东会决议；
3. 审定公司发展规划和经营方针，批准公司的机构设置；
4. 审议公司年度财务预、决算，利润分配方案及弥补亏损方案；
5. 制定公司培养股本、扩大股份认购范围，以及公司股票交易方式的方案；
6. 制定公司债务政策及改造公司债权方案；
7. 决定公司重要财产的抵押、出租、发包和转让；

---

① 参见程惠红：《特许经营企业组织结构设计的要求》，载 http://jiameng.baike.com/article-120869.html，最后访问日期：2018 年 9 月 29 日。

8. 制定公司分立、合并、终止的方案；

9. 任免公司高级管理人员，并决定其报酬和支付方法；

10. 制定公司章程修改方案；

11. 审批公司的行政、财务、人事、劳资、福利等各项重要管理制度和规定；

12. 聘请公司的名誉董事及顾问；

13. 其他应由董事会决定的重大事项。

总经理：

1. 根据董事会提出的战略目标，组织制定公司中长期发展战略与经营方案，并推动实施；

2. 拟定公司内部管理机构设置方案和签发公司高层人事任命书；

3. 审定公司工资奖金分配方案和经济责任挂钩办法并组织实施；

4. 审核签发以公司名义(盖公章)发出的文件；

5. 主持公司的全面经营管理工作，组织公司各个部门实施董事会决议；

6. 对公司的经费支出有审核权和否决权；

7. 对公司重大经营管理项目有主持权，对预算范围内的资金有支配权；

8. 对直属下级有监督指导权；

9. 拥有人事任免权；

10. 对财务部门的资金流向有监督、检查权；

11. 向董事会提出企业的更新改造发展规划方案、预算外开支计划；

12. 处理公司重大突发事件和重大对外关系问题；

13. 推进公司企业文化的建设工作，树立良好的企业形象；

14. 从事经营管理的全局开创性工作，为公司发展做出艰巨的探索和尝试；

15. 召集、主持总经理办公会议、专题会议等，总结工作、听取汇报，检查工作、督促进度和协调矛盾；

16. 公司章程赋予的其他权力。

财务总监：

1. 在董事会和总经理领导下，总管公司会计、报表、预算工作；

2. 建立和完善财务部门，建立科学、系统符合企业实际情况的财务核算体系和财务监控体系，进行有效的内部控制；

3. 贯彻执行总经理办公会议决议，在总经理的领导下，负责分管部门的日常工作；

4. 组织领导公司财务管理、成本管理、预算管理、会计核算、会计监督、审计、存货控制等方面工作，努力降低成本、增收节支、提高效益；

5. 组织执行国家有关财经法律、法规、方针、政策，监督公司遵守国家财经法令、纪律以及董事会决议，保障公司合法经营，维护股东权益；

6. 利用财务核算与会计管理原理为公司经营决策提供依据，协助总经理制定公司战略，并主持公司财务战略规划的制定；

7. 参与公司投资行为、重要经营活动等方面的决策和方案制定工作，参与重大经济合同或协议的研究、审查参与重要经济问题的分析和决策；

8. 负责制定公司利润计划、资本投资、财务规划、销售前景、开支预算或成本标准；

9. 对公司投资活动所需要的资金筹措方式进行成本计算，并提供最为经济的酬资方式；

10. 筹集公司运营所需资金，保证公司战略发展的资金需求，审批公司重大资金流向；

11. 制定和管理税收政策方案及程序，协调公司同银行、工商、税务等政府部门的关系，维护公司利益；

12. 负责审核签署公司预算、财务收支计划、成本费用计划、信贷计划、财务报告、会计决算报表，会签涉及财务收支的重大业务计划、经济合同、经济协议等；

13. 掌握公司财务状况、经营成果和资金变动情况，并及时向总经理报告工作；

14. 主持制定公司的财务管理、会计核算和会计监督、预算管理、审计、库管工作的规章制度及工作程序，经批准后组织实施并监督检查落实情况；

15. 负责制定公司利润计划、资本投资、财务规划、销售前景、开支预算或成本标准；制定财务系统年度、月度工作目标和工作计划，经批准后执行；

16. 加强财务人员的培训和考核工作，提高财务系统人员的政治业务素质；

17. 做好财务系统各项行政事务处理工作，提高工作效能，增强团队精神；

18. 审核财务报表，提交财务管理工作报告；

19. 完成总经理临时交办的其他任务。

运营部经理：

1. 全面负责直营、加盟社区门店的经营管理工作，协调各门店与公司其他部门的关系，做好总经理交办的工作；

2. 负责制定门店长期、短期的年度和月度计划，组织、督促完成各项任务和经营指标，并对月度、年度经营情况分析；

3. 制定服务标准程序和操作规程；检查下属个岗位人员的服务态度、服务流程，保证食品的质量，促使各门店做好卫生清洁工作，开展经常性防火、安全教育；

4. 组织制订销售计划，并负责督促实施销售计划，完成销售目标；

5. 负责组织、安排、监督门店产品的收发货；

6. 定期与重要客户保持良好沟通，维护客户关系；

7. 负责组织公司的销售宣传与品牌推广；

8. 与财务部配合做出每年的预算和月计划，研究扩大销售量，增加经营收入；

9. 根据市场情况和季节拟定并组织食品的更换计划，控制食品、饮品标准规格和要求，正确控制毛利率和成本；

10. 了解市场动向和掌握原材料行情，成本控制，有效控制经营成本，降低营业费用，从而确保营业指标和利润指标的完成；

11. 抓好设备、设施维修保养，确保各种设施处于完好状态，并得到正确使用，防止发生事故，减少维修费用；

12. 与人事部配合招聘、选拔、奖励、处罚、晋升、调动、开除员工，并负责组织员工的业务和卫生知识的培训工作；

13. 主持日常和定期的部门会议，经常优化业务状况，及时调整，完善经营措施，参加公司部门经理会议。

采购研发部：

采购：

1. 确定产品引进并达成目标价格；

2. 落实促销方案和各项费用；

3. 产品资料的维护和货源跟踪、商品配送、调拨；

4. 与供应商洽谈最有利的供货条件（包括质量、包装、品牌、折扣、价格、进货奖励、广告赞助、促销办法、订货办法、订货数量、交货期限及送货地点等）；

5. 采购组织与工作职责的制定；

6. 协助产品结构的制定；

7. 采购作业规范手册的编制与更新；

8. 统一订货与结算的商品的处理；

9. 采购工作的培训与稽核；

10. 新开店的采购工作；

11. 分析商品结构，并给予建议或指导；

12. 协调产品与供应商之间的矛盾及交易条件；

13. 收集市场资讯，掌握市场的需要及未来的趋势。

研发：

1. 全面负责所有门店的产品管理工作，组织创新小组，教导烹饪技术工作确保出品质量均能达到标准；

2. 全权负责公司新菜品研发、创新，菜品品质提升的工作开展和论证；

3. 负责公司的厨房易耗品（餐具和设施设备等）的更新和购置的建议、审核工作；

4. 负责协调公司所有出品在研发、生产和出品流程中的技术和标准达到一致；

5. 参与菜谱、品类的更新及产品定价的工作；

6. 抓好食品卫生和安全生产工作，贯彻执行食品各项卫生制度，加强消防培训，提高员工卫生、消防安全意识，确保各部位的安全；

7. 根据不同季节和重大节目，组织特色食品节，推出季节菜，增加品种，促进销售；

8. 听取客人及运营部意见，了解产品销售情况，不断提高出品质量；

9. 带领研发团队研究客人喜欢的菜肴、产品来满足顾客的需求；

10. 负责落实完成公司安排的其他任务。

市场拓展部：

加盟中心：

1. 贯彻执行公司的各项规章制度；

2. 根据公司整体规划合理地进行加盟布局；

3. 代表公司对加盟所在地进行考察、洽谈、签订合同；

4. 建立并不断完善《加盟手册》《特许经营合同》；

5. 配合运营、财务、采购研发部门协作加盟商进行开业前的筹备工作；

6. 协助加盟商进行店面运营；

7. 监督和管控加盟店各种款项的收取及产品的购进。

市场开发中心：

1. 根据公司的年度经营计划制定指定区域市场调研及开拓计划；

2. 根据区域市场开拓计划进行大型客户开发、企业型客户开发；

3. 负责市场调研（市场动态、发展动态、行业动态、国家与地方政策变化及趋势），提出可行的调研报告供决策参考；

4. 研究主要竞争者产品的研发策略和市场表现（产品构成、销售状况、价格水平、销售政策），结合销售市场实际销售情况，协助运营部进行调整；

5. 熟练掌握各区域发展状况，综合分析区域市场所需的产品、目标市场、竞争对手各方面的状况，并且根据实际情况进行市场开发选址；

6. 协助建立健全营销信息系统，以及客户信息档案；

7. 建立完善的新址开发工作流程；

8. 收集区域市场及目标市场数据信息，建立数据库，不断完善市场开发选址工作，提高选址工作的准确率。①

---

① 参见辉格百家：《餐饮连锁企业，组织架构及重要部门责任明细》，载 https://baijiahao.baidu.com/s?id=1594280092883675761&wfr=spider&for=pc，最后访问日期：2018 年 9 月 29 日。

第三节 企业特许连锁化的流程

第一步 分析产业类型

分析产业类型是战略制定的前提。分析产业类型,可以通过行业内企业的分布及市场占有率来进行。产业分析的最终目的,是弄清楚涉足的产业目前是一个什么样的状态。例如,是属于成熟型产业还是成长型或衰退型产业,只有分析出产业类型后,我们才能根据产业所在的趋势来制定发展战略。

第二步 发展目的的选择

企业本身就是一个商品。除正常的自盈或自乐企业外,企业的结局一般只有两个:并购或被收购。在企业经营里,这是一个不二法则。在创始之初,投资者就应该明白这个道理,企业运行轨迹的控制、盈利阶段的选择等,都要做好明确的规划。一个很简单的道理,如果企业创始目的是被并购,那么快速布局市场就是战略的首选。在这个战略指导下,前期的经营亏损都是计划中的,因为最终目的是通过收购时的溢价来获取利润。相对于溢价的股权,前期的战略亏损经营都可以得到高额回报。

第三步 战略规划后的股东结构组成

把企业当商品出售的前瞻性思维。企业要扩张市场,自然离不开资本的融入。在企业治理层面,要想吸引风投的眼睛,必须在企业创立之始就按照股权募资的方式来操作。从融资角度分析,外来资金在选择投资某个公司时,首先要看目标公司的团队组成。所以在创立时,治理结构的组成就显得尤为重要;一般的门店注册都会注册成个体商户类型。如果要考虑到未来融资的规划,则必须要注册成有限公司类型。在股东组成中,必须避免出现亲属人员,而要选择非亲属人员。一般以在其他行业有资历的人员或有高学历的人员作为股东,这样的股东结构是外来资金非常喜欢的。

第四步　制定微观战略

宏观产业分析是明确行业的定位，帮助我们寻找到战略的切入点。在宏观产业分析之后，就要进行微观层面的分析调研。所谓的微观，就是要求企业将目光放到具体的区域市场，具体到区域内竞争对手、替代品的分析。通过微观分析，找出公司的市场拓展战略，为制定商业模式做铺垫。通俗一点表达，微观战略是指具体的市场动作，例如低价抢占市场、战略性亏损挤占或规模化运作等具体拓展形式。一般情况下，连锁企业都需要通过微观的市场拓展战略，来制定拓展的节奏。

第五步　商业模式的制定

在治理结构与发展战略制定完成后，自然就要进行商业模式的制定环节。在这个环节中，连锁企业的工作要点是制定内部业务运作的流程方式，制定要进行市场拓展通过何种方式，企业的盈利来源点有哪些，等等。一般来说，作为特许连锁企业，盈利点要远远大于传统经营行业。常见的商业模式，包括平台模式、网模式、资源衍生模式、免费模式等。国内的淘宝、国美电器等使用的是平台模式，通过搭建各种交易平台来获取利润网模式则是通过区域内的众多相邻开店布点来垄断区域市场，使企业影响力快速提升，增加销量。百丽鞋业采用的模式就是如此。再如，中国移动的经营模式等，无一例外采取的是开门模式的拓展方式。一家商业模式清晰的连锁企业，发展前景往往都比较明朗。国内关于商业模式的理论有很多，也有很多值得借签学习的地方。对商业模式来说，连锁行业是最容易操作成形的行业。很多商业模式在连锁行业运用得如鱼得水。创新，企业也需要不断增加投入，造成资本的大量占用。而特许连锁企业在业务链选择上，可以尽量采取方法将固定资本转化为可变成本，最大化地降低固定成本投入。

第六步　组织团队的构成

当重要的规划完成后，连锁企业必须依据战略规划需要寻找合适的人员。在战略与商业模式的引导下，企业可以根据需要来选择。例如，企业的发展战略若是快速布点，则要选择市场执行力强的高手加盟；如以融资为主，则要寻求对收益终值现值及资本运作优秀的人员的协助；如果是以人力输出为主，则企业商学院的人才培训是重中之重，同时对各岗位进行绩效设计，对管理体系进行梳理等。连锁企业的核心命脉，是以规范的体系为发展主线，最终结果是以体系运营，离开任何一个人都可以正常运作，完善正确的资源配置，才是最佳的体系。

特许连锁并不是简单地开一家旗舰店就可以，其中包含了大量的系统规划。连锁企业的竞争还算不上白热化，因为目前操作连锁的人有一大部分属于草根阶层，自己什么都没搞明白就莫名其妙地开始搞加盟，根本就不懂加盟费用应该何时收、如何收，加盟助销如何操作等。说到底，他们的主要目的还是圈钱。所以，我们看到很多连锁企业的寿命一般都不长，很短时间内就倒掉了。①

第四节　律师在特许经营中的重要作用

特许关系是一种平等主体间的民事法律关系，特许者和被特许者的权利和义务由特许经营合同规定，合同的完善与否直接关系到特许经营的成败，是减少和降低特许经营纠纷的关键。但由于我国许多企业对特许经营合同不甚重视，盲目追求加盟数量，致使合同中存在一些法律问题，具体表现在：

第一，由于特许经营体系的建立更需要特许方拥有成功的单店经营管理经验，以及法律认可的注册商标、专利、经营诀窍、品牌形象等可供重复使用的无形资产，经营主体资格存在缺陷，或不符合有关规定，将导致特许经营合同无效。一旦双方发生纠纷或引起诉讼，特许者将受制于人，甚至最终导致整个特许经营体系崩溃瓦解。

第二，合同形式不完备。特许合同应采用书面形式，以加强当事人的责任心，督促双方全面、正确地履行合同，一旦发生纠纷，便于举证，分清责任。

① 参见宋曙光：《特许连锁：正确的企业操盘步骤》，载《名人传记》（财富人物）2012 年第 12 期。

第三,特许合同约定不明确,不能保证加盟者有效地执行特许者的规范和指令,致使特许者和加盟者产生歧义,引发纠纷。

第四,特许者和加盟者经济实力的不平等,将导致双方权利义务也不完全对等。因特许合同未明确特许者应尽之善意注意义务,不能保证加盟者在合作过程中将风险降至最低。

第五,有些企业仅顾及眼前利益,未在合同中约定双方长期发展过程中所涉及的问题,不能保证特许经营的长期发展。

第六,特许经营合同未对商业秘密的保证责任作出明确约定,极易造成加盟者对商业秘密的泄露,对特许者造成巨大损失。

综上所述,特许合同的明确、完整是特许者与被特许者密切配合、互惠互利,以达到特许经营的成功,实现"双赢"策略的关键,是确立和维系特许体系的基础。而特许合同的制作与审查都离不开律师的帮助,综合而言,律师主要可以在以下几个方面为中小企业的特许经营发展提供法律服务。

1. 防范特许经营中的风险。

在日常工作中,律师可以通过法律咨询、提供法律意见、进行资信调查、参与谈判、起草及审查合同和其他律师文件等方式参与企业的特许经营活动,事前发现并堵住可能存在的漏洞,有效控制企业的经营风险。律师审查、起草特许经营合同是完成特许经营服务的基础。特许经营合同是特许经营成功的基础和关键,必须以特许经营合同为基础,全面规范特许人和被特许人的经营行为,使之符合统一的特许经营体系标准。同时,律师还可以为企业拟定一份完整有效的特许经营合同范本,并设计规范合同的管理程序,通过建立完善的合同管理制度,避免将来可能出现的纠纷,一劳永逸地解决合同管理问题。此外,律师还可以代理企业申请办理商标、专利等注册事宜,或协助企业有效保护商标、专利等知识产权以及商业秘密等经营资源。

2. 规范经营。

律师能够对常见的特许经营纠纷及其解决方式进行分析,并结合中国现有的法律法规以及政策走向,参与特许经营的经营和管理活动,帮助企业为引入特许经营项目,实现规模化发展确立行之有效的经营方案,建立和完善规章制度,以提供全面、迅速、准确的法律服务。

3. 解决特许经营纠纷挽回经济损失。

当企业在特许经营过程中出现纠纷时，律师可以及时介入，通过代理诉讼或仲裁，最大限度地挽回企业经济损失。

第三编

商业特许经营文件的制作

编制特许经营文件时，首先，要明确哪些文件是需要的，哪些文件是不必要的。那么明确的编制目标就应当放在首位来进行考虑。实际上，编制目标的确定又与具体的特许经营模式有关，采用区域特许模式和采用单店特许模式所需要的法律文件不同，餐饮和零售所需要的法律文件亦不相同。其次，明确目标后，需要根据相关法律、法规尤其是《商业特许经营管理条例》的规定，对相关风险进行防范，要求制作的法律文件能够既是合法的又是合规的。最后，在法律文件的使用过程中，根据适用情况、企业运营情况和相关政策的调整，及时对法律文件进行修订。

通常，一个规范的商业特许经营企业应当根据《商业特许经营管理条例》的要求制作文件。《商业特许经营管理条例》第7条规定："特许人从事特许经营活动应当拥有成熟的经营模式，并具备为被特许人持续提供经营指导、技术支持和业务培训等服务的能力。"第22条规定："特许人应当向被特许人提供以下信息：……（五）为被特许人持续提供经营指导、技术支持、业务培训等服务的具体内容、提供方式和实施计划。"《商业特许经营信息披露管理办法》第5条规定："特许人进行信息披露应当包括以下内容：……（五）为被特许人持续提供服务的情况。1. 业务培训的具体内容、提供方式和实施计划，包括培训地点、方式和期限等。2. 技术支持的具体内容、提供方式和实施计划，包括经营资源的名称、类别及产品、设施设备的种类等。（六）对被特许人的经营活动进行指导、监督的方式和内容。1. 经营指导的具体内容、提供方式和实施计划，包括选址、装修装潢、店面管理、广告促销、产品配置等。2. 监督的方式和内容，被特许人应履行的义务和不履行义务的责任。3. 特许人和被特许人对消费者投诉和赔偿的责任划分。"因此，流程文件是特许人在开展特许经营过程中履行法定义务的重要证据，流程文件对保障特许人合法权益、促进特许经营体系良性稳健发展起着至关重要的作用。一般来讲，特许经营体系的流程步骤和流程文件如下：

序号	流程步骤	流程文件
1	潜在加盟商信息获取	（1）《手册领取回执》
2	信息跟进及记录	（1）《潜在加盟商信息登记表》 （2）《潜在加盟商沟通记录表》

续表

序号	流程步骤	流程文件
3	申请加盟	(1)《加盟申请表》 (2)《加盟商需要提交资质文件一览表》 (3)《加盟商选址标准文件》《加盟商区域保护制度/3.5公里区域保护》 (4)《加盟商选址方案》 (5)《加盟商资质文件》
4	条件审核及上报	(1)《加盟商资质审核情况表》 (2)《加盟商资质文件评分明细表》 (3)《意向加盟商立项综合评估表》
5	签订意向协议书	(1)《意向协议书》 (2)《关于信息披露的保密协议书》 (3)《保证金协议》 (4)《提供书面信息披露文件回执》
6	潜在加盟商考察	(1)《意向加盟商考察需求申请表》 (2)《意向加盟商考察结果反馈表》
7	实地考察、指导选址	(1)《加盟店租赁合同/产权证明》 (2)《选址实地考察报告》
8	上报办公会审批	(1)《对外签订合同审批单》
9	签订特许经营合同	(1)《签订合同授权委托书》 (2)《特许经营合同》 附件一:《特许权利金缴纳合同》 附件二:《商标许可使用合同》 附件三:《专利许可使用合同》 附件四:《商业(技术)秘密许可使用协议》 附件五:《专有技术维护协议》 附件六:《其他特许经营资源许可使用协议》 附件七:《产品采购/配送协议》 附件八:《供货价格协议》 附件九:《培训协议》 附件十:《保密协议》 附件十一:《加盟商承诺函》

续表

序号	流程步骤	流程文件
10	交接加盟商档案	此阶段进行交接的加盟商档案包括： (1)《手册领取回执》 (2)《潜在加盟商信息登记表》 (3)《潜在加盟商沟通记录表》 (4)《加盟申请表》 (5)《加盟商选址方案》 (6)《加盟商资质文件》 (7)《加盟商资质审核情况表》 (8)《加盟商资质文件评分明细表》 (9)《意向加盟商立项综合评估表》 (10)《意向协议书》 (11)《关于信息披露的保密协议书》 (12)《提供书面信息披露文件回执记录表》 (13)《意向加盟商考察需求申请表》 (14)《意向加盟商考察结果反馈表》 (15)《加盟店租赁合同/产权证明》 (16)《选址实地考察报告》 (17)《对外签订合同审批单》 (18)《便宜坊签订合同授权委托书》 (19)《特许经营合同》及附件 附件一:《特许权利金缴纳合同》 附件二:《商标许可使用合同》 附件三:《专利许可使用合同》 附件四:《商业(技术)秘密许可使用协议》 附件五:《专有技术维护协议》 附件六:《其他特许经营资源许可使用协议》 附件七:《产品配送协议》 附件八:《供货价格协议》 附件九:《培训协议》 附件十:《保密协议》 附件十一:《加盟商承诺函》 (20)与加盟商之间所有的发票复印件及收据凭证

续表

序号	流程步骤	流程文件
11	共同制定加盟店筹备日程表	(1)《营建工作开始确认单》——写明应付账款已缴清、相关加盟手续已办妥 (2)《加盟店筹建日程表》
12	装修	(1)《装修效果图》 (2)《指导装修记录表》 (3)《装修成果验收表》 (4)《便宜坊集团焖炉鸭炉建造申请》
13	订货、物品配送	(1)《定做、配送清单》 (2)《物品配送价格明细》 (3)《发货明细》 (4)《验收货物清单》
14	人员招聘、培训	(1)《培训需求申请表》 (2)《培训人员名单》 (3)《培训费用标准》 (4)《培训通知》 (5)《培训考核记录表》
15	制定开业方案	(1)《开业策划方案》
16	开业前准备	(1)《开业前准备计划清单》
17	店面验收、整顿修改	(1)《开业验收、整改意见表》
18	试营业、开业庆典	(1)《准予开业通知书》 (2)开业庆典照片
19	交接加盟商档案	此阶段进行交接的加盟商档案包括： (1)《营建工作开始确认单》 (2)《加盟店筹建日程表》 (3)《装修效果图》 (4)《指导装修记录表》 (5)《装修成果验收表》

续表

序号	流程步骤	流程文件
		(6)《配送清单》 (7)《发货明细》 (8)《验收货物清单》 (9)《培训需求申请表》 (10)《培训人员名单》 (11)《培训通知》 (12)《培训考核记录表》 (13)《开业策划方案》 (14)《开业前准备计划清单》 (15)《开业验收、整改意见表》 (16)《准予开业通知书》 (17)开业庆典照片 (18)与加盟商之间所有的发票复印件及收据凭证
20	运营指导、督导	(1)《巡店目标计划书》—年度 (2)《督导—店内巡查记录表》 (3)《店内巡查结果反馈表》 (4)《督导—店员观察记录表》 (5)《店员观察结果反馈表》 (6)《督导—访谈记录表》 (7)《访谈结果反馈表》 (8)《督导—安全检查表》 (9)《安全检查结果反馈表》 (10)《督导—产品质量检查表》 (11)《产品质量检查结果反馈表》 (12)《督导巡检检查表》—针对其他事项 (13)《巡检结果反馈表》——针对其他事项 (14)《运营指导申请书》 (15)《运营指导记录表》 (16)《加盟店维护记录》 (17)《加盟店营运提示单》 (18)《相关设备维修单》 (19)《设备及配件故障申报维修单》 (20)《加盟店联络人员及资料确认通知函》

续表

序号	流程步骤	流程文件
21	加盟店运营期间的培训	(1)《培训需求申请表》 (2)《培训人员名单》 (3)《培训费用标准》 (4)《培训通知》 (5)《培训考核记录表》 (6)《加盟商要求增派厨师申请表》 (7)《加盟店技术支持人员外派工作质量反馈表》
22	特许经营合同变更	(1)《变更、补充特许经营合同申请表》 (2)《变更/补充协议》 (3)《变更特许经营合同主体申请书》 (4)变更后主体的《加盟商资质文件》 (5)《关于是否准予加盟商主体变更的决定》 (6)《原加盟商的债务核算单》 (7)《原特许经营合同终止结算单》 (8)重新签订《特许经营合同》及其附件
23	筛选即将到期的加盟商	(1)《待续约加盟商信息表》 (2)《不续约加盟商信息表》
24	加盟终止	(1)《加盟商债务核算单》 (2)《特许经营合同终止结算单》 (3)《退还保证金凭证》 (4)《加盟商严重违约告知函》 (5)《终止/解除特许经营合同决定》 (6)《特许经营合同终止/解除协议》 (7)《加盟商提出加盟中止的申请》 (8)《加盟商终止合同违约审核情况》 (9)《关于加盟商要求终止/解除合同的违约审核》 (10)《不可抗力终止加盟的告知函》
25	提醒加盟商续约	(1)《特许经营合同续约申请》 (2)《申请续约的补充材料清单》 (3)《关于特许经营合同续约的决定》
26	续签特许经营合同	(1)《特许经营续约合同》以及相应的《补充协议》

续表

序号	流程步骤	流程文件
27	交接文件合同、更新加盟商档案	此阶段进行交接的加盟商档案包括： (1)《巡店目标计划书》—年度 (2)《督导—店内巡查记录表》 (3)《店内巡查结果反馈表》 (4)《督导—店员观察记录表》 (5)《店员观察结果反馈表》 (6)《督导—访谈记录表》 (7)《访谈结果反馈表》 (8)《督导—安全检查表》 (9)《安全检查结果反馈表》 (10)《督导—产品质量检查表》 (11)《产品质量检查结果反馈表》 (12)《督导巡检检查表》—针对其他事项 (13)《巡检结果反馈表》—针对其他事项 (14)《培训需求申请表》 (15)《培训人员名单》 (16)《培训通知》 (17)《培训考核记录表》 (18)《加盟商要求增派厨师申请表》 (19)《加盟店技术支持人员外派工作质量反馈表》 (20)《变更、补充特许经营合同申请表》 (21)《变更/补充协议》 (22)《变更特许经营合同主体申请》 (23)变更后主体的《加盟商资质文件》 (24)《关于是否准予加盟商主体变更的决定》 (25)《原加盟商的债务核算单》 (26)《原特许经营合同终止结算单》 (27)重新签订《特许经营合同》及其附件 (28)《待续约加盟商信息表》 (29)《不续约加盟商信息表》 (30)《加盟商债务核算单》 (31)《特许经营合同终止结算单》 (32)《退还保证金凭证》 (33)《加盟商严重违约告知函》 (34)《终止/解除特许经营合同决定》

续表

序号	流程步骤	流程文件
		(35)《特许经营合同终止/解除协议》 (36)《加盟商提出加盟中止的申请》 (37)《加盟商终止合同违约审核情况》 (38)《关于加盟商要求终止/解除合同的违约审核》 (39)《不可抗力终止加盟的告知函》 (40)《特许经营合同续约申请》 (41)《申请续约的补充材料清单》 (42)《关于特许经营合同续约的决定》 (43)《特许经营续约合同》以及相应的《补充协议》 (44)与加盟商之间所有的发票复印件及收据凭证

第十章　商业特许经营主要法律文件

第一节　特许经营法律文件的主要类型

特许经营的法律文件类型主要由特许经营合同的几个阶段组成：一是磋商阶段的法律文件；二是合同文件；三是合同履行中的法律文件；四是合同终止的法律文件。具体而言有以下文件：

(一)磋商阶段的法律文件

1. 潜在加盟商信息获取

(1)《手册领取回执》

2. 信息跟进及记录

(1)《潜在加盟商信息登记表》

(2)《潜在加盟商沟通记录表》

3. 申请加盟

(1)《加盟申请表》

(2)《加盟商需要提交资质文件一览表》

(3)《加盟商选址标准文件》《商圈保护制度》

(4)《加盟商选址方案》

(5)《加盟商资质文件》

4. 条件审核及上报

(1)《加盟商资质审核情况表》

(2)《加盟商资质文件评分明细表》

(3)《意向加盟商立项综合评估表》

5. 签订意向协议书

(1)《意向协议书》

核心条款提示:《意向协议书》实际上是签订特许经营合同的准备性合同,其性质是预约合同。《最高人民法院关于审理买卖合同纠纷案件适用法律问题的解释》首次对预约合同进行了规定,该解释第2条规定:“当事人签订认购书、订购书、预订书、意向书、备忘录等预约合同,约定在将来一定期限内订立买卖合同,一方不履行订立买卖合同的义务,对方请求其承担预约合同违约责任或者要求解除预约合同并主张损害赔偿的,人民法院应予支持。”因此,《意向协议书》在进行拟定的过程中,特许人与被特许人双方均需要注意,以下核心条款有必要在《意向协议书》中表明。

①违约责任的条款。该条款一旦没有约定或者约定不明,双方若最终没有达成协议,或是一方恶意进行磋商,在计算违约金时就会存在不确定的因素。在诉讼过程中,法官会以损害赔偿金代替违约金,而损害赔偿金计算的依据则是实际损失+能够预见的损失。实际损失计算的相关证据均须要由要求损害赔偿的一方提供,对于遭受损失的一方而言提供该项证据在实务中具有相当大的难度,不仅要完整地保留遭受损失的基础证据,还需要就所保留证据与对方违约行为之间的因果关系进行证明。此外,能够预见的损失是指在签订合同时双方就能够想到的损失,此项损失在意向协议书中通常是不存在的,因为双方并没有明确将来是否会签订和履行相关协议,这就意味着对未来的预期本身就不明朗。

②拥有经营资源的说明。由于签订《意向协议书》以后,在一定期间内就会签订特许经营合同,因此,在该协议书中对经营资源进行说明实际上亦是对信息披露义务的履行。当然,由于涉及后期签订的特许经营合同会将该项内容进行明确,以完成信息披露义务,此处仅需简单地说明拥有哪些经营资源即可,无须对特许经营资源的具体内容和具体授权形式予以详尽罗列。另外,从保护商业秘密的角度,此一阶段对特许人拥有经营资源的说明也应当尽量简单,以避免不必要的法律风险。

③双方愿意受该意向协议书约束的说明。当然,此种说明可以是表明一定期

限以后签订特许经营合同,也可以是缴纳保证金,还可以是通过诚意金来完成。通常情况下,双方会约定,不再与其他任何第三人进行磋商,若违反该约定则违约方应当向守约方支付一定数额的诚意金。

④保密条款。在磋商过程中,为了避免磋商不成双方最后没有能够成功签订合同的情况,特许人与被特许人应当约定双方对在磋商过程中所获知的商业秘密进行保密,不得外泄。此处应当尽量详细地列明商业秘密的范围、知悉人员的范围以及磋商不成后对商业秘密的处理、返还,并同时对该条款的持续性效力进行约定,即该条款的有效时间应当可以在该合同终止后继续生效,具有独立的法律效力。

附:

加盟《意向协议书》范本

甲方:____

法定地址:____________________________________

乙方:____

法定地址:____________________________________

为确认乙方的加盟商资格,并使乙方完成必要的登记、注册手续,与甲方签定正式的《____________________加盟合作协议书》,甲乙双方特达成意向如下:

1. 甲方承认乙方的加盟候选资格,即在乙方完全履行了本文件所列相关条款,并签定《____________________加盟合作协议书》后,正式成为甲方的加盟商。

2. 甲方承认自签定本意向书支付保证金________元起,至甲乙双方签定正式的加盟合同前,为乙方保留加盟资格________天。

3. 乙方应于期限内按照甲方选店标准(详见“________选店标准”)向甲方提供至少两个备选营业店址的资料,包括:位置示意图、房屋建筑平面图、照片等,供甲方对被选营业店店址进行评估;若乙方提供的资料不能满足甲方要求,甲方有权要求乙方提供其他备选营业店店址资料,供甲方评估;甲方应在工作日内回复并确认。专卖店预计________月开业。

4. 由于乙方在本意向书签署后________日内，不能提供出满足甲方营业需要的店址（店中店）、资金及经营管理要求，甲方有权取消乙方的加盟资格，退还保证金。若是因为乙方自身原因退出，不退保证金。

批注：此处的保证金与前述诚意金的作用相同，都是为了保证有意向的双方能够进一步达成特许经营合同，避免恶意磋商行为。

5. 乙方在收到甲方对其店址（店中店）的确认后，应立即开始办理营业执照及相关注册、登记手续，完成后尽可能在和甲方签署正式的加盟合同时，出具其经营资格证明和其他甲方要求的证明文件。

6. ________月之前，进驻________家商场：________，面积不得低于________平方米。

7. 本意向书自双方签字之日起生效。

本意向书一式两份，双方各执一份。

甲方：________________　　乙方：________________

代表：________________　　代表：________________

________年____月____日　　________年____月____日

对该文本的分析：该加盟《意向协议书》存在几个问题，第一，没有对经营资源，尤其是商标权属情况、持有情况等进行说明，只能在其后单独履行信息披露义务；第二，未约定违约责任，一旦双方发生违约情形，则难以对损失进行计算；第三，未约定对磋商过程中所获知商业秘密的保密义务。

（2）《关于信息披露的保密协议书》

核心条款提示：乙方（被特许人）在特许合同履行过程中接触到的甲方的任何资料、文件、数据（无论是书面的还是电子的），以及为甲方服务形成的任何交付物均属于甲方的商业秘密，乙方及其相关工作人员对此负有为甲方保密的责任。在特许经营合同结束后，乙方应将前述商业秘密及时归还甲方，无法及时归还的，如为电子文档的应从自己的电脑等存储设备上予以永久删除，相关材料应及时销毁。

（3）《保证金协议》

核心条款提示：根据《商业特许经营管理条例》的规定，在保证金协议中一定要清楚地约定收取保证金以及保证金的返还条件和返还方式。另外,关于保证金的性质也需要进行约定,在没有约定的情况下,保证金性质为履约保证金,而不能认定为定金,除非在保证金协议中特别说明。同时,还需要对能否用保证金冲抵加盟费或是货款等情况予以说明。

(4)《提供书面信息披露文件回执》

核心条款提示:作为甲方(特许人)来讲,要求乙方(被特许人)提供收到信息披露文件的回执,不仅是完善自身特许经营内部管理的行为,更是对自身是否履行信息披露义务的证明。回执中,需要详尽罗列甲方已经向乙方披露的文件名称、内容,以及披露时间、披露方式,乙方收到该披露文件的时间,对该披露文件是否有异议等内容。

6. 潜在加盟商考察

对潜在加盟商的考察是选择被特许人的基础,对特许人而言,被特许人是否可靠决定了今后双方的合作是否能够顺利,自身的品牌质量是否能够得到保证。通常,对加盟商的考察分为实地考察和书面考察,此处主要是指书面考察。在书面考察中,潜在加盟商应当向特许人提交相关信息,该信息的考察通常由特许人内部的连锁部门负责。首先,该部门向管理部门(总经理/董事会)提交考察需求申请表,经同意后向潜在加盟商发出考察通知书,要求潜在加盟商提供其法人主体资格信息(或工商登记信息)、存款证明(非必须)、经营经验的说明、历史经营项目介绍以及是否存在相关法律风险的说明等能够证明潜在加盟商实力的相关信息。其次,将相关信息制作《结果反馈表》送呈管理部门(总经理/董事会),以获得申请《特许经营合同》的批准。

(1)《意向加盟商考察需求申请表》

(2)《意向加盟商考察结果反馈表》

7. 实地考察、指导选址

(1)《加盟店租赁合同/产权证明》

(2)《选址实地考察报告》

8. 总部上会审批

(1)《对外签订合同审批单》

（二）特许经营合同文件

特许经营合同文件的主要部分为商业特许经营合同，此外，由诸多附件对主合同进行补充。主要有以下文件：

1.《技术许可使用协议》

2.《加盟商承诺函》

3.《商业秘密协议》

4.《物流配送协议》

（三）合同履行中的法律文件

（1）《签订合同授权委托书》

《签订合同授权委托书》制作的关键在于委托事项需要清楚明白，另外，对于委托授权的时间一定要确定，防止委托失效。同时，对受委托人的相关职责需要确定，以免出现无权代理尤其是表见代理的情况。

附：

《签订合同授权委托书》范本

×××公司：

兹有我公司员工________，因受我公司委托与________公司洽谈签订________项目（写明具体的特许经营合同名称），期限自________年____月____日至________年____月____日。权限为谈判并签订合同。

本《授权委托书》只适用于________省________市范围内办理×××与×××《特许经营合同》签订事宜之用，超越授权地域范围或是超越授权事项使用本《授权委托书》均属无效使用，不对授权方产生任何法律效力，一切后果由被授权方自行承担。

（法定代表人签字）

________公司（盖企业公章）

××××年××月××日

(2)《特许经营合同》

附件一:《特许权利金缴纳合同》

附件二:《商标许可使用合同》

附件三:《专利许可使用合同》

附件四:《商业(技术)秘密许可使用协议》

附件五:《专有技术维护协议》

附件六:《其他特许经营资源许可使用协议》

附件七:《产品采购/配送协议》

附件八:《供货价格协议》

附件九:《培训协议》

附件十:《保密协议》

附件十一:《加盟商承诺函》

(3)特许经营合同变更

特许经营合同变更主要是被特许人经营主体发生变更,包括实际经营者的主体资格发生改变,由个体工商户变更为企业法人,或者是实际经营者发生转移,由第三人来作为被特许人的情形。为此,通常需要签订三方协议。为了保证特许经营项目的承继,三方需要共同签订并制作以下文件:

①《变更、补充特许经营合同申请表》

②《变更/补充协议》

③《变更特许经营合同主体申请》

④变更后主体的《加盟商资质文件》

⑤《关于是否准予加盟商主体变更的决定》

⑥《原加盟商的债务核算单》

⑦《原特许经营合同终止结算单》

⑧重新签订《特许经营合同》及其附件

(4)加盟终止

若加盟商不与特许人续签特许经营合同,或者加盟商不满足续签特许经营合同的条件时,特许经营合同期满即告终止。在合同终止前,特许人需要对被特许人进行提示，此外，被特许人也应当做好准备。为此，双方需要共同制作并签订以下文件：

①《加盟商债务核算单》

②《特许经营合同终止结算单》

③《退还保证金凭证》

④《加盟商严重违约告知函》

⑤《终止/解除特许经营合同决定》

⑥《特许经营合同终止/解除协议》

⑦《加盟商提出加盟中止的申请》

⑧《加盟商终止合同违约审核情况》

⑨《关于加盟商要求终止/解除合同的违约审核》

⑩《不可抗力终止加盟的告知函》

(5)续签特许经营合同

在续签前，特许人通常会提醒加盟商，并向被特许人收取以下法律文件：

①《特许经营合同续约申请》

②《申请续约的补充材料清单》

③《关于特许经营合同续约的决定》

续约完成后双方需要签订：《特许经营续约合同》以及相应的《补充协议》。

第二节　特许经营法律文件的制作方法

在整个特许经营法律文件中，《特许经营合同》的价值居于核心地位，因此本部分的重点是介绍《特许经营合同》及其附件的制作方法。

一、《特许经营合同》的制作方法

(一)《特许经营合同》的制作

由于《特许经营合同》的制作通常都是由特许人来完成，因此在该部分的说明中，我们主要以特许人的视角进行。

1. 明确内容

在订立特许经营合同过程中，首先应当依据《商业特许经营管理条例》的规定，对合同中需要的相关内容予以明确。

2. 风险分级

将合同内容的风险进行分级，我们将具备该项合同内容认为是没有风险的，如果不具备该项内容，则分为三个不同档次的风险：第一，是风险等级最高的，即核心风险。此类风险会影响商业特许经营关系的成立与否，或者影响合同是否会被解除。根据《商业特许经营管理条例》的规定，商业特许经营有三个要素，即特许人有经营资源，特许人将该经营资源授权给被特许人，被特许人向特许人支付对价。为此，凡是涉及此类问题的内容，均属于有核心风险的。第二，次级风险。此种风险也是我们所称的合规风险，如果特许合同中没有规定相关内容，或是相关内容约定不明，很可能会导致特许人遭受行政处罚。第三，常规风险。所谓常规风险，也就是说任何合同均应当具备的条款所引致的风险。例如，所有合同中都应当有明确的主体、违约责任的安排、送达条款，如果没有这些内容，那么合同就会存在风险。而此种风险并非特许经营合同所特有的，因此被称为常规风险。关于合同内容与风险等级的具体划分如下表所示：

序号	内容	提示	风险等级
1	特许人是否具备特许经营资质，能否依法完成备案的	1. 我国《商业特许经营管理条例》第 7 条：“特许人从事特许经营活动应当拥有至少两个直营店，并且经营时间超过 1 年。” 2. 该条例第 8 条规定：“特许人应当自首次订立特许经营合同之日起 15 日内，向商务部主管部门备案。”	次级

续表

序号	内容	提示	风险等级
2	被特许人以及进行特许经营的主体是否清晰	自然人以自己名义作为被特许人签订特许经营权合同的,如拟成立项目公司实际运营,则应当约定合同权利义务的承继条款	核心
3	特许经营资源是否内容具体,罗列清晰	根据实际情况,列明特许人拥有的经营资源,以此作为双方权利义务的基础,根据具体包括:①知识产权:品牌、商标、专利、专有技术、标志、商号、企业标志及VI视觉系统,经营管理模式、方案等。②经营技术资源:品牌字号;营运和促销方案;形象识别,企业标志,CIS系统;企业文化和荣誉;统一的广告资源和广告效应;营运手册和教育培训;店堂装修、商品陈列方案等	核心
4	特许人权利来源性质是否清晰	1. 特许权涉及的商标、专利等各项特许权人权利不存在权属争议; 2. 陈述特许人权利来源系本身所有或者来自第三人授权,如系第三人授权,则应明确该授权第三人的基本信息,同时应当明确其授权有效范围,以及本次协议转授权是否得到原权利人的许可,以及在原授权中止或终止的情况下,如何处理本次特许授权; 3. 商标/专利申请注册的进展及权利证书号码,特许经营期限能够被函括在商标/专利有效期之内; 4. 运营管理、VI/CI/培训指导、装修装饰手册等经营手册的著作权明确归属编写方或其他著作权人,被特许人具有合法的使用权; 5. 对于涉及特定商标等的许可的,应当约定将商标使用许可合同报商标局备案,发生公示效力	核心
5	授予特许权条款是否具体明确	1. 特许经营权的内容、范围、期限、方式、地域; 2. 如果系商品特许经营,则应当明确商品的具体规格、型号、品质、产地等参数; 3. 经营许可方式是独占、排他还是一般许可、分许可; 4. 被特许人相应的商圈保护措施	核心

续表

序号	内容	提示	风险等级
6	特许经营期限合法合理	1. 除非被特许人同意或者续约,否则一般应有不低于3年的特许经营期限; 2. 合理的续约条件; 3. 经营期限与店面租期相匹配; 4. 期满后合同终止时被特许人合理的清货期(回收过渡期)	核心
7	特许经营费用性质和各项费用内容是否清晰	1. 特许人收取的加盟费、特许权使用费计算方式、计算基数合理; 2. 除特许加盟费之外的产品供应或者服务费用、广告费、培训费、专项指导费等单独收费的项目单独列明收费标准、价格优惠、支付方式、期限清晰; 3. 推广、宣传费用的结算、支付及使用情况披露形式; 4. 第三人收取的费用; 5. 保证金的收取、保证内容、返还条件、返还时间详尽合理	核心
8	其他相关经营信息披露是否清晰	特许人以附件或其他有效形式对下列事项依法披露: 1. 特许经营网点投资预算; 2. 在中国境内现有的被特许人的数量、分布地域以及经营状况评估; 3. 最近2年的经会计师事务所审计的财务会计报告摘要和审计报告摘要; 4. 最近5年内与特许经营相关的诉讼和仲裁情况; 5. 特许人及其法定代表人是否有重大违法经营记录;国务院商务主管部门规定的其他信息; 6. 对被特许人相应的保密义务作为信息披露的保障条款	次级
9	是否具有店铺标准及标准是否清晰	1. 店铺选址要求及特许人的决定权或建议权; 2. 店铺设计标准及费用承担; 3. 指定开店设备、生产器具、物资及采购渠道、价格; 4. 店铺装潢标准及费用承担	次级

续表

序号	内容	提示	风险等级
10	是否存在向被特许人提供产品、服务、设备的安排	1. 被特许人是否必须从特许人(或其关联方)处或其指定/批准的供货商处购买产品、服务或设备及相关的价格、条件等; 2. 被特许人是否可以选择其他供货商以及供货商应具备的条件(如达到一定的营业额或者上缴管理费限额)	核心
11	经营支持是否具体明确以及是否有偿、优惠	1. 人员、技术培训支持的具体内容和提供方式、实施计划; 2. 店址选择、店面设计、营销策划支持的具体内容和提供方式、实施计划; 3. 广告以及推广计划支持内容、方式与特许权人的自行促销、广告权限; 4. 更新、升级的共享; 5. 各项支持是否另行收费	次级
12	监督与控制条款是否具体明确可操作	1. 经营指导的具体内容、提供方式和实施计划,包括选址、装修装潢、店面管理、广告促销、产品配置等; 2. 监督的方式和内容,被特许人应履行的义务和不履行义务的责任; 3. 落实双方关系的财务系统管理措施或会计作业要求; 4. 对消费者投诉和赔偿的处理机制	核心
13	特许经营权的收回是否具体明确	1. 因合同期满、特许权人违约或加盟店业绩不达标等情况,收回特许经营权的权利; 2. 收回的有效通知与送达形式;自送达日起被特许人的不侵权承诺; 3. 特许经营权收回或合同终止后合理的过渡期限以备各项事务处理; 4. 收回经营权后的门店资产及经营权的处理、债权债务安排	次级

续表

序号	内容	提示	风险等级
14	是否具有不竞争条款保障特许人权益	在特许经营期间及期满后一定时间内： 1. 受许人不得在特定区域从事与特许人及其他受许人相竞争的商业活动； 2. 受许人不得制造、出售和使用特许产品（不包括产品零部件和附属品）； 3. 受许人不得直接或间接地雇佣任何属于特许人或其他受许人的雇员等； 4. 未经特许人许可，不得开设分支机构或招募下级加盟商； 5. 受许人不得继续使用与特许人相似或相近的商标、商号等其他标志来从事与特许人相竞争的商业活动	核心
15	技术秘密、商业秘密保护是否具体清晰	考虑被特许人在合同签署后一定期限内有权单方解除，并且考虑特许人的信息披露义务，有必要恰当设计核心商业秘密、技术秘密条款： 1. 相关秘密的范围、内容、保护措施； 2. 相关秘密被特许使用、公布的区域及方式； 3. 未经特许人事先同意，受许人或申请人不得复制、翻录或以其他方式将商业秘密泄露给他人； 4. 特许经营期满或合同终止后一定时期内，受许人仍应保守相关商业秘密	核心
16	是否有对特许经营加盟店转让明确安排	1. 转让时特许人的知情权、同意权； 2. 转让时对知识产权、技术、商业秘密的保护安排； 3. 转让时本合同权利义务的承继安排； 4. 转让费的分配； 5. 优先承购权及优先承购权行使时承购价格的评估规则； 6. 明确擅自单方转让的责任	次级

续表

序号	内容	提示	风险等级
17	是否有加盟店接管权及具体安排	1. 特殊情况时特许人接管权及接管定价规则； 2. 介入加盟店的门店承租协议，对门店有后续租赁使用权； 3. 加盟者疾病、死亡时加盟店及协议的承接安排权利人	次级
18	被特许人无条件单方解除权的安排是否合理	1. 特许人和被特许人应当在特许经营合同中约定，被特许人在特许经营合同订立后一定期限内，可以单方解除合同，但被特许人已经实际利用经营资源的除外； 2. 中途单方解除时，双方合作期间享有的价格优惠政策的效力以及相关物资返还安排	核心
19	经营责任分配是否明确	1. 由于被特许人经营不善等原因造成遭到消费者的投诉或媒体曝光或被工商、税务和城管等行政机关查处，应当独立承担责任； 2. 由于被特许人的行为或其他原因导致对第三人承担法律责任的问题，应当独立承担责任； 3. 如果最终可能发生应由特许人承担法律责任的情况或者造成特许人损失的情况，特许人与受许人双方也应在合同约定确定内部责任的归属及具体的赔偿责任	次级
20	合同终止的物资钱款安排是否明确具体	1. 以加盟商付清所有款项、拆除所有专业标识以及妥善处理剩余产品等作为保证金返还条件； 2. 合同到期或解除后，受许人应立即停止使用特许人品牌，拆除、返还店铺招牌商业、技术秘密等	次级
21	是否有明确的违约情形和违约责任	1. 单方解约权及解约后的安排； 2. 对中途解约时各方合理损失预见，并落实在条款中，以进行责任分配	常规
22	是否有必要的附件	对于特定的定作物，产品质量参数、规格、设计图纸、生产方案、安装清单等均有相应的附件	常规

续表

序号	内容	提示	风险等级
23	是否有联系及送达条款，以及联系人变更和地址变更条款	有明确的送达地址和联系人信息，以及通知送达方式	常规
24	是否有管辖条款	符合交易实际的管辖条款	常规

注：参见《合同审查必备：43类合同风险清单汇编》。①

3. 内容条款的筛选

最后，我们将根据实际情况，即具体的特许经营项目以及风险等级的高低，来选择是否在合同中使用相关条款。

（二）核心条款提示

1. 鉴于条款

该条款应当在写清楚当事人和合同签署时间、地点以后，紧接着写明合同签署的背景。

例如：鉴于甲方为×××品牌的所有人，乙方为×××公司，乙方认同甲方的品牌及企业文化。甲乙双方在平等互利、意思表示真实互相信任的前提下，经认真探讨，协商一致，为共同促进×××品牌的发展，维护×××的品牌形象和声誉，保障甲乙双方事业的健康发展，根据《中华人民共和国合同法》及《商业特许经营管理条例》等有关法律、法规、规章的规定，现就甲方将×××的特许经营权许可乙方一事，达成如下协议。

2. 特许经营方式条款

该条款应当确定授权的方式及内容，明确是区域授权还是单店授权。

例如：甲方对乙方的授权方式为单店一般授权，未经甲方事先书面同意，乙方不得再行以×××的名义开设单店，亦不能将甲方所授权的特许经营的相关权利

① 法天使：《合同审查必备：43类合同风险清单汇编》，载法律出版社微信公众号，http://www vidianzixun.com/article/0I0xHt4S，最后访问日期：2019年6月17日。

全部或部分转让或许可给任何第三人使用。

上述条款就表明为单店授权,且不是独占许可或排他许可,仅是一般许可。

3. 特许经营的内容条款

例如:甲方授权乙方在本合同授权许可的范围内使用甲方所享有的×××商标品牌和甲方享有的有自主知识产权的××××技术、经营管理模式和服务体系,按照甲方确定的经营模式并按本合同及特许加盟手册的规定经营×××品牌餐饮企业。本合同订立之日起三个月内,双方另行签订《商标使用许可合同》,由甲方报商标局备案,并由甲乙双方各自送当地县级工商行政管理部门存查。

4. 信息披露条款

信息披露应当是从磋商开始到合同签订的一段时间内均在进行,因此,合同当中不必就具体的信息披露情况予以说明,可以概括地说明被特许人已经知晓相关信息。

例如:乙方确认甲方已按《商业特许经营管理条例》《商业特许经营信息披露管理办法》等相关法规、规章的规定在本合同签订30日以前对乙方进行了详尽的信息披露,并向乙方提供了本合同的签约文本。在此,乙方确认已收取该信息及文件,并对该信息及文件进行了详细的阅读和深入的了解,同时,乙方确认其已充分地了解甲方关于特许经营的全部信息,并确认自愿签订本合同,以加入甲方的特许经营体系是其真是的意思表示。

5. 特许经营范围的条款

该条款需要写明对经营资源的使用范围,再次重申许可方式。

例如:甲方授权乙方在本合同有效期内,可按照本合同的各项条款约定使用甲方×××注册商标(注册号:×××××××,注册类别:第××类)、统一标识、×××技术、××××制作工艺、经营管理模式(以下统称“有关特许经营权利”),但乙方使用上述有关特许经营权利仅限于××××业态内,并不得于非特许业务之外的其他商业用途使用。甲方授予乙方的有关特许经营权利不具有独占性,乙方在甲方授权范围内享有特许经营权利。甲方保留除本合同明确规定许可乙方使用的知识产权以外的所有权利,未经甲方书面许可,乙方不得以本合同明确许可的范围以外的任何形式、在任何地方使用甲方的任何知识产权、特许经营权利和其他权利。

6. 特许经营基本要求

该条款需要写明特许人的知识产权及相关经营资源的范围。

例如：乙方必须在坚持统一商标标识、统一质量、服务规范的原则上，按照甲方经营管理规范的要求进行经营，保护和维护甲方的无形资产以及特许经营体系的整体形象和利益。甲方的无形资产包括但不限于：

知识产权：品牌、商标、专利、专有技术、标志、商号、企业标志及 VI 视觉系统，经营管理模式、方案等。

经营技术资源：品牌字号；营运和促销方案；形象识别，企业标志，CIS 系统；企业文化和荣誉；统一的广告资源和广告效应；营运手册和教育培训；店堂装修、商品陈列方案等。

7. 特许经营期限

例如：自本合同生效之日起________年，即自________年____月____日至________年____月____日。如果乙方要求续约，应在合同期满前三个月向甲方提出书面申请，甲方对乙方在特许期内履行合同的情况进行考核，根据考核结果决定是否与乙方续约，并有权对合同内容加以变更；甲方不同意续约的，本合同期满即行无条件终止。

8. 特许经营地域

例如：甲方同意乙方选定下述地点且只能在下述地点开设特许经营加盟店，具体情况如下：

加盟店名称：____

加盟店地址：____

加盟店法定代表人/负责人：______________________________

加盟店经营范围：____________________________________

9. 商圈保护制度

例如：甲方对乙方开设店面进行商圈保护，保证乙方所在商圈范围内充分使用甲方的经营资源。甲方确认以现有加盟店为中心，半径 × ×公里范围内不再开设新的加盟店。该× ×公里半径以百度地图的直线距离为计算标准。

10. 冷静期制度

例如：甲方同意乙方在本合同生效之日起30日内继续考察甲方的特许经营体系，核实甲方向乙方披露的各方面信息，乙方有权在本合同生效之日起30日内随时解除本合同，并不需承担任何违约责任，但乙方已经实际利用甲方经营资源的除外。同时，乙方承诺也不因此追究甲方的任何违约及赔偿责任。

11. 加盟费及其他费用条款

加盟费及其他费用需要详细地说明其构成、性质、支付方式，如果涉及保证金，还要对保证金的退还方式和条件进行说明。

例如：

(1)加盟费

特许经营加盟费(以下简称加盟费)：加盟费指乙方为获得特许经营权而向甲方支付的一次性费用。乙方应在本合同签订后三日内向甲方支付加盟费人民币__________元(大写：________________元整)。本合同因各种原因提前或正常终止时，乙方均不得以任何理由要求甲方退还加盟费。

特许权使用费(又称特许权利金，以下简称权利金)：权利金指乙方在使用特许经营权过程中应按年度并依据乙方实际经营面积向甲方交纳的定额费用。权利金为：加盟期××年内(_______年____月____日至_______年____月____日)每年人民币__________元(大写：________________元整)，其中含×××注册商标使用费人民币__________元(大写：________________元整)、×××技术许可使用费人民币__________元(大写：________________万元整)。或可依据×××的“特许权利金单笔支付优惠政策”在_______年____月____日前一次性支付__________元(大写：________________元整)作为_______年至_______年度共计××年的权利金，其中含×××注册商标使用费人民币__________元(大写：________________元整)、×××技术许可使用费人民币__________元(大写：________________万元整)。乙方经营面积增加时，应按权利金与原经营面积的比例为基础向甲方交纳新增经营面积的权利金。权利金的具体交纳办法见《特许权利金缴纳合同》。

(2)保证金

保证金是指为确保乙方全面履行特许经营合同,乙方向甲方支付的担保其履行本合同义务的一定数量的现金。

乙方应于________年____月____日前向甲方一次性支付保证金人民币____________元(大写:______________________元整)。保证金不计利息。

在合同期内,乙方同意甲方因下列事件的发生而被全额扣除其在甲方存放的保证金:

××××××××××

保证金被甲方扣除上述款项后,乙方应在收到甲方通知之日起七日内,补足被扣金额。否则,每延迟一日,乙方应向甲方支付应付保证金万分之四的滞纳金。乙方逾期一个月仍未补足保证金差额的,甲方有权随时解除本合同,并不再退还乙方剩余的保证金,也不再退还乙方已交的加盟费及权利金。

除本合同其他条款的特殊规定外,当本合同履行期满而终止且甲方确认乙方没有续约、乙方没有违约或侵害甲方利益的行为、乙方将本合同规定的义务履行完毕时,甲方将在30日内将保证金无息退还乙方。

(3)培训费

乙方同意按下列方式向甲方支付培训费。

在本合同约定的培训范围内,应乙方要求,乙方或乙方指定的人员至甲方指定企业接受甲方进行的专业培训,传授×××××技术。同时乙方向甲方支付培训费,培训费按月计算,培训费为:人民币××××元/月/人,培训期间的食宿交通费用由乙方承担。

在本合同约定的培训范围内,应乙方邀请,甲方有偿为乙方的加盟店有偿提供为期××个月以内的××××技术及管理,乙方负责承担甲方派出劳务输出人员到乙方工作期间的住宿费、工作餐费、往返交通费、工伤医疗费(工伤裁定标准按照北京市劳动部门出具有效鉴定证明为准)及人事费用等。

甲方派出的劳务输出人员的人事费用标准如下:

×××××

×××××

(4)广告费

甲方将以自己认为必要的方式统一对特许经营品牌和服务进行广告宣传,乙方享有该项服务不需另行支付费用。乙方如果需要甲方单独或专门为乙方提供广告宣传服务的,乙方应支付相应的广告宣传费用,具体方案及费用由甲乙双方另行协商确定。

(5)其他费用

除本合同有明确约定外,乙方获得甲方提供的相关货物供应或服务而需要向甲方支付的价款或费用,由甲乙双方另订协议解决。

12. 质量控制及责任条款

该条款需要说明乙方应当按照甲方的要求,对提供的产品或服务严格把关,有义务接受甲方的指导。

例如:

乙方在其经营活动中必须遵守甲方的特许质量控制规定,严格保证加盟店的菜品质量、服务水准和清洁卫生,维护品牌形象及顾客利益。

本合同有效期内,如果乙方加盟店未按甲方管理手册规范经营导致加盟店服务质量出现问题,或者发生×××××事故,或者发生被媒体、舆论批评曝光或消费者群体性投诉事件,或者乙方与消费者因服务质量问题发生诉讼的,乙方必须在××小时内报告甲方,乙方同时应该积极采取行动解决问题、防止事态扩大或危害加重;已经造成不良影响的,乙方应该采取积极有效的措施消除影响。在乙方加盟店出现上述情形时,对于甲方根据事态发展情况提出的要求乙方采取的合理应对措施,乙方应按照甲方的要求予以落实。如果因为乙方的上述事故导致甲方品牌形象、声誉遭受重大损害或不利影响或负面宣传报道被采访曝光的,乙方无条件向甲方赔偿损失××××万元人民币整,且甲方有权随时解除本合同。

13. 保密条款

保密条款在整个协议当中非常重要,由于特许人向被特许人披露和授权的诸多及经营资源中多数涉及商业秘密,因此,特许人要求被特许人采取保密措施是非常重要的。其中,需要对商业秘密的范围进行说明,并对被特许人应当采取的保密措施进行约定。

例如：

（1）商业秘密范围

在特许经营期间及特许经营合同终止后，乙方、乙方加盟店及其雇员未经甲方书面同意，不得披露、使用或者允许他人使用其所掌握的甲方的商业秘密。以上"商业秘密"，是指以××××商标为核心的有关特许经营之商业、营运、技术信息，包括但不限于：××××技术、×××××制作技术、经营管理决窍、加盟手册内容，各种相关工作流程、制度、技术等记录；双方合同期间任何口头或书面约定、推广计划、新产品计划、产品成本等；其他甲方列为保密对象的具体信息资料。

乙方违反上述保密规定的，应当赔偿甲方因此所受的全部损失；甲方损失难以准确计算的，乙方应向甲方支付的赔偿金不低于××××万元人民币。

（2）被特许人保密措施

乙方（被特许人/加盟商）应将甲方提供的加盟店经营管理规范及为履行本合同所向乙方披露、制定或批准的其他资料所列内容列为机密，并采取保密措施使其处于保密状态。未经甲方书面同意，乙方不得以任何形式泄露给任何第三方。甲方按本合同规定提供给乙方的加盟店经营管理规范和其他文件文本的知识产权及所有权归甲方所有，甲方依法享有著作权，乙方必须妥善保管并于合同终止后10日内归还甲方。

14. 竞业禁止条款

特许人尤其需要注意被特许人兼营与特许人相竞争的项目的情况，因为这样会严重影响双方的合作。对于被特许人而言，此种竞争有可能涉嫌不正当竞争。在竞业禁止条款中，需要列明竞业的范围、禁止的时间、违约责任等。

例如：本合同有效期内及本合同终止或解除后×××年内，未经甲方书面同意，乙方、乙方的加盟店及其雇佣之加盟店经理、管理人员、技术人员等不得经营、投资、受聘或以任何方式参与或指导他人经营与甲方×××××相同之业务。乙方、乙方的加盟店及其雇佣之加盟店经理、管理人员、技术人员违反本条款规定的，应该向甲方支付××××万元人民币违约金，如果前述人员的竞业行为同时侵犯甲方的知识产权和商业秘密的，甲方还有权依照本合同的有关约定或者有关法律规定追究其法律责任。

15. 合同的变更及终止

列明合同变更和终止的具体情形,对变更和终止后的相关权利义务的处理,相关经营资源的交接和处理。

例如:

(1)变更

未经甲方书面同意,乙方不得擅自将包括特许经营权在内的合同权利义务部分或全部以任何形式转让给他人。如乙方的股东拟出售、出租、发包本合同项下加盟店或其份额的,应提前30日书面通知甲方,并获得甲方的书面同意。在甲方同意的情况下,甲方在同等条件下享有对乙方加盟店的优先购买权或优先承租、承包权。

(2)终止

除其他条款约定外,本合同将因下述任一事件发生而终止:

××××××

××××××

(3)单方解除

乙方有下列情况之一时,甲方有权向乙方发出书面通知单方解除本合同,本合同即行终止:

××××××

××××××

(4)终止后的处置

乙方不再享有特许经营权,应立即停止有关业务活动或宣传,停止使用××××商标、商号、标识等知识产权(包括相同的或类似的商标、服务标识、特定名称等),不得将××××商标申请注册为相似类别的商品或者服务商标,不得将与××××相同或近似的文字申请登记为企业名称中的商号,不得将与××××商标、商号或门店装潢相同或近似的标志用于相同或类似的商品或服务中,也不得继续使用甲方的经营管理系统。甲方因制止乙方上述行为而产生的费用由乙方承担。

乙方须无偿将该加盟店中属于甲方授权使用之标志物、属于甲方免费提供给乙方使用之设备物品、有关文件及手册、资料及招牌等全部归还给甲方,因此产生的费用由乙方自行承担。

在合同终止以后，乙方在合同关系存续期间因经营目的而使用的与甲方商标、商号有联系的通信号码、联络地址、网址、域名等均应停止使用，或者由甲方或甲方指定的加盟商支付合理费用予以收回。

16. 通知与送达条款

通知与送达条款中比较重要的问题是当发生地址变更时的处理，此一约定容易被忽略掉。

例如：任何一方发生地址迁移或联系方式变更，均须甲乙双方共同签署变更协议或将有公证资格的公证处出具的联系方式变更之公证书以特快专递形式及时通知另一方。否则，另一方依据合同注明的联系资料发出的所有函件均视为有效。如果由此造成迟延送达或不能送达，责任由未及时通知变更后地址和联系方式的一方承担。

附件：

合同编号：________

上海市商业特许经营合同（2013 版）

甲方（特许人）：________________________________

住　　所：________________　联系电话：________________

法定代表人：________________　注 册 号：________________

乙方（被特许人）：________________________________

住　　所：________________　联系电话：________________

法定代表人：________________　注 册 号：________________

双方根据《中华人民共和国合同法》《商业特许经营管理条例》等法律、法规的规定，本着平等、自愿、公平、诚实信用的原则，就商业特许经营事宜，达成如下协议。

第一部分 总 则

第一条 定义

除非本合同条款另有特别说明,本合同中使用的字词与表述的含义如下:

"特许经营体系",是指甲方的特许经营体系,包括但不限于注册商标、商号、专利和专有技术、经营模式等经营资源。

"加盟店",是指乙方在认同并同意遵守特许经营体系的基础上,获得甲方授权而设立的从事特许经营活动的经营实体,包括但不限于个体工商户、个人独资企业、合伙企业、公司或其他组织等。

"特许标识",是指与特许经营体系相关的识别符号,包括但不限于注册商标、商号、招牌(店铺标志)、特有的外部与内部设计(装修、装饰、颜色配置、布局、家具等)、制服、广告等。

"特许产品",是指带有特许标识的所有商品及服务,包括但不限于原料、配料、成品及服务品种、方式等。

"两店一年",是指特许人从事特许经营活动应当拥有至少2个直营店,并且经营时间超过1年。

"特许经营操作手册",是指由甲方制订的指导加盟店经营的各类书面操作资料,一般包括《加盟店招募手册》《店务操作手册》《产品制作手册》《营业手册》《员工培训手册》等。

"单店特许",是指甲方将特许经营权直接授予乙方,乙方按照本合同的约定设立加盟店,开展经营活动,未经甲方事先书面同意,不得转授特许经营权。

"区域特许",是指甲方将指定区域内的特许经营权授予乙方,乙方按照合同约定设立加盟店,开展经营活动,未经甲方事先书面同意,不得转授特许经营权。

"特许区域",是指甲方授予乙方特许经营权的区域。

"营业地",是指乙方依照合同条款约定,获准开设加盟店的场所。

"建筑物",是指营业地所在的建筑物。

第二条 特许经营许可

一、甲方拥有________________特许经营体系,经营范围________________,甲方依照本合同的约定,许可乙方使用特许经营权。

二、甲方许可乙方的特许经营权性质:(只能选择一项)

□单店特许。

□区域特许。

三、乙方获准行使的特许经营权在特许区域内:(只能选择一项)

□具有独占性:甲方不得自行或许可第三方在特许区域内投资设立门店。

□具有排他性:甲方可以自行但不得许可第三方在特许区域内投资设立门店。

□具有非排他性:甲方可以自行或授权第三方在特许区域内投资设立门店。

第三条 合同期限

一、本合同期限为________年,从________年____月____日起至________年____月____日止。

二、乙方要求对本合同续期的,应当至少在本合同期限届满前提前________个月向甲方书面提出。甲方同意的,与乙方签订续期合同。

第四条 特许区域与营业地

一、乙方获准行使特许经营权的区域为:中国________省(市)________县(区)东至________、西至________、南至________、北至________的区域。(见附件2:《特许区域附图》)。

二、乙方仅有权在前款所述的特许区域内开设生产和销售特许产品或提供服务的加盟店。本合同签订时的加盟店的地址及面积为:

1. ____,面积:__________________。
2. ____,面积:__________________。
3. ____,面积:__________________。
4. ____,面积:__________________。
5. ____,面积:__________________。

第五条 特许经营费用

一、加盟费

乙方应当向甲方一次性支付加盟费人民币________元,该笔款项应当在本合同签订后________日内支付。

除因甲方违反本合同第四十一条约定或双方另有约定外,乙方不得要求返还加盟费。

二、特许权使用费

在本合同有效期内,乙方可在□每月____日前/□每年____月____日前向甲方支付特许权使用费:

□支付定额特许权使用费人民币________元。

□按照加盟店□上月/□上年营业额的________%,支付特许权使用费。

□____。

三、保证金

保证金约定如下:____。

四、其他约定的费用:____。

五、支付方式

□现金。

□票据。

□银行转账(甲方指定账户为:________________________________)。

□____。

甲方收到乙方支付的上述任何款项后,均应当开具收款凭证。

第二部分 信息披露与商业秘密保护

第六条 信息披露

一、双方承诺严格按照《商业特许经营管理条例》《商业特许经营信息披露管理办法》的有关规定,在签订本合同前及特许经营过程中及时向对方披露有关特许经营的信息。

二、甲方向乙方提供的信息应当真实、准确、完整。甲方向乙方提供的信息发生重大变更的,应当及时通知乙方。

第七条 商业秘密保护

一、在本合同有效期内及终止后任何时间,乙方未经甲方书面同意,不得披露、使用或允许他人使用其所掌握的甲方的商业秘密。

二、乙方承诺采取必要的防范措施，保护甲方披露的信息。

第三部分　知识产权

第八条　甲方按照本合同约定，许可乙方使用以下知识产权：

□注册商标。（可另附页）

注册商标名称：________________，《商标注册证》编号：________________，核定使用商品或服务项目：________________。

甲方应当与乙方另行签订《商标使用许可合同》作为本合同的从合同，并按照有关规定向商标主管部门办理备案手续。

□专利。（可另附页）

专利名称：____________________，《专利证》编号：____________________，专利内容：____________________。

甲方应当与乙方另行签订《专利实施许可合同》作为本合同的从合同，并按照有关规定向知识产权主管部门办理备案手续。

□其他：____
____。

第九条　在本合同有效期内，甲方应当确保注册商标的有效性，并及时办理注册商标的续展手续。

第十条　乙方应当按照《商标使用许可合同》的约定和《特许经营操作手册》的规定，规范使用注册商标或特许标识，不得以任何形式和方法扩大注册商标或特许标识的使用范围，未经甲方许可，不得与其他商标、商号或标识组合使用。

第十一条　除为特许经营目的之外，乙方不得为其他任何目的使用特许标识，也不得在本合同终止后继续使用注册商标或特许标识。

第四部分　加盟店的开业

第十二条　商号使用

甲方□允许/□不允许乙方将____________________注册商标用作加盟店商号使用。如允许乙方使用，甲方应当提供书面许可文件。

第十三条　加盟店经营资格

乙方应当保证加盟店符合法律、法规关于经营资格的强制性或禁止性要求，并具有经营特许经营体系项下经营活动的合法资格。

第十四条 加盟店的开业指导

甲方应当对乙方目标市场的考察调研、加盟店的选址、营业地的装修布置、人员的聘用等加盟店筹备工作提供必要的协助和指导。

第十五条 加盟店的开业培训

在加盟店开业前，甲方应当对乙方或其指定的加盟店工作人员进行培训，通过考核后上岗。

第十六条 特许经营体系的提供

甲方应当在本合同签订之日起____日内，向乙方提供特许经营体系的书面资料，包括经营模式及相关管理制度、门店样式、店堂布局方案、会计系统、产品质量标准、产品质量监测制度以及《特许经营操作手册》等。乙方应予书面签收。

第十七条 加盟店开业时间

乙方应当保证在本合同签订之日起____日内正常开业，经甲方书面同意延期的除外。

第十八条 加盟店开业的条件

加盟店开业应当符合以下条件：

一、加盟店已取得《营业执照》或《企业法人营业执照》及相关许可证照；

二、营业地建筑物的装修经甲方验收合格；

三、乙方已按本合同约定履行开业前的所有义务；

四、加盟店符合《特许经营操作手册》规定的其他标准。

第五部分 特许产品的提供和配送

第十九条 除特许产品及为保证特许经营品质必须由甲方或者甲方指定的供应商供应的货物外，对于其他货物，甲方可以规定其应当达到的质量标准，提出若干供应商供乙方选择，但甲方不得强行要求乙方接受其货物供应，具体约定详见附件3。

第二十条 加盟店经营所需的特许产品均由甲方或甲方指定供应商供应及配送，若加盟店需增售或使用不属甲方或其指定供应商供应的货物，应当事先向甲方提出书面申请，并经甲方书面同意；未经甲方书面同意，乙方不得向其他供应商采购或自行制造产品。双方另有约定的除外。

第二十一条 乙方向甲方或其指定供应商采购特许产品，应当提前____天以传真、电话或电子邮件形式通知甲方或其指定供应商所需产品的数量和规格。

第二十二条 甲方应当在收到乙方要求维修甲方供应的设备通知之日起____日内进行维修。

第二十三条 加盟店销售特许产品应当遵循甲方指定的零售价标准，不得擅自降低或提高零售价，甲方指定零售价标准方式为：

□统一零售价。

□其他：____。

第六部分 监督、培训与指导

第二十四条 为确保特许经营体系的统一性和产品、服务质量的一致性，甲方有权按照合同约定对加盟店的经营活动进行监督。

第二十五条 加盟店应当保持完整、准确的交易记录，在每月____日前向甲方递交上月的总营业收入的财务报表。

第二十六条 甲方应当在不影响加盟店正常营业的前提下，对加盟店的经营活动进行指导、检查、监督和考核，乙方应当遵循甲方在特许经营过程中的建议和指导。甲方可以委派督导员完成本条所述甲方工作。

第二十七条 甲方有权检查和审核加盟店的交易记录等文件。

第二十八条 在本合同有效期内，甲方每年应当对乙方的人员提供不少于____次的统一培训。

第二十九条 在本合同有效期内，甲方应当持续地对加盟店提供开展特许经营所必需的营销、服务或技术上的指导，并向加盟店提供必要的协助。

第七部分 加盟店的统一运营

第三十条 乙方认可并同意遵守甲方特许经营体系有关标准和统一性的规定。

第三十一条 乙方在加盟店的运营过程中，应当严格遵守本合同约定和《特许经营操作手册》规定的统一运营标准，未经甲方书面许可，不得作任何变更。

第八部分 消费者投诉的处理

第三十二条 乙方应当遵守甲方统一制定的服务和质量保证承诺，自觉维护消费者的合法权益，并在加盟店内设置监督电话。

第三十三条 乙方对消费者直接投诉加盟店的应当及时处理，对造成消费者权益损害的，应当及时采取补救措施。

第三十四条 消费者向甲方投诉乙方设立的加盟店的，对确有瑕疵甲方已直接向消费者偿付的，甲方有权向乙方追偿。

第九部分 推广与宣传

第三十五条 甲方开展推广与宣传活动，应当严格遵守法律、法规的相关规定。

第三十六条 甲方在开展推广、宣传活动前，应当将有关活动信息或要求及时通知乙方。若活动相关费用须由乙方承担的，甲方应当在活动之日前至少____日以书面形式通知乙方。

第三十七条 乙方可自行策划并实施针对特许区域市场特点的推广、宣传活动，但须获得甲方事先书面同意，并在甲方指导下进行。

第十部分 合同的变更和解除

第三十八条 乙方在本合同签订之日起____日内，可单方解除合同。甲方应当返还乙方已支付的特许经营费用。

第三十九条 在本合同有效期内，任何一方将本合同项下的全部或部分义务转让给第三方，双方应当另行签订协议。

第四十条 甲方有下列行为之一的，乙方有权书面通知其更正，甲方应当在接到通知后____日内更正，逾期未更正的，乙方有权书面通知甲方单方解除合同，解除合同的通知在到达甲方时生效：

一、未按本合同约定向乙方提供本合同第十六条所述特许经营体系的书面资料。

二、未按本合同约定履行加盟店开业前及经营过程中的经营指导、技术支持、业务培训。

三、累计____次延迟配送特许产品或维修设备。

四、____。

第四十一条　甲方有下列行为之一的，乙方有权书面通知甲方单方解除合同，解除合同的通知在到达甲方时生效：

一、在本合同签订时不符合“两店一年”的法律规定。

二、未按本合同约定在签订本合同前和特许经营过程中按法律、法规规定披露相关信息或故意披露虚假信息，致使合同目的无法实现的。

三、本合同签订时不具备或者本合同有效期内丧失注册商标或其他特许标识的所有权或使用权。

四、____。

第四十二条　乙方有下列行为之一的，甲方有权书面通知其更正，乙方应当在接到通知后____日内更正，逾期未更正的，甲方有权书面通知乙方单方解除合同，解除合同的通知在到达乙方时生效：

一、超过本合同约定的期限未符合开业条件或未开业。

二、未经甲方事先书面同意擅自销售或提供非特许产品或服务。

三、未经甲方事先书面同意擅自变更或扩大注册商标或特许标识的使用范围，或擅自变更加盟店特有的外部与内部设计。

第十一部分　违约责任

第四十三条　甲方不履行或不完全履行本合同项下的任何义务，乙方有权书面通知其更正，甲方应在接到通知后____日内更正，逾期未更正的，甲方应向乙方支付________元违约金。

逾期未更正超过____日的，则乙方有权选择以下方案追究甲方责任（可多选）：

□要求甲方赔偿人民币________元；

□符合本合同约定的解除条件的，乙方有权解除本合同；

□____。

第四十四条　乙方逾期支付本合同项下的任何款项，应按每天逾期款项的____‰支付违约金。逾期超过____日的，甲方有权解除本合同。

第四十五条　乙方不履行或不完全履行本合同项下的任何义务，甲方有权书面通知其更正，乙方应在接到通知后____日内更正，逾期未更正的，乙方应向甲方支付________元违约金。

逾期未更正超过____日的,则甲方有权选择以下方案追究乙方责任(可多选):

□要求乙方赔偿人民币________元;

□符合本合同约定的解除条件的,甲方有权解除本合同;

□____。

第四十六条 由于乙方的过错对第三方造成侵权或其他经济损失,则乙方应当自行承担赔偿责任。甲方对外偿付的,则可向乙方进行追偿。

第四十七条 乙方未履行或未完全履行合同终止后的义务的,甲方有权要求其履行义务,并有权要求其赔偿因此造成的损失。

第十二部分 合同终止后双方的权利义务

第四十八条 本合同终止后,乙方应当立即停止使用甲方许可的注册商标、特许标识及其他与特许经营体系有关的任何标识。

第四十九条 乙方经甲方许可,使用甲方注册商标作为加盟店字号的,应当在本合同终止后____日内向原登记主管部门申请名称变更或者注销登记。

第五十条 乙方应当在本合同终止之日起____日内返还甲方为履行本合同而提供的所有物品,包括但不限于"特许经营操作手册"中所列举的所有手册、可视光盘、教材等文件及其副本、复印件或复制品。

第五十一条 本合同终止后,除甲方回购外,乙方应当按甲方要求撤换营业地所有特许经营体系特有的内外部设计、装修、装饰、颜色配置、布局、家具、设备,或清除注册商标、特许标识及其他与特许经营体系有关的任何标识。

第五十二条 乙方剩余特许产品的处理由双方约定,本合同终止之日存在的全部完好无损、尚在保质期内、可以再次使用或销售的剩余特许产品的处理方式为:

□甲方以原售价回购。

□乙方自行处理。

□其他:____。

第五十三条 竞业限制

乙方在本合同有效期内以及合同期后____年内,除约定的加盟店外,不得自己经营或与他人合作经营与甲方特许经营体系内容相同或类似的业务。

第十三部分　其他约定

第五十四条　联系信息与送达

一、合同一方按照本合同约定向另一方送达的任何文件、回复及其他任何联系,应当用书面形式,且采用以下方式:

□挂号邮寄。

□直接送达的方式。

送达本合同所列另一方的地址或另一方以本条所述方式通知更改后的地址。

二、双方同意通过以下联系方式向对方送达与本合同有关的文件,有关双方的联系信息如下:

甲　方:________________________________

地　址:________________________________

邮　编:____________________

联系人:____________________

电　话:____________________,传真:____________________

乙　方:________________________________

地　址:________________________________

邮　编:____________________

联系人:____________________

电　话:____________________,传真:____________________

第五十五条　合同争议的解决

双方发生争议的,可协商解决,或向有关部门申请调解;也可提请上海仲裁委员会仲裁(**不愿意仲裁而选择向法院提起诉讼的,请双方在签署合同时将此仲裁条款划去**)。

第五十六条　本合同的附件、《特许经营操作手册》是本合同不可分割的组成部分,与本合同具有同等法律效力。

第五十七条　本合同自双方签字或盖章之日起生效,一式两份,双方各执一份,具同等法律效力。

附件1

补充条款

（粘　贴　线）

（骑缝章加盖处）

附件2

《特许区域附图》

（粘　贴　线）

（骑缝章加盖处）

附件3

特许产品

（粘　贴　线）

（骑缝章加盖处）

附件4

甲方《企业法人营业执照》或《营业执照》复印件

（粘　贴　线）

（骑缝章加盖处）

附件 5

乙方《企业法人营业执照》或《营业执照》复印件

（粘　贴　线）

（骑缝章加盖处）

附件 6

甲方《商标注册证》复印件

（粘　贴　线）

（骑缝章加盖处）

甲方《专利证》或其他权利证明复印件

（粘　贴　线）

（骑缝章加盖处）

（本页签署页，无正文）

甲　　方：________________	乙　　方：________________
授权代表：________________	授权代表：________________
日　　期：________________	日　　期：________________
签　　于：________________	签　　于：________________

二、特许经营合同附件制作

特许经营合同可以用相关附件进行补充，就目前而言，以下附件是特许经营合同中常用的。

附件一：《特许权利金缴纳合同》

附件二：《商标许可使用合同》

附件三：《专利许可使用合同》

附件四：《商业（技术）秘密许可使用协议》

附件五：《专有技术维护协议》

附件六：《其他特许经营资源许可使用协议》

附件七：《产品采购/配送协议》

附件八：《供货价格协议》

附件九：《培训协议》

附件十：《保密协议》

附件十一：《加盟商承诺函》

本文主要介绍《保密协议》的制作与《加盟商承诺函》的制作。

（一）《保密协议》的制作

保密协议通常需要约定清楚所涉及的保密内容、保密的人员范围、保密的期限、违反保密义务的法律后果等内容。保密协议在劳动者与用人单位之间最为常用，但由于特许经营的特殊性，保密协议也常作为特许经营合同的附件存在。后附保密协议范本以做参考：

附：

商业秘密保密协议

甲方：________________________

乙方：________________________

乙方因为与甲方就×××××品牌特许经营项目,已经知悉甲方的商业秘密。为了明确乙方的保密义务,甲、乙双方本着平等、自愿、公平和诚实信用的原则,订立本保密协议。

双方确认在签署本协议前已经详细审阅过协议的内容,并完成了解协议各条款的法律含义。

一、保密的内容和范围

甲、乙双方确认,乙方应承担保密义务的甲方商业秘密范围包括但不限于以下内容:

×××××

×××××

×××××

二、乙方的保密义务

对第一条所称的商业秘密,乙方承担以下保密义务:

1. 不得刺探与本项目或本身业务无关的商业秘密;

2. 不得向不承担保密义务的任何第三人披露甲方的商业秘密;

3. 不得允许(出借、赠与、出租、转让等处理甲方商业秘密的行为皆属于"允许")或协助不承担保密义务的任何第三人使用甲方的商业秘密;

4. 如发现商业秘密被泄露或者自己过失泄露商业秘密,应当采取有效措施防止泄密进一步扩大,并及时向甲方企业报告。

三、保密期限

甲、乙双方确认,乙方的保密义务自甲方对本协议第一条所述的商业秘密采取适当的保密措施并告知乙方时开始,到该商业秘密公开时止。乙方是否在运作本项目,不影响保密义务的承担。

四、违约责任

甲、乙双方约定:

1. 如果乙方不履行本协议第二条所规定的保密义务,应当承担违约责任,一次性向甲方支付违约金人民币______万元整;

2. 如果因为乙方前面条款所称的违约行为造成甲方的损失,乙方还应当承担违约责任。

五、争议的解决办法

因执行本协议而发生纠纷的,由双方友好协商解决。协商不成或者一方不愿意协商的,双方一致认可由甲方所在地人民法院管辖。

六、协议的效力和变更

本协议自双方签字后生效。本协议的任何修改必须经过双方的书面同意。

甲方(盖章):____________________ 乙方(盖章):____________________

法定代表人(签字):______________ 法定代表人(签名):______________

身份证号码:____________________ 身份证号码:____________________

联系电话:______________________ 联系电话:______________________

________年____月____日

(二)加盟商承诺函的制作

加盟商承诺函的作用,主要是要保证加盟商能够遵守特许人的管理规范和要求,尤其是要保证其不能够在未经特许人许可的情况下,自行利用特许人的经营资源开设单店。后附范本可参考。

附:

加盟商承诺函

××××公司(协商特许人企业名称):

我方自愿申请加入贵司的××××特许经营体系,我方在此郑重承诺:

我方将严格遵守贵司的特许经营体系管理制度,遵守单店授权的原则。我方承诺在×××××地区开设或实际控制×××××加盟店不超过两家。否则我方愿意向贵公司支付违约金人民币×××××××××元(大写:×××万元整),同时,我方立即停止任何违规行为,并将我方开设或实际控制的加盟店减少至不超过两家。否则，我方亦无条件同意并接受：贵司随时提出的解除贵我双方《特许经营合同》及其附件、补充协议的意见，并从贵司提出的解除日起立即停止使用贵司的商标、商号、标识、企业名称、×××技术及××××制作技术，我方也将无条件地自行承担费用负责拆除贵司牌匾、相关设备，并在×××年之内不再经营贵我双方原签订的《特许经营合同》及其补充协议项下约定的任何产品或项目。

承诺人：（签字/盖章）

××××年××月××日

三、合同履行中的文件制作

合同履行中的文件制作，重点是当经营主体发生改变时，需要制作特许人与原被特许人以及新被特许人（第三人）之间的三方协议，此处将主要介绍三方协议的制作。

三方协议在制作过程中，需要写明以下事项：

1. 三方的主体名称；
2. 原合同履行的情况；
3. 合同变更的原因；
4. 新被特许人（第三人）是否愿意继续履行原特许经营合同的内容；
5. 特许人与新被特许人（第三人）是否重签协议。

后附相关协议以供参考。

附：

特许经营合同概括转让三方协议

甲方：（特许人名称）
住所：
电话：

乙方：（原被特许人名称）

地址：
电话：

丙方：(新被特许人名称)
地址：
电话：

甲、乙、丙三方经平等协商，就甲乙双方特许经营合同的履行变更事宜达成以下一致意见，共同签署三方协议，并遵照执行：

一、本协议正式生效之日，甲乙双方于______年____月____日签署的《特许经营合同》《商标使用许可合同》《特许权利金缴纳合同》立即终止。

二、甲、乙、丙三方共同确认：在上述合同履行期间，甲、乙双方均如约履行双方各自的权利义务，双方均无违约情形。

三、丙方已完成工商注册、银行开户工作，甲、乙、丙三方一致同意：由丙方概括承受甲、乙双方于______年____月____日签订的《特许经营合同》《商标使用许可合同》《特许权利金缴纳合同》中乙方的权利义务。

四、本协议在执行过程中如出现争议，各方应友好协商解决。协商不成时，甲、乙、丙三方一致同意提交甲方所在地的人民法院管辖。

五、本协议签订之日，甲、丙双方将另行签订《特许经营合同》《商标使用许可合同》《特许权利金缴纳合同》等，合同期限为甲乙双方所签《特许经营合同》的剩余期限。

六、本协议一式三份，三方各执一份，效力等同。

七、本协议自甲、乙、丙三方签字且盖章之日起正式生效。

甲方：　　　　　　　　　　乙方：
法人代表：　　　　　　　　法人代表：
签约日期：　　年　月　日　签约日期：　　年　月　日
丙方：
法人代表：
签约日期：　　年　月　日

第十一章　商业特许经营商务文件

第一节　商业特许经营商务文件的类型

一、开业前需要准备的商务文件

（一）共同制定加盟店筹备日程表

（1）《营建工作开始确认单》

需写明应付账款已缴清、相关加盟手续已办妥。

（2）《加盟店筹建日程表》

（二）装修

（1）《装修效果图》

（2）《指导装修记录表》

（3）《装修成果验收表》

（4）《便宜坊集团焖炉鸭炉建造申请》

（三）订货、物品配送

（1）《定做、配送清单》

（2）《物品配送价格明细》

（3）《发货明细》

（4）《验收货物清单》

（四）人员招聘、培训

（1）《培训需求申请表》

(2)《培训人员名单》
(3)《培训费用标准》
(4)《培训通知》
(5)《培训考核记录表》

(五)制订开业方案

(1)《开业策划方案》

(六)开业前准备

(1)《开业前准备计划清单》

(七)店面验收、整顿修改

(1)《开业验收、整改意见表》

(八)试营业、开业庆典

(1)《准予开业通知书》
(2)开业庆典照片

二、运营期间所需要准备的商务文件

(一)运营指导、督导文件

(1)《巡店目标计划书》—年度
(2)《督导—店内巡查记录表》
(3)《店内巡查结果反馈表》
(4)《督导—店员观察记录表》
(5)《店员观察结果反馈表》
(6)《督导—访谈记录表》
(7)《访谈结果反馈表》
(8)《督导—安全检查表》
(9)《安全检查结果反馈表》
(10)《督导—产品质量检查表》

(11)《产品质量检查结果反馈表》
(12)《督导巡检检查表》—针对其他事项
(13)《巡检结果反馈表》—针对其他事项
(14)《运营指导申请书》
(15)《运营指导记录表》
(16)《加盟店维护记录》
(17)《加盟店营运提示单》
(18)《焖炉鸭炉燃气灶维修单》
(19)《鸭炉及配件故障申报维修单》
(20)《加盟店联络人员及资料确认通知函》

(二)加盟店运营期间的培训

(1)《培训需求申请表》
(2)《培训人员名单》
(3)《培训费用标准》
(4)《培训通知》
(5)《培训考核记录表》
(6)《加盟商要求增派厨师申请表》
(7)《加盟店技术支持人员外派工作质量反馈表》

三、加盟终止所需要准备的商务文件

(一)筛选即将到期的加盟商

(1)《待续约加盟商信息表》
(2)《不续约加盟商信息表》

(二)终止函件

(1)《加盟商债务核算单》
(2)《特许经营合同终止结算单》
(3)《退还保证金凭证》

第二节 商业特许经营商务文件的制作

虽然商业特许经营中需要诸多商务文件,但比较核心的是标准化体系文件、培训文件、督导文件以及产品配送管理文件。本部分将重点介绍以上三类文件的制作。

一、标准化体系文件

标准化体系文件是整个特许经营项目运行的基础,涉及日常管理的各个方面,可以说有标准化体系文件,就有了特许经营体系。

以餐饮业为例,标准化体系文件通常包括:《营运手册》《菜品手册》《产品手册》《菜品制作技艺手册》《采购手册》《品牌手册》《文化手册》《人力资源标准化手册》《培训手册》《预算手册》《财务手册》《加盟手册》。主要内容如下:

(一)营运手册

《营运手册》通常包含四个分册,其中包括《店经理办公室分册》《销售管理分册》《服务管理分册》《后厨管理分册》。涉及办公室管理、销售管理、服务管理以及后厨的大大小小的事项。在制作《营运分册》时,需要注意与其他分册相协调,因为《营运分册》是所有商务文件的基础。

(二)菜品手册

1. 菜品出品质量的相关规定

2. 厨房作业指导书

3. 厨房部各档口作业指导书

4. 厨房专项作业指导书

（三）产品手册

（四）×××制作手册

（五）采购手册

（六）品牌手册

1. 品牌理念及品牌管理组织构架

2. 品牌形象建设管理

3. 商标、专利管理

《商标、专利管理》的内容包括持有情况、著作权、商标（商标证书、商标申请、海外商标证书）、专利、通用域名、无线网址（中文域名、英文域名、无线网址、通用网址）、相关程序、制度（商标注册管理程序、商标授权使用管理办法、专利申请管理程序）。

4. 品牌活动、媒体关系管理

《品牌活动、媒体关系管理》的内容包括：（1）品牌活动管理：重大活动、品牌联动活动、相关程序制度（媒体宣传管理程序、宣传工作管理程序）；（2）媒体关系管理与危机处理：日常新闻传播管理、危机管理、媒体网络监控、相关程序制度（企业官方微博、微信管理程序、危机公关管理程序）。

（七）文化手册

1. 精神文化

2. 制度文化

3. 行为文化

4. 物质文化

（八）人力手册

1. 店人力资源标准化管理总则描述

2. 模块管理方式

《模块管理方式》的内容包括：（1）招聘管理模块；（2）用工管理模块；（3）培育管理模块；（4）激励管理模块；（5）离职管理模块。

3. 五个模块涉及修订制度文件

4. 人力标准化管理流程图

5. 所依据的法律法规文件目录

(九)培训手册

1. 总则说明

《总则说明》的内容包括目的、原则、适用范围、使用方法、手册密级。

2. 培训流程梳理

3. 附录

培训部职能、培训部组织架构、培训部职责、培训部权力、培训部各岗位职责。

4. 培训工作表单

《培训工作表单》的内容包括培训课效调查、培训信息报送台账、培训月报上交情况统计表、培训部组织培训台账、内部培训统计表。

(十)预算手册

1. 预算管理的基础知识

2. 预算的编制

3. 预算的执行

4. 预算的检核

5. 预算的评价

6. 预算的调整

(十一)财务手册

1. 库房管理员

《库房管理员》的内容包括岗位职责、岗位权利、任职资格、一日工作流程、库房标准化管理、库房表单及明细账、库存管理。

2. 收银员

《收银员》的内容包括岗位职责、岗位权利、任职资格、一日工作流程、备用金管理、点菜系统操作、发票管理、储值卡管理、收银安全管理作业指导书。

3. 出纳员

《出纳员》的内容包括岗位职责、岗位权利、任职资格、一日工作流程、出纳作业指导书、货币管理、成本核算管理。

4. 加盟店财务经理

《直营店财务经理》的内容包括岗位职责、岗位权利、任职资格、一日工作流程、账务管理、财产管理、预算管理、报表管理、月度工作流程。

5. 总部计财部

《总部计财部》的内容包括部门架构、部门岗位职责、资金管理、凭证核算、财务监督、财务报告。

6. 电算化管理

7. 人员管理

《人员管理》的内容包括人员交接管理要求、会计档案移交清册、会计职业道德规范。

(十二)加盟手册

1. 加盟招募

《加盟招募》的内容包括集团简介、品牌介绍及历史文化、加盟优势、加盟条件及流程。

2. 加盟管理

《加盟管理》的内容包括集团总部对加盟商的支持、加盟管理。

二、培训文件

(一)培训制度

(二)培训部门

(三)培训内容

1. 开业前培训

2. 开业后培训

（四）培训考核

根据集团工作人员陈述，开业前培训后会对加盟店参加培训的人员进行考核，但是未留存培训考核的档案资料。

（五）培训档案

1.《培训需求申请表》

2.《培训人员名单》

3.《培训费用标准》

4.《培训通知》

5.《培训考核记录表》

6.《加盟商要求增派厨师申请表》

7.《加盟店技术支持人员外派工作质量反馈表》

三、督导流程及文件

主要执行巡检制度包括两类，即综合巡检和专项巡检，相应商务文件的要求相似，主要列明以下内容：

1. 巡检类别

2. 巡检周期

3. 巡检人员

4. 巡检流程

5. 巡检标准

6. 巡检结束后的文件

四、产品配送管理文件

（一）产品配送管理文件

主要明确以下内容：

1. 配送方式

2. 配送时间

3. 配送标准

4. 订货方式

5. 结算

6. 核查程序

（二）《时令产品生产销售管理办法》

（三）贴标产品配送

1. 与供货商的协议

2. 配送管理程序

第三节　《招商指南》的制作及风险防范

《招商指南》通常是加盟商见到的第一份有关特许人的商务文件，《招商指南》可以通过网站的形式，也可以通过宣传手册的形式出现。《招商指南》通常可以实现以下目的：第一，吸引潜在的加盟商；第二，一定程度的信息披露；第三，宣传企业文化。为了实现以上目的，《招商指南》通常包含以下部分：

1. 企业简介与文化；

2. 企业竞争优势；

3. 品牌加盟条件；

4. 品牌加盟流程；

5. 品牌加盟地域；

6. 联系方式。

有的特许企业为了吸引潜在加盟商，在制作《招商指南》时片面地夸大企业的竞争优势，比较常见的是不少特许加盟授权广告里写上"两月收回成本""一年回本"等不实之词。这样做的后果是可能涉嫌虚假宣传，特许人很可能因此遭受行政处罚。此外，被特许人可以据此要求特许人承担民事赔偿责任。因此，特许企业在制作《招商指南》的过程中，一定要如实写明自己的情况，对于企业的竞争优势要通过与市场进行对比而深入挖掘，切记不要夸大盈利效果，对企业竞争力作不实的宣传。

案例 1

经查，当事人上海博幻投资管理有限公司于2011年4月25日注册成立，并在位于上海市杨浦区大连路970号1606室的场所内主要从事商业特许加盟许可经营活动。自2013年8月起，当事人在其注册的互联网网站www.shayinaicha.com的首页及招商加盟宣传板块中以投资成本及分析的方式作了关于投资回报收益的宣传（具体网址：http://www.shayinaicha.com/about.asp? Id=29&a=27），其中包含“A类店：净利润90,000元/每月”“B类店：净利润60,000元/每月”“C类店：净利润25,000元/每月”等的文字表述，宣传被特许人从事特许经营活动收益的内容，以增强当事人招募被特许人的吸引力，从而达到招募更多被特许人的目的，截至2014年10月30日被工商部门查获。其间，共招募被特许人1名，共收取相关费用28,000元。

鉴于当事人能够积极配合工商部门调查取证，如实陈述有关事实，主观认错态度较好，且当事人从事商业特许加盟经营活动以来招募的被特许人数量不多，也未引发被特许人因当事人的广告宣传造成损失的严重后果，并有积极改正违法行为的情况，因此当事人相关违法行为较轻，社会危害性不大。依据《行政处罚法》第27条第1款第1项“当事人有下列情形之一的，应当依法从轻或者减轻行政处罚：（一）主动消除或者减轻违法行为危害后果的”的规定，应予以从轻处罚。

2014年12月9日，本局依法向当事人送达了沪工商闵案听告字〔2014〕第120201411246号《行政处罚听证告知书》，告知其工商部门拟对其作出行政处罚的事实、理由及依据。当时人在法定期限内未提出陈述、申辩。

综上所述，当事人的行为违反了《商业特许经营管理条例》第17条第2款“特许人在推广、宣传活动中，不得有欺诈、误导的行为，其发布的广告中不得含有宣传被特许人从事特许经营活动收益的内容”的规定，构成了在发布的广告中含有宣传被特许人从事特许经营活动收益的内容的行为。

根据《商业特许经营管理条例》第27条"特许人违反本条例第十七条第二款规定的,由工商行政管理部门责令改正,处3万元以上10万元以下的罚款;情节严重的,处10万元以上30万元以下的罚款,并予以公告;构成犯罪的,依法追究刑事责任"的规定,责令当事人改正违法行为,并作出行政处罚如下:罚款人民币3万元整。①

案例评析:该案件中,上海博幻投资管理有限公司为了博人眼球吸引潜在的加盟商,在其网站上片面地宣传其回报率,实际上是将《招商指南》置于网站上进行公开。虽然最终没有造成严重的不良后果,影响力也较小,但是由于违反了《商业特许经营管理条例》第17条第2款"特许人在推广、宣传活动中,不得有欺诈、误导的行为,其发布的广告中不得含有宣传被特许人从事特许经营活动收益的内容"的规定,被上海市工商行政管理局闵行分局处以3万元的罚款。

案例2

当事人:北京福奈特洗衣服务有限公司

住　所:北京市丰台区东高地邮局东侧小楼

注册号:110000421029014 3

法定代表人:白某某

经查:当事人于2009年5月8日至10日参加了"2009年度中国特许展",在参展过程中,当事人对外发放了"银灰色手册""加盟知识问答"和《加盟系统投资说明》等宣传材料,在其对外发放的《加盟系统投资说明》材料中,当事人以图表的形式对外详细介绍了投资设备配置、店铺要求、加盟投资信息、加盟开店投资额、投资回收期预估等内容,在"投资回收期预估"一栏中当事人作如下宣传"在市场、店址、运营等方面均无问题的情况下,现金投资回收期通常为3~5年(投资回收期的长短与加盟商精力投入的多少成反比)"。

① 参见上海市工商行政管理局闵行分局:《上海博幻投资管理有限公司违反〈商业特许经营管理条例〉案》,沪工商闵案处字〔2014〕第120201411246号。

上述事实有现场检查笔录、《加盟系统投资说明》原件等证据佐证。

当事人的上述行为违反了《商业特许经营管理条例》第17条第2款规定，属于发布广告中含有宣传被特许人从事特许经营活动收益内容的行为。

依据《商业特许经营管理条例》第27条第1款以及《行政处罚法》第27条第1款第1项的规定，决定责令当事人改正违法行为，对当事人上述违法行为予以警告。

当事人申辩称，其上述行为符合特许经营行业主管机关制定的《商业特许经营信息披露管理办法》规定，不属于发布含有收益内容广告。对当事人的上述申辩，执法机关未予以采纳。

如不服本处罚决定，可在收到本行政处罚决定书之日起60日内向北京市工商行政管理局或朝阳区人民政府申请复议，对复议决定不服的，可依法向人民法院提起诉讼。①

案例评析：与前一案例一样，该案件中特许人同样是利用招商指南，对投资回报进行了片面夸大，北京市朝阳区工商行政管理局以当事人的上述行为违反了《商业特许经营管理条例》第17条第2款的规定，属于发布广告中含有宣传被特许人从事特许经营活动收益内容的行为，对当事人进行警告。实际上，利用《招商指南》对外宣传时，进行虚假宣传或是引人误解的宣传在特许经营中非常普遍，由此而遭受行政处罚的特许人也不在少数。特许人需要予以注意。

特许人应当练好内功，使自己的商业模式和其他经营资源能够在市场上彰显竞争优势，从而使自己和被特许人能够精诚合作共同盈利，而不是利用广告宣传的一切机会，骗取被特许人的信任，“打一枪换一个地方”。

① 京工商朝处字〔2009〕第2111号。

附　　录

商业特许经营管理条例

（2007 年 1 月 31 日国务院第 167 次常务会议通过　2007 年 2 月 6 日
国务院令第 485 号公布　自 2007 年 5 月 1 日起施行）

第一章　总　　则

第一条　为规范商业特许经营活动，促进商业特许经营健康、有序发展，维护市场秩序，制定本条例。

第二条　在中华人民共和国境内从事商业特许经营活动，应当遵守本条例。

第三条　本条例所称商业特许经营（以下简称特许经营），是指拥有注册商标、企业标志、专利、专有技术等经营资源的企业（以下称特许人），以合同形式将其拥有的经营资源许可其他经营者（以下称被特许人）使用，被特许人按照合同约定在统一的经营模式下开展经营，并向特许人支付特许经营费用的经营活动。

企业以外的其他单位和个人不得作为特许人从事特许经营活动。

第四条　从事特许经营活动，应当遵循自愿、公平、诚实信用的原则。

第五条　国务院商务主管部门依照本条例规定，负责对全国范围内的特许经营活动实施监督管理。省、自治区、直辖市人民政府商务主管部门和设区的市级人民政府商务主管部门依照本条例规定，负责对本行政区域内的特许经营活动实施监督管理。

第六条 任何单位或者个人对违反本条例规定的行为，有权向商务主管部门举报。商务主管部门接到举报后应当依法及时处理。

第二章 特许经营活动

第七条 特许人从事特许经营活动应当拥有成熟的经营模式，并具备为被特许人持续提供经营指导、技术支持和业务培训等服务的能力。

特许人从事特许经营活动应当拥有至少 2 个直营店，并且经营时间超过 1 年。

第八条 特许人应当自首次订立特许经营合同之日起 15 日内，依照本条例的规定向商务主管部门备案。在省、自治区、直辖市范围内从事特许经营活动的，应当向所在地省、自治区、直辖市人民政府商务主管部门备案；跨省、自治区、直辖市范围从事特许经营活动的，应当向国务院商务主管部门备案。

特许人向商务主管部门备案，应当提交下列文件、资料：

（一）营业执照复印件或者企业登记（注册）证书复印件；

（二）特许经营合同样本；

（三）特许经营操作手册；

（四）市场计划书；

（五）表明其符合本条例第七条规定的书面承诺及相关证明材料；

（六）国务院商务主管部门规定的其他文件、资料。

特许经营的产品或者服务，依法应当经批准方可经营的，特许人还应当提交有关批准文件。

第九条 商务主管部门应当自收到特许人提交的符合本条例第八条规定的文件、资料之日起 10 日内予以备案，并通知特许人。特许人提交的文件、资料不完备的，商务主管部门可以要求其在 7 日内补充提交文件、资料。

第十条 商务主管部门应当将备案的特许人名单在政府网站上公布，并及时更新。

第十一条 从事特许经营活动，特许人和被特许人应当采用书面形式订立特许经营合同。

特许经营合同应当包括下列主要内容：

（一）特许人、被特许人的基本情况；

（二）特许经营的内容、期限；

（三）特许经营费用的种类、金额及其支付方式；

（四）经营指导、技术支持以及业务培训等服务的具体内容和提供方式；

（五）产品或者服务的质量、标准要求和保证措施；

（六）产品或者服务的促销与广告宣传；

（七）特许经营中的消费者权益保护和赔偿责任的承担；

（八）特许经营合同的变更、解除和终止；

（九）违约责任；

（十）争议的解决方式；

（十一）特许人与被特许人约定的其他事项。

第十二条 特许人和被特许人应当在特许经营合同中约定，被特许人在特许经营合同订立后一定期限内，可以单方解除合同。

第十三条 特许经营合同约定的特许经营期限应当不少于 3 年。但是，被特许人同意的除外。

特许人和被特许人续签特许经营合同的，不适用前款规定。

第十四条 特许人应当向被特许人提供特许经营操作手册，并按照约定的内容和方式为被特许人持续提供经营指导、技术支持、业务培训等服务。

第十五条 特许经营的产品或者服务的质量、标准应当符合法律、行政法规和国家有关规定的要求。

第十六条 特许人要求被特许人在订立特许经营合同前支付费用的，应当以书面形式向被特许人说明该部分费用的用途以及退还的条件、方式。

第十七条 特许人向被特许人收取的推广、宣传费用，应当按照合同约定的用途使用。推广、宣传费用的使用情况应当及时向被特许人披露。

特许人在推广、宣传活动中，不得有欺骗、误导的行为，其发布的广告中不得含有宣传被特许人从事特许经营活动收益的内容。

第十八条 未经特许人同意，被特许人不得向他人转让特许经营权。

被特许人不得向他人泄露或者允许他人使用其所掌握的特许人的商业秘密。

第十九条 特许人应当在每年第一季度将其上一年度订立特许经营合同的情况向商务主管部门报告。

第三章 信息披露

第二十条 特许人应当依照国务院商务主管部门的规定,建立并实行完备的信息披露制度。

第二十一条 特许人应当在订立特许经营合同之日前至少30日,以书面形式向被特许人提供本条例第二十二条规定的信息,并提供特许经营合同文本。

第二十二条 特许人应当向被特许人提供以下信息:

(一)特许人的名称、住所、法定代表人、注册资本额、经营范围以及从事特许经营活动的基本情况;

(二)特许人的注册商标、企业标志、专利、专有技术和经营模式的基本情况;

(三)特许经营费用的种类、金额和支付方式(包括是否收取保证金以及保证金的返还条件和返还方式);

(四)向被特许人提供产品、服务、设备的价格和条件;

(五)为被特许人持续提供经营指导、技术支持、业务培训等服务的具体内容、提供方式和实施计划;

(六)对被特许人的经营活动进行指导、监督的具体办法;

(七)特许经营网点投资预算;

(八)在中国境内现有的被特许人的数量、分布地域以及经营状况评估;

(九)最近2年的经会计师事务所审计的财务会计报告摘要和审计报告摘要;

(十)最近5年内与特许经营相关的诉讼和仲裁情况;

(十一)特许人及其法定代表人是否有重大违法经营记录;

(十二)国务院商务主管部门规定的其他信息。

第二十三条 特许人向被特许人提供的信息应当真实、准确、完整,不得隐瞒有关信息,或者提供虚假信息。

特许人向被特许人提供的信息发生重大变更的,应当及时通知被特许人。

特许人隐瞒有关信息或者提供虚假信息的,被特许人可以解除特许经营合同。

第四章 法律责任

第二十四条 特许人不具备本条例第七条第二款规定的条件，从事特许经营活动的，由商务主管部门责令改正，没收违法所得，处10万元以上50万元以下的罚款，并予以公告。

企业以外的其他单位和个人作为特许人从事特许经营活动的，由商务主管部门责令停止非法经营活动，没收违法所得，并处10万元以上50万元以下的罚款。

第二十五条 特许人未依照本条例第八条的规定向商务主管部门备案的，由商务主管部门责令限期备案，处1万元以上5万元以下的罚款；逾期仍不备案的，处5万元以上10万元以下的罚款，并予以公告。

第二十六条 特许人违反本条例第十六条、第十九条规定的，由商务主管部门责令改正，可以处1万元以下的罚款；情节严重的，处1万元以上5万元以下的罚款，并予以公告。

第二十七条 特许人违反本条例第十七条第二款规定的，由工商行政管理部门责令改正，处3万元以上10万元以下的罚款；情节严重的，处10万元以上30万元以下的罚款，并予以公告；构成犯罪的，依法追究刑事责任。

特许人利用广告实施欺骗、误导行为的，依照广告法的有关规定予以处罚。

第二十八条 特许人违反本条例第二十一条、第二十三条规定，被特许人向商务主管部门举报并经查实的，由商务主管部门责令改正，处1万元以上5万元以下的罚款；情节严重的，处5万元以上10万元以下的罚款，并予以公告。

第二十九条 以特许经营名义骗取他人财物，构成犯罪的，依法追究刑事责任；尚不构成犯罪的，由公安机关依照《中华人民共和国治安管理处罚法》的规定予以处罚。

以特许经营名义从事传销行为的，依照《禁止传销条例》的有关规定予以处罚。

第三十条 商务主管部门的工作人员滥用职权、玩忽职守、徇私舞弊，构成犯罪的，依法追究刑事责任；尚不构成犯罪的，依法给予处分。

第五章 附 则

第三十一条 特许经营活动中涉及商标许可、专利许可的,依照有关商标、专利的法律、行政法规的规定办理。

第三十二条 有关协会组织在国务院商务主管部门指导下,依照本条例的规定制定特许经营活动规范,加强行业自律,为特许经营活动当事人提供相关服务。

第三十三条 本条例施行前已经从事特许经营活动的特许人,应当自本条例施行之日起1年内,依照本条例的规定向商务主管部门备案;逾期不备案的,依照本条例第二十五条的规定处罚。

前款规定的特许人,不适用本条例第七条第二款的规定。

第三十四条 本条例自2007年5月1日起施行。

商业特许经营备案管理办法

(2011年11月7日商务部第56次部务会议审议通过 2011年12月12日商务部令2011年第5号发布 自2012年2月1日起施行)

第一条 为加强对商业特许经营活动的管理,规范特许经营市场秩序,根据《商业特许经营管理条例》(以下简称《条例》)的有关规定,制定本办法。

第二条 在中华人民共和国境内(以下简称中国境内)从事商业特许经营活动,适用本办法。

第三条 商务部及省、自治区、直辖市人民政府商务主管部门是商业特许经营的备案机关。在省、自治区、直辖市范围内从事商业特许经营活动的,向特许人所在地省、自治区、直辖市人民政府商务主管部门备案;跨省、自治区、直辖市范围从事特许经营活动的,向商务部备案。

商业特许经营实行全国联网备案。符合《条例》规定的特许人,依据本办法规定通过商务部设立的商业特许经营信息管理系统进行备案。

第四条 商务部可以根据有关规定，将跨省、自治区、直辖市范围从事商业特许经营的备案工作委托有关省、自治区、直辖市人民政府商务主管部门完成。受委托的省、自治区、直辖市人民政府商务主管部门应当自行完成备案工作，不得再委托其他任何组织和个人备案。

受委托的省、自治区、直辖市人民政府商务主管部门未依法行使备案职责的，商务部可以直接受理特许人的备案申请。

第五条 任何单位或者个人对违反本办法规定的行为，有权向商务主管部门举报，商务主管部门应当依法处理。

第六条 申请备案的特许人应当向备案机关提交以下材料：

(一)商业特许经营基本情况。

(二)中国境内全部被特许人的店铺分布情况。

(三)特许人的市场计划书。

(四)企业法人营业执照或其他主体资格证明。

(五)与特许经营活动相关的商标权、专利权及其他经营资源的注册证书。

(六)符合《条例》第七条第二款规定的证明文件。

在 2007 年 5 月 1 日前已经从事特许经营活动的特许人在提交申请商业特许经营备案材料时不适用于上款的规定。

(七)与中国境内的被特许人订立的第一份特许经营合同。

(八)特许经营合同样本。

(九)特许经营操作手册的目录(须注明每一章节的页数和手册的总页数，对于在特许系统内部网络上提供此类手册的，须提供估计的打印页数)。

(十)国家法律法规规定经批准方可开展特许经营的产品和服务，须提交相关主管部门的批准文件。

外商投资企业应当提交《外商投资企业批准证书》,《外商投资企业批准证书》经营范围中应当包括“以特许经营方式从事商业活动”项目。

(十一)经法定代表人签字盖章的特许人承诺。

(十二)备案机关认为应当提交的其他资料。

以上文件在中华人民共和国境外形成的，需经所在国公证机关公证(附中文译本),并经中华人民共和国驻所在国使领馆认证,或者履行中华人民共和国与所在国订立的有关条约中规定的证明手续。在香港、澳门、台湾地区形成的,应当履行相关的证明手续。

第七条 特许人应当在与中国境内的被特许人首次订立特许经营合同之日起15日内向备案机关申请备案。

第八条 特许人的以下备案信息有变化的,应当自变化之日起30日内向备案机关申请变更:

(一)特许人的工商登记信息。

(二)经营资源信息。

(三)中国境内全部被特许人的店铺分布情况。

第九条 特许人应当在每年3月31日前将其上一年度订立、撤销、终止、续签的特许经营合同情况向备案机关报告。

第十条 特许人应认真填写所有备案事项的信息,并确保所填写内容真实、准确和完整。

第十一条 备案机关应当自收到特许人提交的符合本办法第六条规定的文件、资料之日起10日内予以备案,并在商业特许经营信息管理系统予以公告。

特许人提交的文件、资料不完备的,备案机关可以要求其在7日内补充提交文件、资料。备案机关在特许人材料补充齐全之日起10日内予以备案。

第十二条 已完成备案的特许人有下列行为之一的,备案机关可以撤销备案,并在商业特许经营信息管理系统予以公告:

(一)特许人注销工商登记,或因特许人违法经营,被主管登记机关吊销营业执照的。

(二)备案机关收到司法机关因为特许人违法经营而作出的关于撤销备案的司法建议书。

(三)特许人隐瞒有关信息或者提供虚假信息,造成重大影响的。

(四)特许人申请撤销备案并经备案机关同意的。

(五)其他需要撤销备案的情形。

第十三条 各省、自治区、直辖市人民政府商务主管部门应当将备案及撤销备案的情况在10日内反馈商务部。

第十四条 备案机关应当完整准确地记录和保存特许人的备案信息材料,依法为特许人保守商业秘密。

特许人所在地的(省、自治区、直辖市或设区的市级)人民政府商务主管部门可以向通过备案的特许人出具备案证明。

第十五条 公众可通过商业特许经营信息管理系统查询以下信息:

(一)特许人的企业名称及特许经营业务使用的注册商标、企业标志、专利、专有技术等经营资源。

(二)特许人的备案时间。

(三)特许人的法定经营场所地址与联系方式、法定代表人姓名。

(四)中国境内全部被特许人的店铺分布情况。

第十六条 特许人未按照《条例》和本办法的规定办理备案的,由设区的市级以上商务主管部门责令限期备案,并处1万元以上5万元以下罚款;逾期仍不备案的,处5万元以上10万元以下罚款,并予以公告。

第十七条 特许人违反本办法第九条规定的,由设区的市级以上商务主管部门责令改正,可以处1万元以下的罚款;情节严重的,处1万元以上5万元以下的罚款,并予以公告。

第十八条 国外特许人在中国境内从事特许经营活动,按照本办法执行。香港、澳门特别行政区及台湾地区特许人参照本办法执行。

第十九条 相关协会组织应当依照本办法规定,加强行业自律,指导特许人依法备案。

第二十条 本办法由商务部负责解释。

第二十一条 本办法自2012年2月1日起施行。2007年5月1日施行的《商业特许经营备案管理办法》(商务部2007年第15号令)同时废止。

商业特许经营信息披露管理办法

（2012 年 1 月 18 日商务部第 60 次部务会议审议通过　2012 年 2 月 23 日商务部令 2012 年第 2 号发布　自 2012 年 4 月 1 日起施行）

第一条　为维护特许人与被特许人双方的合法权益，根据《商业特许经营管理条例》（以下简称《条例》），制定本办法。

第二条　在中华人民共和国境内开展商业特许经营活动适用本办法。

第三条　本办法所称关联方，是指特许人的母公司或其自然人股东、特许人直接或间接拥有全部或多数股权的子公司、与特许人直接或间接地由同一所有人拥有全部或多数股权的公司。

第四条　特许人应当按照《条例》的规定，在订立商业特许经营合同之日前至少 30 日，以书面形式向被特许人披露本办法第五条规定的信息，但特许人与被特许人以原特许合同相同条件续约的情形除外。

第五条　特许人进行信息披露应当包括以下内容：

（一）特许人及特许经营活动的基本情况。

1. 特许人名称、通讯地址、联系方式、法定代表人、总经理、注册资本额、经营范围以及现有直营店的数量、地址和联系电话。

2. 特许人从事商业特许经营活动的概况。

3. 特许人备案的基本情况。

4. 由特许人的关联方向被特许人提供产品和服务的，应当披露该关联方的基本情况。

5. 特许人或其关联方过去 2 年内破产或申请破产的情况。

（二）特许人拥有经营资源的基本情况。

1. 注册商标、企业标志、专利、专有技术、经营模式及其他经营资源的文字说明。

2. 经营资源的所有者是特许人关联方的，应当披露该关联方的基本信息、授权内容，同时应当说明在与该关联方的授权合同中止或提前终止的情况下，如何处理该特许体系。

3. 特许人（或其关联方）的注册商标、企业标志、专利、专有技术等与特许经营相关的经营资源涉及诉讼或仲裁的情况。

（三）特许经营费用的基本情况。

1. 特许人及代第三方收取费用的种类、金额、标准和支付方式，不能披露的，应当说明原因，收费标准不统一的，应当披露最高和最低标准，并说明原因。

2. 保证金的收取、返还条件、返还时间和返还方式。

3. 要求被特许人在订立特许经营合同前支付费用的，该部分费用的用途以及退还的条件、方式。

（四）向被特许人提供产品、服务、设备的价格、条件等情况。

1. 被特许人是否必须从特许人（或其关联方）处购买产品、服务或设备及相关的价格、条件等。

2. 被特许人是否必须从特许人指定（或批准）的供货商处购买产品、服务或设备。

3. 被特许人是否可以选择其他供货商以及供货商应具备的条件。

（五）为被特许人持续提供服务的情况。

1. 业务培训的具体内容、提供方式和实施计划，包括培训地点、方式和期限等。

2. 技术支持的具体内容、提供方式和实施计划，包括经营资源的名称、类别及产品、设施设备的种类等。

（六）对被特许人的经营活动进行指导、监督的方式和内容。

1. 经营指导的具体内容、提供方式和实施计划，包括选址、装修装潢、店面管理、广告促销、产品配置等。

2. 监督的方式和内容，被特许人应履行的义务和不履行义务的责任。

3. 特许人和被特许人对消费者投诉和赔偿的责任划分。

（七）特许经营网点投资预算情况。

1. 投资预算可以包括下列费用：加盟费；培训费；房地产和装修费用；设备、办公用品、家具等购置费;初始库存;水、电、气费;为取得执照和其他政府批准所需的费用;启动周转资金。

2. 上述费用的资料来源和估算依据。

(八)中国境内被特许人的有关情况。

1. 现有和预计被特许人的数量、分布地域、授权范围、有无独家授权区域(如有,应说明预计的具体范围)的情况。

2. 现有被特许人的经营状况,包括被特许人实际的投资额、平均销售量、成本、毛利、纯利等信息,同时应当说明上述信息的来源。

(九)最近2年的经会计师事务所或审计事务所审计的特许人财务会计报告摘要和审计报告摘要。

(十)特许人最近5年内与特许经营相关的诉讼和仲裁情况,包括案由、诉讼(仲裁)请求、管辖及结果。

(十一)特许人及其法定代表人重大违法经营记录情况。

1. 被有关行政执法部门处以30万元以上罚款的。

2. 被追究刑事责任的。

(十二)特许经营合同文本。

1. 特许经营合同样本。

2. 如果特许人要求被特许人与特许人(或其关联方)签订其他有关特许经营的合同,应当同时提供此类合同样本。

第六条 特许人在推广、宣传活动中,不得有欺骗、误导的行为,发布的广告中不得含有宣传单个被特许人从事商业特许经营活动收益的内容。

第七条 特许人向被特许人披露信息前,有权要求被特许人签署保密协议。

被特许人在订立合同过程中知悉的商业秘密,无论特许经营合同是否成立,不得泄露或者不正当使用。

特许经营合同终止后,被特许人因合同关系知悉特许人商业秘密的,即使未订立合同终止后的保密协议,也应当承担保密义务。

被特许人违反本条前两款规定,泄露或者不正当使用商业秘密给特许人或者其他人造成损失的,应当承担相应的损害赔偿责任。

第八条 特许人在向被特许人进行信息披露后，被特许人应当就所获悉的信息内容向特许人出具回执说明（一式两份），由被特许人签字，一份由被特许人留存，另一份由特许人留存。

第九条 特许人隐瞒影响特许经营合同履行致使不能实现合同目的的信息或者披露虚假信息的，被特许人可以解除特许经营合同。

第十条 特许人违反本办法有关规定的，被特许人有权向商务主管部门举报，经查实的，分别依据《条例》第二十六条、第二十七条、第二十八条予以处罚。

第十一条 本办法由中华人民共和国商务部负责解释。

第十二条 本办法自2012年4月1日起施行。原《商业特许经营信息披露管理办法》（商务部令2007年第16号）同时废止。

北京市高级人民法院关于审理商业特许经营合同纠纷案件适用法律若干问题的指导意见

（京高法发〔2011〕49号）

为妥善处理商业特许经营合同（简称特许经营合同）纠纷，统一审判标准和裁判尺度，根据《中华人民共和国民法通则》、《中华人民共和国合同法》及《商业特许经营管理条例》等法律、行政法规的相关规定，结合审判实践，特制订本意见。

第一条 商业特许经营（简称特许经营）是指拥有注册商标、企业标志、专利等经营资源的企业（以下称特许人），以合同形式将其拥有的经营资源许可其他经营者（以下称被特许人）使用，被特许人按照合同约定在统一的经营模式下开展经营，并向特许人支付特许经营费用的经营活动。

特许经营的基本特征在于：（一）特许人拥有注册商标、企业标志、专利等经营资源；（二）被特许人根据特许人的授权在特定经营模式下使用特许人的经营资源；（三）被特许人按照约定向特许人支付特许经营费用。

第二条 经营资源既包括注册商标、企业标志、专利，也包括字号、商业秘密、具有独特风格的整体营业形象,以及在先使用并具有一定影响的未注册商标等能够形成某种市场竞争优势的经营资源。

特许人原始取得或经受让取得经营资源,或者取得包括再许可权在内的经营资源独占使用权的,可以视为拥有经营资源。

第三条 特许经营合同性质的认定应当以双方当事人约定的合同内容为主要依据,合同名称及合同中有关"本合同不属于特许经营合同"等类似约定一般不影响对特许经营合同性质的认定。

合同的实际履行与合同中相应约定不一致的,该实际履行可以视为对合同相应约定的变更,并可与合同约定的其他内容一起作为认定特许经营合同性质的依据。

第四条 合同中约定一方以另一方的分支机构或者关联公司等名义进行注册并经营,当事人据此主张该合同不属于特许经营合同的,应结合合同约定及实际履行情况等因素综合认定该合同是否属于特许经营合同。

第五条 当事人可以在特许经营合同中直接约定特许经营费用,也可以通过货款返点、盈利提成、培训费等形式约定特许经营费用。

特许经营合同既约定被特许人向特许人一次性交付经营资源特许使用费,又约定被特许人按照其经营收入的一定比例等方式向特许人定期交付经营资源特许使用费的,从其约定。

第六条 从事特许经营活动,特许人和被特许人应当订立书面特许经营合同。

特许人许可被特许人从事特许经营业务,但未采用书面形式的,一般不影响特许经营合同的效力。

第七条 特许人应当自首次订立特许经营合同之日起 15 日内依法向商务主管部门备案。

特许人未及时向商务主管部门备案的,一般不影响特许经营合同的效力。

第八条 特许人从事特许经营活动应当拥有至少两个直营店,并且经营时间均超过 1 年。特许经营合同不因特许人不具备前述条件而无效。

特许人拥有的直营店是指特许人利用其经营资源直接从事特许经营业务的直营机构。

第九条 企业以外的其他单位和个人不得作为特许人从事特许经营活动，其签订的特许经营合同无效。

第十条 法律、行政法规明确规定特许经营的产品或者服务应当经批准方可经营，或者从事特许经营的业务需要具备其他特定条件的，特许人或被特许人为规避上述规定签订的特许经营合同无效，但特许人或被特许人在特许经营纠纷发生前已具备相关特定条件的，可以不认定为无效合同。

第十一条 经营资源具有不可续展的法定期限，或者虽具有可续展的法定期限但未依法续展，当事人约定的特许经营合同期限超过该法定期限的，超过部分的约定无效。

第十二条 经营资源被依法撤销或者宣告无效的，特许人或被特许人可以依法解除该特许经营合同。

特许经营合同实际履行完毕后，当事人以相关经营资源已被依法撤销或者宣告无效为由请求解除该合同的，不予支持，但因特许人恶意造成被特许人损失的，应当承担损害赔偿等法律责任。

第十三条 特许经营合同的一方当事人未按约定履行合同致使合同根本目的难以实现的，对方当事人可以根据《中华人民共和国合同法》第九十四条、九十六条等规定解除合同。

特许经营合同的根本目的是指被特许人在特许人指导下使用特许人的相关经营资源，在特定经营模式下开展特许业务。

除当事人另有约定外，被特许人是否盈利不属于特许经营合同的根本目的。

第十四条 特许人在推广宣传特许经营业务过程中使用的广告或者宣传手册等资料通常应视为要约邀请，但特许人就特许经营所作的说明和承诺对特许经营合同的订立有重大影响的，亦可视为合同内容，当事人违反该说明和承诺的，应当承担违约责任。

第十五条 对特许人欺诈的认定应综合考虑特许人隐瞒的信息、提供的虚假信息或夸大的经营资源与合同目的的关联性、与真实信息的背离程度及其对特许经营合同订立和履行的影响程度等因素。

特许人在订立合同过程中隐瞒、提供或者夸大直接关系到特许经营实质内容的相关信息或经营资源，足以导致被特许人签订特许经营合同的，被特许人可以请求撤销或者依法解除该特许经营合同。

第十六条 特许人在签订特许经营合同后隐瞒重大变更信息或者提供虚假信息、夸大经营资源，给被特许人从事特许经营业务造成实质影响的，被特许人可以请求撤销或者依法解除该特许经营合同。

与特许人有关的诉讼、仲裁或行政处罚可能直接影响到被特许人是否签订特许经营合同，或者可能对被特许人实现特许经营合同目的产生重大影响，但特许人隐瞒该诉讼、仲裁或行政处罚情况，或者提供虚假诉讼、仲裁或行政处罚信息的，被特许人可以依法解除该特许经营合同。

第十七条 在特许经营合同的约定期限内，一方当事人被吊销营业执照，致使其无法按照合同约定履行相应义务的，当事人可以解除该特许经营合同。

特许经营合同的当事人被吊销营业执照致使其无法按照合同约定履行相应义务，该当事人隐瞒该信息给对方当事人造成损失的，应承担损害赔偿等法律责任。

第十八条 特许人和被特许人在特许经营合同中约定或者通过其他形式约定被特许人在特许经营合同订立后一定期限内可以单方解除合同的，从其约定。

特许人和被特许人未约定被特许人在特许经营合同订立后一定期限内可以单方解除合同的，被特许人在特许经营合同订立后的合理期限内仍可以单方解除合同，但被特许人已经实际利用经营资源的除外。

第十九条 特许经营合同因特许人的原因未成立、未生效、无效、解除或撤销，或者因被特许人的原因终止履行，被特许人请求返还已经支付的特许经营费用的，应当综合考虑合同的订立和履行情况、实际经营期限、双方当事人的过错程度等因素合理确定返还的数额、比例或方式。

第二十条 特许经营合同已经履行完毕，或者虽未履行完毕但合同约定的返还条件成就的，特许人应当及时向被特许人返还押金、保证金，但该押金、保证金已经充抵特许经营费用或被特许人其他债务的除外。

因特许人的原因致使合同未成立或无效、撤销或者解除的，或者被特许人对特许经营合同未成立、无效、撤销或者解除无过错的，特许人应当向被特许人返还押金、保证金。

特许人和被特许人明确约定押金、保证金系定金的，可以适用《中华人民共和国合同法》等相关法律、行政法规的规定。

第二十一条 特许经营合同未成立、未生效、无效、解除或撤销的，除当事人另有约定外，被特许人应停止使用特许人许可其使用的相关经营资源，特许人亦可请求被特许人返还或销毁与经营资源有关的授权书、特许使用证明、特许商业标志、技术资料、牌匾等文件或材料。

被特许人不能返还上述文件或材料的，应当赔偿特许人因此受到的损失，但属于被特许人从事特许经营业务过程中的正常消耗的材料的，可不予返还且不承担损害赔偿责任。

第二十二条 特许经营合同未成立、未生效、无效、解除或撤销的，除属于从事特许经营业务过程中的正常消耗外，特许人向被特许人提供的产品或者设备应当返还或折价返还。

第二十三条 特许经营合同未成立、未生效、无效、撤销或解除的，无过错的一方当事人可以请求过错方当事人赔偿其因订立及履行合同而产生的实际损失，对于无过错方遭受的丧失缔约机会或其他可得利益的损失，亦可酌情确定过错方予以赔偿。

第二十四条 特许经营合同未成立、无效、被撤销以及因解除等事由而终止，或者被认定为不属于特许经营合同的，当事人应按照合同约定履行相应的保密、保管等注意义务，任何一方违反该义务造成对方当事人损失的，应当承担损害赔偿等法律责任。

第二十五条 一方当事人主张特许经营合同未成立、未生效、无效或应被解除或撤销而对方当事人主张继续履行合同的，在认定该特许经营合同属于未成立、未生效、无效、应予解除或撤销的情形时，应告知当事人可就特许经营费用、产品设备、经营资源的处置等事由请求一并处理，但当事人坚持另行处理的除外。

上海市高级人民法院关于审理特许经营合同纠纷案件若干问题的解答

一、特许经营的法律特征是什么？如何认定特许经营合同？

答：特许经营的法律特征如下：一是特许人拥有注册商标、企业标志、专利、专有技术，以及在先使用并具有一定影响的未注册商标、商业秘密、字号商号等具有知识产权属性的经营资源；二是被特许人在特许人授权的特定经营模式下使用特许人的经营资源；三是被特许人应向特许人支付特许经营费。在审判实务中，存在着特许经营合同性质难以把握等问题，如有的特许经营合同名称为加盟合同、连锁经营合同、品牌专营合同；有的名称为项目合作协议、专柜经营协议、特约经销协议等等。我们认为对特许经营合同性质的把握应采取实质性认定原则，即应当根据合同是否具备了特许经营的法律特征予以认定，而不能仅以当事人所签合同的名称来认定。

二、什么是经营模式，经营模式有哪些表现形式和特点？

答：经营模式是指由特许人提供的，可以被被特许人复制的管理、经营方式、形象标志以及产品或者服务渠道的总和。经营模式可以体现在特许人的企业文化、经营理念、管理标准、促销策略、质量控制措施及店铺装修设计等多个方面。经营模式一般具有统一化、规范化、标准化、可复制化等特点。

三、特许人不具备“两店一年”，或者没有向商务主管部门申请备案的，其所签订的特许经营合同效力如何认定？

答：《商业特许经营管理条例》（以下简称《条例》）第七条第二款“特许人从事特许经营活动应当拥有至少 2 个直营店，并且经营时间超过 1 年”；第八条“特许人应当自首次订立特许经营合同之日起 15 日内，依照本《条例》的规定向商务主管部门备案”的规定，均属于管理性的强制性法律规范。特许人不具备“两店一年”及备案条件的不必然导致合同无效。

四、企业以外的其他单位和个人作为特许人从事特许经营活动,其所签订的特许经营合同效力如何认定?

答:《条例》第三条第二款"企业以外的其他单位和个人不得作为特许人从事特许经营活动"的规定,可以认定为行政法规的效力性强制性规定。因此企业以外的其他单位和个人作为特许人与他人签订特许经营合同,可以认定为无效。

五、对于法律、行政法规规定需要经批准方可经营的产品或服务,特许人或者被特许人未被批准的,其所签订的特许经营合同效力如何认定?

答:对于有些产品或者服务,法律、行政法规规定需要经行政批准方可经营的,应当取得有关批准文件。特许人或者被特许人未被批准许可的,其所签订的特许经营合同,可以认定为无效。

六、对于特许人提供的经营资源存在瑕疵,或者被依法撤销、宣告无效的,其所签订的特许经营合同效力如何认定?

答:特许人的经营资源存在瑕疵,主要表现为特许人许可被特许人使用的经营资源不具有处分权或权属不清,以及商标、专利等经营资源未被核准、授权等情况。我们认为在合同签订时,因特许人隐瞒其对经营资源无处分权或权属不清的事实,其行为构成欺诈的,被特许人可以请求撤销合同。对于特许人的经营资源在合同履行期间,因被依法撤销或者宣告无效的,被特许人可以请求解除合同。

关于未注册商标的许可问题,《条例》第三条所规定的经营资源虽然未包括未注册商标,但我国商标法并未禁止未注册商标的许可使用。因此,在先使用并具有一定影响的未注册商标亦可以成为特许人的经营资源。在特许经营合同纠纷中,不能仅以商标未经注册为由,认定合同无效,而应查明所签合同是否存在欺诈、重大误解等法律事由,以及商标未注册是否会导致合同目的不能实现等因素,综合认定合同效力。

七、如何理解《条例》第三章规定的信息披露制度?

答:《条例》规定的信息披露制度,其目的在于保护被特许人,使其在决定是否投资特许经营项目之前能够获得特许人的必要信息,以预测投资风险,防止商业欺诈。对特许人未履行披露义务的法律后果,应结合《合同法》的有关规定,综合考虑特许人隐瞒、夸大以及提供的虚假信息对合同目的的实现及对合同履行的影响。

八、如何理解《条例》第十二条规定的“一定期限”及“单方解除合同”的含义？

答：《条例》第十二条“特许人和被特许人应当在特许经营合同中约定，被特许人在特许经营合同订立后一定期限内，可以单方解除合同”的规定，其实质是“冷静期”的规定，目的是为了保护被特许人，以缓冲被特许人的投资冲动，赋予被特许人可以反悔的权利，因此在合同签订的合理期限内即使双方当事人未约定此条款，被特许人仍可以单方解除合同，期限有约定的从其约定，没有约定的，应结合行业特点、商业惯例等确定，但合理期限的时间一般不宜过长，通常应掌握在特许人的经营资源尚未被被特许人实际利用之前为宜。

九、特许经营合同因无效、被撤销及解除等原因终止后，特许经营费应如何处理？

答：特许经营费用是指在特许经营合同中约定的被特许人应向特许人交纳的费用。特许经营费一般在合同中被表述为加盟费、特许使用费、品牌使用费、保证金、培训费及广告宣传费等。特许经营合同无效、被撤销或解除后，特许经营费的返还，应当根据特许人与被特许人的过错程度，违约责任以及合同的实际履行情况等因素综合确定返还的金额。如被特许人无过错的，特许人应全额返还特许经营费；如特许人无过错的，特许经营费可不予返还；如双方均存在过错的，按各自过错责任分担特许经营费的金额。

十、在特许经营合同因无效、被撤销及解除等原因终止后，涉及到包括商业秘密在内的具有知识产权性质的经营资源，应如何处理？

答：被特许人对其在合同订立、履行过程中获悉的特许人的商业秘密，在特许经营合同无效、被撤销或解除后，仍负有不得泄露相关信息，保守商业秘密的后合同义务。涉及到商业秘密的文件、资料应当返还给特许人。特许经营合同被无效、被撤销或解除后，被特许人应停止使用特许人的知识产权，返还具有知识产权属性的物品。但属于被特许人从事特许经营业务过程中的正常消耗的材料，可不予以返还并不承担赔偿责任。

十一、《条例》的起草有哪些立法背景和价值取向？

答：《条例》起草的主要目的是为了加强行政管理、使特许经营活动能够有序规范健康发展，同时也为了充分保护被特许人作为较为弱势的合同一方当事人的合法权益。如《条例》“两店一年”的规定是为了防止一些企业利用特许经营人进行欺诈活动。“两店一年”设定的初衷是为了提供一个衡量特许经营人的经营资源、经营模式是否成熟的量化指标。而备案制度其目的主要是为便于商务主管部门进行监督管理。《条例》第 12 条赋予被特许人的单方解除权,则是对被特许人的保护性条款,系借鉴国外“冷静期”的立法经验,以缓冲被特许人的投资冲动等。信息披露制度是为了促进公平交易,保护被特许人能够获得必要的经营信息,以判断经营风险和预期收益。

二〇一二年九月十九日

关于商业特许经营管理信息系统改版试运行的通知

(商流通司函〔2017〕13 号)

各省、自治区、直辖市、计划单列市及新疆生产建设兵团商务主管部门:

为进一步简化商业特许经营备案流程,提高备案效率,我司对“商业特许经营管理信息系统”(以下简称系统)进行了优化调整,并定于 2017 年 2 月 15 日至 3 月 31 日上线试运行。为实现新旧系统顺利切换,确保商业特许经营备案管理工作的正常开展,现将有关事项通知如下:

一、改版原则及内容

(一)系统改版原则。按照国务院关于简政放权、放管结合、优化服务的工作要求,以“简化备案审核,强化信息披露”为原则,对商业特许经营备案流程、系统相关内容进行了优化和调整,旨在简化企业申请备案程序,强化企业自我审核、自我承诺,提高商务主管部门备案材料审核效率,促进商业特许经营健康、快速、有序发展。

（二）备案流程优化。一是备案流程调整为“企业网上注册—填报电子版信息—备案机关线上审核—企业网上打印纸质版材料并寄送备案机关存档”。二是在企业注册成功后，登录号及初始登录密码改为由系统自动发送至企业联系邮箱，不再需要备案机关人工发放。三是在企业提交的电子版材料经审核通过后，由企业通过系统内置功能打印带有备案专用标识的纸质版材料，并寄送至备案机关存档，不再需要提交材料原件。

（三）系统内容调整。一是针对各项材料要求，增加了对应的文字备注提示、详细解释链接等内容。二是针对各个审核环节，增加了对应的审核要点说明、违规风险告知等内容。三是根据企业所选择的注册所在地，增加了对应的所在地备案机关联系方式、纸质版材料寄送地址等内容。

二、试运行期间工作要求

（一）高度重视。各省、自治区、直辖市、计划单列市及新疆生产建设兵团商务主管部门（以下简称各省级商务主管部门）应高度重视，认真学习并掌握新系统操作要领，避免人为失误影响正常工作。即日起，各省级商务主管部门可登陆现有系统下载《商业特许经营管理系统管理端使用手册》《商业特许经营管理系统企业端用手册》进行学习。

（二）做好衔接。试运行期间，新系统的接入网址、用户名、密码与现有系统相同。各省级商务主管部门要加强宣传，指导相关企业了解并熟悉新系统及新流程，保证备案工作的正常开展。对于2017年2月15日前已提交备案申请并已将纸质版备案材料提交至商务主管部门的企业，仍按照原备案流程进行审核；对于2017年2月15日及以后提交备案申请的企业，应按照改版后的备案流程进行审核。详细说明请参见《商业特许经营管理系统管理端使用手册》《商业特许经营管理系统企业端用手册》。

（三）加强沟通。各省级商务主管部门应于试运行期间登录新系统，并进入相应模块及时修改、更新备案咨询电话、材料邮寄地址等联系方式。新系统由商务部流通业发展司主管、中国国际电子商务中心内贸信息中心提供相关技术支持服务。各省级商务主管部门在新系统使用过程中如遇到任何技术问题请及时反映，并请提出意见和建议。

联系人:流通业发展司　王义涵　电话:010 - 85093747

内贸信息中心　马　越　电话:010 - 51662601(分机号 670)

商务部流通业发展司

2017 年 2 月 7 日

李　华

李华律师从业20年来，专注于研究商业特许经营领域的法律服务，涉及餐饮、酒店、洗衣、教育、文化等众多行业，并擅长为客户提供公司治理权、股权激励、贸易对接、参与谈判、促成交易、协助履行、争议解决等一站式商务法律服务。历任多家特许经营企业的法律顾问或专项律师，并为众多知名品牌完成特许经营体系的构建或重构，持续跟踪优化，跟进争议解决，使客户获得了很好的品牌效应和经济效益。

李华律师具有较高的理论水平和丰富的实践经验，能够将理论与实践较好地结合，在为商业特许经营企业提供优质高效的法律服务同时，进一步为商业特许经营企业建立起全面的合规管理体系，深受客户信赖。

李华律师曾荣获全国律师行业党委优秀党员律师、北京市优秀律师、朝阳区优秀律师、朝阳区首届优秀女律师、朝阳区优秀党员的荣誉称号。

曾　野

西南政法大学经济法博士，重庆交通大学知识产权教师，西南政法大学农村土地法治研究中心研究员，重庆市女性人才研究会创业导师。

在特许经营法律风险防范、特许经营商务文件拟定、特许经营资源的保护与利用以及特许经营模式构建方面具有丰富的法律经验。

全程参与并完成北京便宜坊烤鸭集团有限公司“便宜坊”品牌特许经营体系重构项目，为重庆德庄实业（集团）有限公司提供法律顾问服务，参与其特许品牌质量管理、品牌保护以及特许经营模式重构等日常与专项法律服务。

擅长领域：特许经营、商标、著作权。

李晓波

李晓波律师从中国政法大学研究生院毕业以来，专注于民商事法律服务领域的实践工作，特别擅长于商业特许经营法律服务领域的业务，在商业特许经营法律服务领域积累了丰富的实务经验。担负着多家商业特许经营企业顾问单位的日常法律事务处理，协助多家特许经营企业建立了符合企业特征的特许经营体系，熟悉商业特许经营各类合同、文件、手册的起草、审查、风险控制及谈判，并在特许经营法律风险防范以及纠纷解决方面积累了很多经验和技巧。

路　瑶

法学博士，制度经济学方向，西南政法大学经济学院经济学教研室副主任，西南政法大学法经济学研究中心研究员，研究方向为行政审批制度改革与企业营商环境。德国马丁-路德大学（Martin-Luther University）法与经济学院客座教师，新加坡南洋理工大学教育学院（National Institute of Education）访问学者，斯里兰卡智库探路者基金会（Pathfinder Foundation）中心副主任，重庆市女性人才研究会会员、创业导师。主持重庆市社科规划重点项目、重庆市教委科技项目等省部级课题九项，在核心期刊公开发表论文数十篇。

陈少军

北京盈科（杭州）律师事务所党总支书记、工业和信息化部中小企业发展促进中心信息化公共服务平台法律咨询与服务平台法律服务专家律师，先后就读于西安理工大学法学专业、浙江大学光华法学院（民商法方向），目前执业方向为企业风险管理法律服务，主要业务领域为商业特许经营行业（特许人）法律风险管理非诉法律服务研究与实务。

图书在版编目(CIP)数据

商业特许经营法律指南：核心问题解答与文件编制 / 盈科律师事务所编；李华等著. -- 北京：法律出版社, 2019
ISBN 978-7-5197-3971-3

Ⅰ. ①商… Ⅱ. ①盈… ②李… Ⅲ. ①专卖－商业经营－经济法－中国－指南 Ⅳ. ①D922.294.5

中国版本图书馆 CIP 数据核字(2019)第 222668 号

商业特许经营法律指南
——核心问题解答与文件编制
SHANGYE TEXU JINGYING FALÜ ZHINAN
—HEXIN WENTI JIEDA YU WENJIAN BIANZHI

盈科律师事务所 / 编
李华 等 / 著

策划编辑 朱海波
责任编辑 朱海波
装帧设计 汪奇峰

出版 法律出版社
总发行 中国法律图书有限公司
经销 新华书店
印刷 中煤(北京)印务有限公司
责任校对 马 丽
责任印制 吕亚莉

编辑统筹 法律应用出版分社
开本 710 毫米×1000 毫米 1/16
印张 21.25
字数 360 千
版本 2020 年 1 月第 1 版
印次 2020 年 1 月第 1 次印刷

法律出版社/北京市丰台区莲花池西里 7 号(100073)
网址/www.lawpress.com.cn
投稿邮箱/info@lawpress.com.cn
举报维权邮箱/jbwq@lawpress.com.cn
销售热线/400-660-8393
咨询电话/010-63939796

中国法律图书有限公司/北京市丰台区莲花池西里 7 号(100073)
全国各地中法图分、子公司销售电话：
统一销售客服/400-660-8393/6393
第一法律书店/010-83938432/8433 西安分公司/029-85330678 重庆分公司/023-67453036
上海分公司/021-62071639/1636 深圳分公司/0755-83072995

书号:ISBN 978-7-5197-3971-3 **定价**:68.00 元
(如有缺页或倒装,中国法律图书有限公司负责退换)